社会はどこにあるか

根源性の社会学

奥村 隆［著］

ミネルヴァ書房

社会はどこにあるか——根源性の社会学【目次】

目　次

Ⅱ 社会学がはじまる場所

Ⅲ　いくつもの声が響き合う

目次

I

社会が姿をあらわすとき

第1章　社会を剥ぎ取られた地点

――「無媒介性の夢」をめぐるノート

1　はじめに

「社会」が認識の上でも現実においても侵食されつつある、と語られることがある。(1) いま、「社会」というリアリティ、「社会」への想像力が喪失しているという感覚が、社会学者のなかにも、社会のなかで生きる人々のあいだにも広がっているように思われる。それには、「社会」そのものの構造変動と、「社会」を認識する側の変化が、関係し合って作用しているのだろう。

こうした感覚を聞くとき、私はこう考える。考えてみれば、「社会」というリアリティが感じられる、ということはそうありふれたことではない。人々が生きる限り社会は存在し続けたのだろうが、それが「社会」として経験されるのは、じつは稀なことなのかもしれない。むしろ多くの場合、「社会」は「自明」なものとして、もちろん生きるのに不可欠だが言葉にすることはできないものとして――まるで「空気」や「重力」がそうであるように――、そこにあるとは経験されないものであり続けるようにも思う。では、どのような状況において、「社会という経験」が浮上するのだろうか。[2]

私はこうも考える。それがもっとも強く浮上するのは、たとえば「社会を剥ぎ取られた地点」とでも呼ぶべき場所ではないだろうか。空気が希薄になっていく登山の過程において「空気」の存在が明確に感じられ、無重力の宇宙から地上に戻った宇宙飛行士に「重力」がリアルに経験されると同じように、「社会」がない地点を経験することは、おそらく「社会」をリアルに経験させる状況のひとつであるだろう。いいかえれば、「社会を剥ぎ取られた地点」を経験しないとき、あるいはこの地点への想像力が失われるとき、「社会」という経験や「社会」への想像力を生むひとつの経路も失われるように思われる。われわれは、「社会を剥ぎ取られた地点」をどのように経験してきただろう。どのように想像できるのだろう。その地点から、「社会」はどんなものとして認識されるのだろう。それを経験し想像できた人々が、反転して「社会」のリアリティを経験・想像できるのに対して、われわれはこれへの想像力を失っているから「社会」を喪失しているのかもしれない。

本章は、この、「社会を剥ぎ取られた地点」を、それを経験し・想像した何人かの論者の助けを借りながら描き、そこから「社会」がどのように見えてくるかを辿る試みである。予告するならば、そこでは、対照的に見える「社会を剥ぎ取られた地点」と対照的な「社会」の像が浮かび上がってくることになる。そして、この小さなノートは、通常「ミクロ」と呼ばれる領域と「マクロ」と呼ばれる領域を、ある形で縦断することにもなるだろう。

さて、その試みを、ある人に聞いた話を紹介することからはじめよう。そこには、ある「社会を剥ぎ取られた地点」とある「社会」の構想が、描き込まれているように思われる。

2　「無媒介性」の夢

ふたつの経験

それは、ある社会学者から聞いた、彼がある病気で入院したときの話である。入院期間の数週間を何人かが寝起きする病室で過ごすことになった彼は、そこで入院まえは予想しなかったことを経験したという。医師や看護師との、また付き添いの家族や見舞いの友人たちとのコミュニケーションは彼にとって大切なものだったが、徐々にもうひとつの関係が決定的に重要なものになる。それは、同じ病室にいる同じ器官に病をもった入院患者との関係である。ある人は不安がる彼を「兄ちゃん、だいじょうぶだよ」と励まし、自分の病気を例に養生の仕方を教えてくれる。ある人は彼の病状に耳を傾けてくれ、無駄話につきあってくれる。こうしたことが、患者ではない医師や看護師、家族や友人からとはまったく異なるやすらぎを彼に与えたというのだ。彼の印象では、とくに病が重い人に不安を聞いてもらい励まされるとき、より深いやすらぎが感じられたという。

　彼は、病室に存在したこの濃密な一体感をこのようにも話してくれた。そこで出会った人々とは、もし病気にならなかったらそのような深いコミュニケーションをすることは、いや会話することさえなかっただろう。病室にはさまざまな職業の、まったく違った背景を抱えた人々がいる。そのほとんどの人々と、大学教師である自分は病院の外では出会うことがないだろう。しかし、病室では「職業」や「背景」は無関連になる。病が話題の中心となり、人々を繋ぐ絆となって、職業といった「属性」をみごとに剥ぎ取ってしまう。社会的属性という余計な、コミュニケーションを阻害する夾雑物を剥ぎ取って、同じこの病を病む者として、あるいは「ただの人間」「裸の人間」として、出会い、話し、受け止め合う。そのような稀有の、深いコミュニケーションを、彼は経験したという[3]。

この話を数年前に聞いたとき、私は自分がした別の経験を思い出した。一九九〇年代初頭に参加した「自己啓発セミナー」での経験である[4]。当時流行していたこの集団セラピーの場で、私は家族や恋人など親密な人のことを率直に話したり、感情を怒りや笑いや涙の形で表出したり、同様にする他人の感情や話を受け止めたりするという経験をした。私が参加したのは四日間会場に通うコースだったが、それまで出会ったこともなく四日たてば二度と会わないだろう人々に対してそのようにすること（できること）にある奇妙さを感じながら、外側の世界にはない率直で深いコミュニケーションをしていると、私は確かに感じていた。

しかし、病院での経験を聞いてすぐに思い出したのは、むしろ次の場面だった。この「セミナー」はあるホールに約一〇〇名を集めて行われたが、八名ほどのグループで話し合いなどをすることが多く、コース終了後少したってから同窓会のような集まりをもった。セミナー会場の非日常性のもととは違うぎこちなさを感じながら、われわれは四日間の思い出話などをしていたが、そのうちセミナーでは話さなかった日常的な生活のことを話すようになった。どこに住んでいるのか、結婚しているか独身か、どんな仕事をしているのか。そして、それを話した瞬間、まるで潮が引くようにそれぞれのあいだに急激に距離が生まれてしまったのだ。事務員、技術者、アルバイト、大学の助手……。その距離、「違い」の感覚は、それまでの近さ、「同じさ」の感覚が深く真実に感じられていたからこそ、恐ろしく遠く修復しがたいもののように感じられ、じっさいこの会はもう一度だけ開かれたがさして盛り上がらず、その後集まることはなくなってしまった。

ここで、「社会的属性」はコミュニケーションを阻害する夾雑物としてわれわれに感じられた。セミナー空間では「社会的属性」に言及せず（家族や職場での人間関係は話すが、仕事の内容や地位などは話されない）、それを剥ぎ取ることが一体感や「近さ」の感覚を生み出す仕掛けのひとつだったといえるだろう（あるセミナーでは「名前」さえ欧米風の偽名にして剥ぎ取ってしまうと聞く）。ここには人間関係に悩み、私という存在がなんであるのかに悩む「ただの人間」、いわば「裸の人間」だけが存在する。そのようなものとしてだけ他者に自分を呈示し、そのような存在としての他者を私は受け止める。

「属性」という夾雑物を剥ぎ取った、親密で深いコミュニケーション。病室とセミナーといういま述べたふたつの地点を、「癒しの空間」などと呼ぶこともできるのだろう。そこでは、「ただの人間」として、みな「同じ」であり「対等」である。医師や看護師、同じ病気を持たない家族や友人に対してはそのようなコミュニケーションはできず、そこに「属性」が入り込むとき「違い」・「距離」が生じて、このコミュニケーションは阻害される。この空間は、「権力なき空間」ともいえるだろう。医師や看護師という専門家の「権力」、地位の上下による「権力」の相違はここにはなく、同じ病気をもつ・同じ人間である、という関係だけが存在する。あるいは、この空間が「癒しの空間」であるために、人々はこれを「権力なき空間」であり続けさせようとし、力の差にかかわることを話すのを避けようとする。

このような空間の経験を、本章の出発点にしておこう。この経験をどう評価すればよいのか。これまで述べたように、私はここでのコミュニケーションに、なにかポジティヴなものを感じた。たとえば「癒し」という言葉が持つのと同じような。しかし、この言葉に同時に感じる違和感と似た感覚をいまは覚える。このアンビヴァレンツについてどう考えればよいのか。――さて、この空間を夢見たといってよいある社会思想家について次に論じることにしよう。その思想家とは、ジャン＝ジャック・ルソーである。

ジャン＝ジャック・ルソー——透明と障害

ジャン・スタロバンスキーの著書『ルソー　透明と障害』には、この一八世紀の思想家が彼の周囲にある「不透明な世界」に苦しみ、「透明性」を求め続けたことが、繰り返し描かれる。彼が冒頭に引く『学問芸術論』（一七五〇年）においてルソーは、目の前に存在する「人間的交流の不可能性」を嘆く。「ひとはもはや自分をあるがままに表わすことを敢えてしない」。「存在」と「外見」とは別のものであり、そのあいだに一枚のヴェールがあって、真実を覆い隠している（Starobinski 1957＝1973：7）。かつての「自然」において人間は、「気取った言語」を語ることはなく、「互いに深く心を知りあうことの容易さ」のなかにいた（ibid.: 17）。しかし、いまや「虚偽の外観」がそうした「透明」な交流にヴェールをかぶせ、阻害している（ibid.: 37-8）。

もちろん、「存在」と「外見」の相違は自分のなかにもある。その分裂から「直接性」「透明性」の世界へと回帰すること。それを、彼は彼自身の持っているヴェールをはずすことからはじめようとする。「わたしは自己改革をまず服装からはじめた。金ぴかの服や白の長靴下を脱ぎ捨て、かつらは円いものにし、剣もはずした」（『告白』、Starobinski 1957＝1973：78）。また「礼儀作法などふみにじって、もっと大胆にふるまってやろうと決心した」（『告白』、Starobinski 1957＝1973：99）。「服装」や「礼儀」、「外見」や「ヴェール」を取り払って、「なにひとつ相互のあいだに介在することなしに、純粋に意識と意識を呈示しあうこと」（ibid.: 155）を求めることをルソーは何度も宣言する。「生来、わたしは感じたり、考えたりすることを隠しておくことはまったくできない人間なのだ」、「わたしの水晶のような透明な心は、そこにひそむ些細な感情をものの一分も隠してはおけなかった」（『告白』、Starobinski 1957=1973：292）。ここで大切なのは「省察」ではなく、「告白」である。省察は「悪人たちの第一の技術」、すなわち「慎重さ、隠し立て」を生み、「外面を取り繕い、視線や様子や態度を操作し、外観を自由に支配する」ことを生んでしまうが、そうして生まれる「二次的な情念」ではなく、「内発性」「直接的な衝動」にこそ従うべきであって、そうできないこと＝省察してしまうことは「魂の弱さ」と呼ぶべきものである（『対話』、Starobinski 1957=1973：334-6）。

ルソーがこのように希求するコミュニケーションのあり方は、先の病院やセミナー空間でのそれと重なるといってまちがいない。そこでは、「直接性」や「透明性」を阻む夾雑物を剥ぎ取ることが期待される。そして、それを剥ぎ取った地点には、いまだ「不平等」の存在しない「対等」な世界が現れる。「ただの人間」、「裸の人間」たちが、ここで触れ合うことになる。ルソーは『人間不平等起原論』でこう述べる。「裸体であるとか家がないとか、その他われわれがあんなに必要だと信じているすべての無用のものをもたないことは、これら最初の人類にとってそれほど大きな不幸でもなく、とくに彼らの保存にとってそれほど大きな障害でもない」（Rousseau 1755=1972：49）。

二点付け加えておこう。第一に、ルソーはなぜこのようなコミュニケーションを希求したのか。リチャード・セネットは『公共性の喪失』で、一八世紀の都市パリの成長に注目する。そこで問題になるのは「見知らぬ人と一緒に暮らすこと、あるいは一人ひとりが見知らぬ人であること」（Sennett 1974=1991：87）だった。異なる出自の人々が集う大都市パリで必要なのは、「演技」である。自分がどう感じているかに従うのではなく、相手にそれを伝えるのに適した、「一貫」して「繰り返し可能な」コードに則ってふるまうこと。ディドロは『俳優についての逆説』で、自分の心情に依存するのではなくそれを冷静に観察し計算することがすぐれた伝達の条件であると主張する。これに対しルソーは、こうした「演技」が「俳優の『感受性の繊細さ』」を生むことで「深い誠実な内面生活」を破壊することを強調し、このハビトゥスを非難する。ダランベールが『百科全書』のジュネーヴの項で、劇場のないこの都市にそれを作る必要（このハビトゥスを醸成するために）を説いたのに対して、ルソーは『ダランベール氏への手紙』を出版してそれが習俗の堕落を生むと批判する。小都市ジュネーヴの出身でパリで数年を過ごした彼は、後者での「コスモポリタン的価値」が「内面」を破壊することを忌避する。会ったばかりの人々が友情と礼儀をつくしてくれるパリ。しかし、そのすべてが演技なのではないか⁉（ibid.: 161-74）

第二に、このようなルソーの立場から、「社会」はどのように見えるのか。当然、彼は「不透明な社会」を批判し、告発する。「演技」や「外見」によって人間を「疎外」する社会。ここに存在する「障害」につきあたったために、「人間は社会契約の必要を発見する」（Starobinski 1957=1973 : 350）。すなわち、「各構成員をそのすべての権利とともに、共同体の全体にたいして、全面的に譲渡する」ことを行い、このとき「各人は自分をすっかり与えるのだから、すべての人にとって条件は等しい」（ibid.: 30）。『社会契約論』で彼が定式化する「社会契約」において、「われわれの各々は、身体とすべての力を共同のものとして一般意志の最高の指導の下におく。そしてわれわれは各構成員を、全体の不可分の一部としてひとまとめとして受け取るのだ」（Rousseau 1762=1954 : 31）。この「一般意志」のまえで、人間はすべて平等になる。「この基本契約は、自然的平等を破壊するのではなくて、自然的に人間の間にありうる肉体的不平等のようなもののかわりに、道徳上および法律上の平等をおきかえるものだということ、また人間は体力や、精神については不平等でありうるが、約束によって、また権利によってすべて平等になるということ」(ibid.: 41)、これによって「真実の共同体」(Starobinski 1957=1973 : 52) が再建されうる。

こうして、「透明」なコミュニケーションへの希求は、ある「社会」のヴィジョンを導くことになる。これをわれわれはどのように評価すればよいのだろうか。

無媒介性の夢

このルソーの挿話（じつに大雑把な紹介だが）は、もちろんそのまえに述べた病院やセミナーの経験と完全に重なるものではないが、共通点をもつこともまちがいない。「社会的属性」や「外見」、「演技」といった「夾雑物」や「障害」を剥ぎ取ったとき、われわれは「対等」になり、「透明」で「直接」のコミュニケーションが開かれる。ルソーが希求し、冒頭のふたつの例が示すように見えるこの経験をここでは「無媒介性の夢」と呼んでおこう。「媒介」するもの・あいだに介在するものなしにコミュニケーションすることの「夢」。

たとえば、ルソーを検討した作田啓一は、これを「『閉じたもの』の境界が〈溶解〉」する経験、「〈浸透〉」、「直接性信仰」と呼ぶ（作田 1980a : 108, 154）。その経験では「存在の感情（sentiment de l'existence）」（『人間不平等起原論』、作田 1980a : 156, 190）が感じられ、「存在と外観の分離」に悩まされることはない。他者の目など気にならず、「外部から見て透明で単純な存在」になれる幸福（ibid.: 196）。この幸福は、完全に単独者として存在する「自然人」が「自己に引きこもる」ときに達成されるが、「自己からすっかり出てしまうという反対の極」でも達成される。「自己を共同体に完全に預けてしまって、共同体の意志を自分の意志として生きるとすれば、そのとき人はやはり他者の視線を恐れる必要がなく、内部の分裂に苦しむことはないだろう」(ibid.: 197)。この状態は、「社会契約」による「真実の共同体」と近接する。

「属性」「外見」「演技」を剝ぎ取ったこの状況を、「社会を剝ぎ取られた地点」と呼ぶのはおおげさかもしれない。ただ、この地点から、「自明」であった社会が「障害」として、そこに<ruby>ある<ruby>と感じられるのは確かである。この地点は別の「社会」の可能性を構想する拠点となり、「夾雑物」「障害」を生む現存の「社会」を批判する拠点ともなる。

この地点をここまでは「夢」として、つまりそのポジティヴさにおいて描いてきた。そうした評価を、セミナー空間を経験した私も、おそらく多くの読者も共有するのではないかと思う。しかし、おそらく多くの読者とともに、私はこれにある違和感を覚えもする。もちろん、個々の例に対する疑問(セミナー空間はある組織にしつらえられた人工的な空間ではないか、「病院」の患者共同体も病院全体の組織から自由ではないだろう、といった)も思い浮かぶ。しかしながら、この「無媒介性」「直接性」「透明性」といったヴィジョンそのものがなにを帰結するのかというより重要な疑問をここでは考えるべきだろう。それをこのようにポジティヴにのみとらえていてよいのか。

じつは、この地点に対してまったく逆の評価を下した社会学者がいる。こんどは彼の立場から考えてみることにしよう。その社会学者とは、アーヴィング・ゴフマンである。

3　もうひとつの「無媒介性」

もうひとつの経験

日常生活でのコミュニケーションを繊細に記述したゴフマンが、「病院」についての研究を残していることはおそらく周知のことだろう。一九五五年からの一年間、彼はワシントンDC近郊の精神病院セント・エリザベス病院で過ごし、その経験をもとに一九六一年『アサイラム』という著書を刊行する。そこで描かれるのは、「社会を剥ぎ取られた地点」についての、前節冒頭の描写とはまったく対照的なイメージである。

彼が描く精神病院への入院患者＝施設被収容者たちの世界は、次のようなものである。彼らは、彼らが所属する世界からさまざまな属性（「既存の文化」）を持って病院にやってくるが、病院は入所時にそれらすべてを剥ぎ取る。たとえば外部世界でもっていた「役割」は剥奪され、彼は夫としても教師としてもだれかの友人としてもふるまうことはできなくなる（Goffman 1961＝1984：16）。さまざまな「私物」も剥奪される。彼が着ていた服は奪われて制服が支給され、自分で決めていた髪形は一律に丸刈りにされ、化粧品やアクセサリーは取り上げられ、氏名さえ用いられなくなって標準化された指標で呼ばれるようになる（ibid.: 18-21）。役割や私物や氏名より体重や指紋という「人間というカテゴリーの一員であるという理由に基づいてのみ所有している属性」がより重要とされ、彼は「最も抽象的なカテゴリー」に切り縮められる（ibid.: 18）。

また、「情報の聖域」、つまり通常他者には見えないように隠された領域が侵犯される（ibid.: 25）。

彼の過去や地位についての事実が収集され、私信もすべて開封・監視され、制度的に「告白」が強制されることもある（ibid.: 25-6, 33）。身体も入所時に衣服を脱がされて検査され（肛門の中まで調べられる）、それは定期的に繰り返される（ibid.: 27-30）。監視する他者から見えない「安全な場所にもぐり込む機会」はなく、彼の生活はいつでも見られる可能性を持ち、われわれが隠された場所で行う不機嫌や悪態などの行為は禁止（あるいは監視）されている（ibid.: 36-7, 71-2）。

ゴフマンはこれを、施設入所者の「個人の自己を無力化」する過程とし（ibid.: 16）、「個人の自己アイデンティティ確立の先行的基礎の大半を無視するもの」とする（ibid.: 18）。ここでは、役割や私物や名前という「自己の個人的外面」を操作するための「アイデンティティ・キット」、「アイデンティティ装備」（ibid.: 22-3）が剥奪され、精神病院のような「全制的施設は彼の市民的自己にとっては致命的なものなのだ」（ibid.: 49）。彼は「自己」をもつことができず、また「自己」をもたなくてもよい状況に置かれて、いわば「精神病院の被収容者として生きること」を学んでいき、外部世界の「市民的自己」に戻ることはできなくなっていく。

考えてみれば、ここで描かれているのはじつに「透明な」世界だ。なにひとつ「内面」を隠すものはなく、「夾雑物」をすべて剥ぎ取った世界。「属性」や「衣服」をじっさいに剥ぎ取り、平等な「ただの人間」としてだけ出会う世界。冒頭の入院やセミナーの経験と似た、ルソーによって「夢」として描かれた世界がここに存在する。そして、それが与える印象は正反対のものである。前節では真のコミュニケーションが出現する世界のように感じられ、ルソーにとっていわばユートピアとしてとらえられたものが、ここではもっとも悲惨な、人間の尊厳を奪い取った世界として登場する。これはどうしたことか。

アーヴィング・ゴフマン——演技と儀式

いうまでもなく、ゴフマンが見た精神病院の世界は、前節の個々の世界とはいくつもの点で異なる。ここで人々から「属性」を剥ぎ取るのは病院＝全制的施設という「権力」であり、病そのものがそうする冒頭の入院経験とは異なる。自ら進んでセミナーに参加し、四日後には日常生活に戻っていく「セミナー」と、周囲の人々に入院させられ、いつ外部世界に戻れるかわからない「アサイラム」とでは異なる。ルソーが自分の意志で衣服を脱ぎ捨て隠しだてない「告白」を選び取った「夢」と、強制的に衣服を奪われ「告白」をせざるをえない「現実」とは、明らかに多くの条件が相違する。

しかしそうした相違を考慮したとしても、ここには無視できない断絶があるように思われる。比喩的にいうならば、ルソーにとって輝かしく「真」のものに思われた「裸の人間」は、ゴフマンにはもっとも惨めな尊厳を奪われたものとして立ち現れる。そして、そこで剥ぎ取られた属性や衣服、「個人的外面」、秘密の領域、演技や儀式——ルソーが「障害」として断罪したもの——こそ、ゴフマンが、人間の尊厳を維持するための「支柱」(ibid.: 16) と考えるものなのだ。

確認するならば、ゴフマンが描き続けた日常生活とは、「透明性」「無媒介性」とは反対の方向に人間が多くのものを積み重ねながら生きており、自己の尊厳やアイデンティティを守り続けている過程であった。一九四九年から五一年までシェットランド諸島の農村のホテルや住民の社交の場などを観察して書き上げた博士論文を、多くの礼儀作法書などのデータを付け加えてリライトし（その間に精神病院でのフィールドワークが行われる）一九五九年に刊行した『日常生活における自己呈示』では、「劇場のパフォーマンスという視角」(Goffman 1959=1974 : iii) を導入し、「舞台裏」になにかを隠蔽しながら「表舞台」でオーディエンスにとって気持ちよい「自己」を呈示しつづける人々の姿が描かれる。一九五六年の論文「敬意と品行の性質」では、エミール・デュルケームが『宗教生活の原初形態』で描いたトーテム神への礼拝儀式を「都会的な世俗的世界」に見出す「近代的な新解釈」を行って（Goffman 1967=1986：42-3）、相手に敬意を与え・自分が敬意を与えられるべき品行をもつ存在であることを示し合う儀式を繰り返す人々を描き出す。

こうした日常生活への見方は、彼が精神病院という「社会を剥ぎ取られた地点」を経験したことに深く影響されていると思われる。たとえば「都会的な世俗的世界」を対象とする論文「敬意と品行の性質」は、素材を精神病院の病棟の観察から得ていると断り書きされ（ibid.:43）、結論部では、精神病治療での拘束物の使用は「自己を表現する儀式的基盤が奪われていく過程についての重要なデータ」であって、この剥奪の歴史から逆に「人が自己を保ちうるために充足されねばならない条件は何か、ということに関する情報を間接的に得ることができる」という（ibid.: 90-1）。「透明性」「無媒介性」の世界が人の尊厳の基盤を奪い、悲惨な裸の人間を生むとすれば、「演技」や「儀式」や「衣服」という夾雑物に満ちた「不透明性」「媒介性」の世界こそ人に尊厳を与える。この「社会を剥ぎ取られた地点」を経由することで、ゴフマンはルソーと正反対の「社会」の見方を獲得する。

急いで付け加えるならば、ゴフマンはこの「演技」や「儀式」の世界を手放しで賞賛しているわけではまったくない。じつは、この「人間の尊厳」を支える世界こそが、社会のある場所に精神病院に代表される「社会を剥ぎ取られた地点」を形成し、それを必要とする抑圧性を持っていると彼は考えるのだ。「精神病者」とされるのは「対面的生活……での約束事に対する違反行為」（Goffman 1961=1984：141）をした人であり、精神障害は「社会的交際の儀式的ルールを破る度合いに従って」（Goffman 1967=1986：89）重度とされる。このような人々を排除し隔離することが、「演技」と「儀式」の世界を維持するために行われ、その隔離された場所では日常の世界では許されない剥奪がなされる。「敬意と品行の性質」の末尾近くで彼は、「現代社会は、儀式的秩序の侵犯者を、そこで生計を立てている一部の正常なメンバーと一緒に、ひとつの場所に集める」と述べる（ibid.: 92）。「人間の尊厳」のための仕組みが別の場所に「尊厳」を剥ぎ取る施設を備え付けているという体系的アンビヴァレンツを、彼は他にないほど明確に描き出す。

しかし、こうした「抑圧性」「権力性」を指摘しつつ、彼は「演技」と「儀式」の体系が「人間の尊厳」を支える姿を描き続ける。「社会を剥ぎ取られた地点」から見たとき、夾雑物に満ち「透明」とはほど遠い「社会」は、そうだからこそ「人間の尊厳」を守りうる世界として認識される。

「同じさ」と「違い」

一方には、「無媒介性」という夢を描き、そこから「夾雑物」と「障害」に満ちた「社会」を批判して、「透明」な社会を構想しようとする立場がある。他方には、「無媒介性」の悲惨を経験することで、それを「演技」や「儀式」で回避する「媒介性」の積み重なりに（それが抑圧性・権力性をもっとしても）人間の尊厳を発見する立場がある。「社会を剥ぎ取られた地点」が、「社会」による疎外からの「解放」ととらえられる場合と、「社会」から見捨てられた「悲惨」ととらえられる場合がある。この正反対の評価について、どう考えればよいのか。

前項で述べたように、第2節で描いた地点とこの節で描いている地点が「社会を剥ぎ取られた」という点では共通するにしろ、他の多くの点で実質的に異なり、その相違によって片方はじっさいに「解放」であり他方は「悲惨」であった、という答えはもちろんありうる。しかしここでは、「社会を剥ぎ取られた地点」から「社会」へと視線を移してみることにしよう。「無媒介性の夢」から見ると「障害」として、「真」のコミュニケーションからの「疎外」として経験される「社会」。たとえばルソーにとってのパリはそのようなものであった。セネットの言葉を使えば「見知らぬ人と一緒に暮らす」この大都市をルソーは忌避し、それを「透明」なコミュニケーションで塗り替えようとした。

ゴフマンには、異なる人々が出会い、「演技」や「儀式」に満ちた都市はこのようなものには映らなかった。ジュネーヴ出身でパリに出たルソー以上に、ゴフマンの出自は大都市から遠いものだった。彼はウクライナからのユダヤ人移民の両親のもと、カナダ・ウイニペグの北の地方都市ドーフィンで少年期を過ごす。ウイニペグとトロントの大学を経て大学院入学で彼はシカゴに移るが、シェットランド諸島での調査のあとシカゴに戻るまでの数ヶ月、博士論文を仕上げるためにパリに滞在する。二年間の「脱都会的生活の渇きをひたすら癒そうとするかのよう」に、彼は「フランスの首都をこよなく愛し」、「書き物をする唯一の場所」とさえ呼んだという（Winkin 1988=1999：111）。また、彼は出身地に「陰険な敵意を秘めた地方の中心都市という記憶」をもち続け、「聞き慣れない言葉を耳にすると、話し手は同性愛じゃないかと疑いの目を向ける人々の住む町の、イーディッシュを話す人々の間で」育ったと、後年同僚に述べている（ibid.: 19）。

こうした個人の生活史に還元することはできないが、こういえるかもしれない。ゴフマンは、同じ言葉を話す「同じ」人々が作る「社会」（＝ユダヤ人コミュニティ）に「陰険な敵意」を感じ、「異なる」背景の見知らぬ人々が出会い「演技」や「儀式」を繰り返す「都会の世俗的生活」に生きやすさを感じる。ルソーは、見知らぬ人々が作る大都市の「不透明性」に「障害」を感じ、ジュネーヴや彼が愛した田園に近い「同じ・見知った」人々が作る「透明」なコミュニケーションを構想しようとする。ルソーは、「異なった・見知らぬ」人々の世界を「同じ・見知った」人々の世界に引き戻そうとする。ゴフマンは、「異なった・見知らぬ」人々の世界が「異なった・見知らぬ」ままいかに可能になっているかを描こうとする。「同じさ」と「違い」をめぐる態度の違いがここにある。ルソーは、「違い」のある人々がどうすれば「同じ」になれるかという「夢」を考える。「違い」があるまま「同じ」にはなりえない人々がどうやって「悲惨」に陥らずに生きていくか、その切実な営みをゴフマンは描く。

素朴な比較でしかないが、このふたつの態度からは、大きく異なる「社会」についての構想が導出されるように思われる。それは、おそらくこれまで述べてきた、コミュニケーションと呼ばれる「ミクロ」な領域の記述から、より「マクロ」な領域の構想へと拡張することができるものではないか。ここから、さらに考察を進めてみたい。そしてそれは、これまで述べたのとは異なるもうひとつの「社会を剥ぎ取られた地点」のイメージを経由することになる。

4　暴力・権力・媒介性

ふたつの立場

われわれにとって、「無媒介性の夢」はつねにある魅力をもって現れるのではないかと思う。たとえば、背景も意見も異なる人々とともにいる日常生活に疲れたとき、「同じ」人々との「透明」なコミュニケーションが「癒し」として感じられるように。このような直接の心の触れ合いによって日常を送ることができればどれだけ幸せだろう！　あるいは、われわれはそれぞれ「同じ人間」であるということを延長していって、「社会」を作る構想に惹かれるように。これこそ「真実の共同体」であり、この「社会」には争いごとなどなく、これが人類全体を覆うことができるならきっと「平和」が訪れるだろう！

しかしこの「夢」はいつも躓く。ある水準で人はすべて「同じ」かもしれないが、ある水準ではどうしようもなく「違う」のだ。いや、むしろ人々は他者と自分が「違う」ことを「自己」の基盤としているのであり、ゴフマンの描く「都会的な世俗的生活」は、『宗教生活の原初形態』に記されたある部族の「同じ」人々が「同じ」トーテム神を拝む世界ではなく、デュルケームが『社会分業論』で有機的連帯の結果とした、「異なる」人々が「異なる」それぞれの「人格」を礼拝し合う儀式を行う世界であった。「違い」はここで「人間の尊厳」の支えであり、その存在にこの「夢」は躓く。

いや、その「違い」のなかにつねに潜む「同じさ」によって人々を繋ぐことをこの「夢」は可能にする（第2節の経験のように）、と考える立場もあるだろう。作田啓一は、ルソーには「〈防衛〉」（他者から自分を護る）と「〈浸透〉」（他者へと自分が溶け込む）のふたつの次元が存在し、これはともに「拡大」しうるが、前者は「敵を前提にする国家への自我包絡」に近づき、後者は「敵を前提としない人類との一体化」に近づくという（作田 1980a：108-9）。ルソーはこのふたつを十分に区別できず、『社会契約論』では「祖国愛」と「人類愛」についてむしろ前者を称揚した（ibid.: 111-5）。しかし、「私は〈浸透〉次元を『開いたもの』の次元であると主張したい」と作田はいう。アンリ・ベルクソンの『道徳と宗教の二源泉』における「閉じた魂」「開いた魂」を参照しながら、作田は、〈浸透〉〈溶解〉次元の「尺度の終点には完全に『開いたもの』がある」とする（ibid.: 108-9）。

だが、逆ではないかと考える立場もありうる。互いに〈浸透〉〈溶解〉でき、「透明」に繋がれうる他者などむしろ稀な存在であって、それを希求するときごく限られた人としかコミュニケーションできなくなるのではないか。葛山泰央は、ルソーが「透明な交通」を理想とする「〈真の社交＝社会〉」を追求するとき、「現存する〈社交＝社会〉」から離脱してしまう帰結を生むことを指摘する。「真」のコミュニケーションは「稀少化」し、それができない「他者を遠ざける」（葛山 2000：207-11）。ルソーはいう、「永遠の存在よ、私と同類の人たちをたくさん私の周囲に集めて下さい」（『告白』、葛山 2000：198）。スタロバンスキーも、『新エロイーズ』でのクラランという「その内部でかれらは世界のその他の人々から排除」された「小さな共同体」のイメージから、ルソーの「島嶼性への願望、自己の生を島に閉じ込めたい欲求」を浮かび上がらせる（Starobinski 1957=1973：162）。

この「夢」は無限に延長しうるのか、閉ざされた世界を作るのか。私はこのようなことを想像する。ルソーAの周囲に作られた「透明な共同体」と、ルソーBの周囲に作られた「透明な共同体」。このふたつが出会うとき、なにが起こるだろう。この「共同体」のあいだに〈浸透〉〈溶解〉が起こることがありうるのかもしれない。しかし、この接点をこの「夢」がどうしても繋ぎえず、無力に立ちすくむということを人間は多く経験してきた。この接点を繋ぐ技法を、「無媒介性」は持たないのではないか。いや、この「共同体」と別の「共同体」の裂け目では（どちらもが「真実」であるから）、この「夢」はむしろ逆の力を発揮しはじめる。Aと「同類」の人々とBと「同類」の人々のあいだにしばしば生じるのは「陰険な敵意」、いやあからさまな「敵意」であり、それはときに「暴力」を生む。

ここで、ある議論を紹介しておこう。今村仁司は『貨幣とは何だろうか』で、「貨幣」を「媒介形式」として考察する試みを行い、人間が「複数の他人と生きることを余儀なくされる」宿命をもつ存在であるとすれば、貨幣は「廃棄不能」である、という（今村 1994：67-8）。彼は、ジンメルが『貨幣の哲学』で貨幣を人間を互いに「距離化」しつつ・あいだを媒介する「制度」ととらえたこと（ibid.: 48-9, 69-70）、ゲーテが『親和力』で（これを今村は「貨幣小説」という）、凡庸な「媒介者」が消失するとき人間の関係にデモーニッシュな力が溢れ出して「混沌と無差別」が生じるさまを描いたこと（ibid.: 85-6, 113, 121）を評価しながら、こう述べる。「人間関係のなかに媒介形式を置くことで直接的な暴力的衝突を回避した実践的知恵の意味を洞察できない『計画と統制』論者……は、市民生活のなかにある媒介形式を撤廃するので、人間集団の直接的管理を行わざるをえない」（ibid.: 173 傍点は原文）。貨幣をはじめとする「媒介性」を廃棄した社会はデモーニッシュな力、「暴力」が「直接・透明」に溢れ出し、人々を「直接・透明」に管理・監視しなければ維持できない世界である。

今村はスタロバンスキーを引きながら、ルソーが「障害物」を嫌い「透明性」を願ったとしてこうも述べる。「ルソーは中間存在者を嫌悪する。つまり彼は媒介者を嫌悪し恐怖する」（ibid.: 175 傍点は原文）。「透明共同体論者」「直接的関係論者」ルソーは、「恐怖と哀れみという情念」で人間の関係をとらえざるをえなかった（ibid.: 191）。ここで今村が注目する「貨幣」と、これまで述べてきた「演技」や「儀式」、「外見」や「衣服」との近接性は明らかだろう。「透明性」が届かない領域を繋ぐ「媒介性」の領域。「透明・直接」には繋がりえない人と人とがひとつの「社会」を作るために必要な、別の技法。それを失うとき、「人間の尊厳」を脅かすような「敵意」や「暴力」、「デモーニッシュな力」が現れる。われわれは、「無媒介性の夢」から遠く離れて、「媒介性」をこそ構想しなければならない。

さて、これを考えるために、われわれはもうひとつの「社会を剥ぎ取られた地点」を経由しておきたいと思う。

ハンナ・アーレント――暴力と権力

「透明な共同体」と「透明な共同体」のあいだの裂け目のような地点。その具体的な姿を、われわれは次のような言葉で想像することができる。「亡命者」、「難民」、「無国籍者」。――この「社会を剥ぎ取られた地点」の経験から「社会」を認識・構想することを、多くの社会思想家や社会学者が行ってきた。(5) たとえば、ユダヤ人の思想家ハンナ・アーレントも、そのような人であった。

ナチスによる政権掌握後の一九三三年秋に、アーレントは故国ドイツからパリに逃れるが、一九四〇年五月には「敵国人」として抑留収容所に収容される。パリ陥落後の混乱で彼女は収容所から解放され、一九四一年一月にフランスを出国、リスボンを経てようやく五月にニューヨークに辿り着く(Young-Bruehl 1982=1999：173-234)。一九四三年に書かれた「われら亡命者」において、彼女はこう述べる。「もしかりにわれわれがユダヤ人にほかならないという真実を語り始めたら、それは、われわれが何ら特定の法や政治的協定によって保護されない、生身の人間以外の何者でもないという人間の運命に身を曝すということになろう」(Arendt 1943=1989：28)。「生身の人間以外の何者でもない」、つまり「ただの」「裸の」人間である地点を一八年間にわたって彼女は経験する。彼女がアメリカ市民権を獲得するのはようやく一九五一年のことである。

アーレントがこの年に出版した『全体主義の起原』によれば、ヨーロッパ世界では古代から亡命者は存在し、別の国家から逃れた亡命者に対する「庇護権」は神聖な権利とされてきたが、近代になって生まれた「国民国家」＝ひとつの国家が「同じ」民族によって形成されるという体制は彼らの帰化を困難にし(大量の帰化は多民族国家を生んでしまうから)、「民族自決」が宣言され「国家」と「民族」の範域が一致していなかった第一次世界大戦後の中東欧でとくに大量の「無国籍者」を生むことになった（Arendt 1951=1972：255-6）。自身を含む彼らの経験を彼女はこのようにいう。「権利は『ネイション』から生まれるのであって他のどこからでもなく、ロベスピエールの言う『地球の主権者たる人類』からでは決してない」（ibid.: 285）。エドマンド・バークがフランス革命の人権宣言を批判したのはまったく正しかった。「他のすべての社会的および政治的資格を失ってしまったとき、単に人間であることからは何の権利も生じなかった。人間であるという抽象的な赤裸な存在に対して世界は何ら畏敬の念を示さなかった。人間の尊厳は〈彼もまた人間だ〉という単なる事実によっては明らかに実現され得なかった」（ibid.: 286）。

亡命者・難民・無国籍者という「社会を剥ぎ取られた地点」。そこでは、「ただの人間」であることから「人間の尊厳」が達成されたりはしない！　アーレントはこの地点から「社会」「政治」を論じていくが、そのすべてをここで取り上げることはもちろんできない。ただ、ひとつ決定的なのは彼女が「権力」と「暴力」にした区別である。

一九六九年の論考「暴力について」で、彼女は以下のように定義する。「権力（power）」とは、他者と「一致して行為する能力」に対応し、「集団が集団として維持されているかぎりにおいてのみ存在しつづける」。だれかが「権力の座についている」とは、「かれがある一定の数の人からかれらに代わって行為する機能を与えられていること」を指す。対して「暴力（violence）」は、「道具を用いるという特徴によって識別される」ものであり、数や意見に依拠するのではなく、機器に依拠する。「暴力」は「権力」を創造することはできないが、「権力」を破壊することは可能である。「暴力」による支配は「権力」が失われたところではじまり、「権力」が失墜することが「暴力」をもって「権力」に代えようとする誘惑を生む。ふたつは「同一ではない」だけでなく、「対立するもの」なのだ

(Arendt 1972=2000：133, 142-5)。

アーレントが強調するこの相違は、亡命者・無国籍者の地点に立ち戻って考えたとき理解しやすいものだろう。「権力」が存在しない、つまり「自分たちに代わって行為をする機能を与えられている者」やこの能力をもつ「集団」をもつことができない人々は、先に見たような「無権利」の状態に置かれる。「権力」によって護られた空間において（たとえば「ネイション」において）、人々は権利を確保できる。逆に「暴力」は、その「権力」が途絶した空間において人々が直面し、あるいはこの「権力」に護られた空間を破壊するもの、まさに人々を「生身の人間である以外何者でもない」存在に変えてしまうものである。こうもいえるだろう。ある「同じ」人々と別の「同じ」人々が（つまり「異なる」人々が）出会い、ひとつの集団を作る場合。ここで「だれかがだれかに代わって行為する」（それぞれの意見は異なるから、「だれかがだれかにいうことをきかせる」ことは当然生じる）仕組みを作り、維持するものが「権力」である。この「権力ある空間」が「異なる」人々のあいだに存在しないとき、その裂け目には「暴力」が忍び寄る。あるいは、「異なる」人々のあいだに発生する「暴力」は、「権力ある空間」を破壊する。

しかしこの「暴力」と「権力」の区別は、「社会を剝ぎ取られた地点」から生まれた社会への想像力であるとしても、これまでの議論からは遠いようにも思われる。「無媒介性」と「媒介性」をめぐるアンビヴァレンツ。――だが、アーレントにとってもこれは重要な問題であった。

媒介性の空間

一九六三年の著書『革命について』でも、アーレントは「暴力」と「権力」の区別を論じる。ここで彼女は明らかに、フランス革命を批判し、アメリカ独立革命を高く評価する。「フランス革命の人びとは暴力と権力をどう区別するかを知らないままに、全権力は人民からくるものでなければならぬと確信していた。……これと反対に、アメリカ革命の人びとは、権力と前政治的な自然的暴力とはまったく反対のものだと理解していた。彼らにとっては、権力は人びとが集まり、約束や契約や相互誓約によって互いに拘束しあうばあいに実現するものであった」(Arendt 1963=1995：294)。そして、このふたつの相違をめぐる彼女の考察は、これまでの本章の議論に接近する。

フランス革命は、国王や旧体制の支配からの「解放(liberation)」を求めるものだった。貧困や不平等・不自由にいる「人民」が、それにとって代わるにはどうするか。いうまでもなくルソーの社会構想はこれに決定的な役割を果たした。「人民」＝「いつも不幸な人々」が持つ「一般意志」が新しい政治体を構成する。これは、異なる意志同士が意見交換して生まれる「同意」ではなく、「分裂した意志など考えることはできない」完全一致によるものであり、ルソーは国民を「一個人のように、一つの意志によって動かされる一つの肉体と考え」、ロベスピエールは「ただ一つの意志が必要だ」と考えた(ibid.: 113-5)。

しかし、「二五〇〇万人のフランス人」、さまざまな「社会階級」と異なる「利害」を含む人々をどのようにして「一つの意志」に結びつけることができるのか。アーレントはこういう。第一に、ルソーは「国民共通の敵が存在することを前提にし、その敵が味方を統一させる力に頼った」。国際関係での敵対や、国民個々がもつ自身の「特殊意志」を「敵」として浮かび上がらせることが、「一般意志」を可能にする(ibid.: 116)。第二に、「神々が必要である」。ルソーが『社会契約論』の最後に「市民の宗教について」を置き、ロベスピエールが「最高存在の崇拝」の大祭典を試みざるをえなかったように、フランス革命は「恒常的で超越的な権威の源泉」を必要とする（ibid.: 298-9）。

だが、アーレントが「中心的な問題」とするのは、フランス革命で活動した人々の心のなかで「同情（compassion）」が果たした役割である。ルソーは「他人の受難に対するもっとも自然な感情は同情」であって、それが「真実の『自然的な』人間関係の基礎」だと考え、ロベスピエールにとってさまざまな階級をひとつの「国民」に統一できる力が「上層階級の下層民にたいする同情であることは明白」であった。「無私、すなわち他人の苦悩のなかに自分自身を無にする能力」の強調が、フランス革命を遂行する「人民の労苦を自分自身は経験しなかったがそれを目撃した人びと」にルソーが巨大な影響力を与えた要因だと、アーレントは考える（ibid.: 113, 119-21）。

そして、この「同情」という契機を彼女は厳しく批判する。「同情は人間関係に絶えず存在している距離、中間に介在しているものを取り除く。この点では愛も同じである。……同情は距離を、すなわち政治的問題や人間事象の全領域が占めている人間と人間のあいだの世界的空間を取り除いてしまうので、政治の観点からいえば、同情は無意味であり、なんの重要性もない」。人と人のあいだに「距離」があり、それを言葉で埋める、ということが「同情」にはできない。「同情はただ情熱的な激しさで苦悩する人そのものにむけられる。……それは法律や政治のような、説得とか話し合いとか妥協のようにだらだらと続く退屈な過程を避け、その声を苦悩そのものにむけるだろう」。そして、「苦悩は、迅速で直接的な活動、すなわち、暴力手段による活動を求めるはずである」（ibid.: 128-9）。この「同情」という「根源善」は、「根源悪」と同じく「根源的暴力」を持つ（ibid.: 120）。「徳の源泉と考えられた哀れみは、残酷さそのものよりも残酷になる能力を持っていることを証明している。『哀れみのため、人間にたいする愛のため、非人間的になれ！』」（ibid.: 133）パリ・コミューンでのこの言葉を引きながら、彼女はこの「感傷」が際限なく拡大し、「人民の権力が暴力の混沌のうちに崩壊」(ibid.: 136) していく姿を描く。

アーレントがアメリカ革命に見たのは、この「一般意志」や「同情」と対照的なものだった。「アメリカ的な観念による人民とは、それぞれの意見と利害をもつ複数者という意味であった」。「多数(manyness)」、「その尊厳がまさにその複数性(plurality)に存するような、限りなく変化に富む複数者(multitude)」。アメリカ革命の人々は、「公的領域は対等者のあいだで行われる意見の交換によって構成されるものであり、この公的領域は、たまたますべての対等者が同一の意見をもったために意見交換が無意味になったその瞬間に簡単に消滅するであろうということを知っていた」。フランス革命で理想だったものが、ここでは公的領域の死滅とみなされる。ここでは「党派」が、「多くの声とさまざまな意見」に照応するものとして評価される (ibid.: 138-9)。「一つの意志」など存在しない。「多くの意志」と、対話し決定する過程だけが存在し、それこそが重要なのである。

アーレントはこうもいう。「反乱の目的は解放であるのにたいして、革命の目的は自由(freedom)の創設である」。新しい「自由の構成」をともなわない場合、「反乱や解放ほど無益なものはない」。アメリカ革命の人びとは、どのように「自由の構成」を行うかを「憲法」の作成による立憲的統治の樹立という課題として考えた (ibid.: 223-6)。イングランドの政府からの独立を宣言し国王への忠誠を破棄したとき、問題は「権力をどのように制限するかではなく、どのように権力を樹立するかであり、……どのように政府を創設するかということであった」。独立宣言後の憲法作成への熱狂は、「権力の真空が広がるのを阻止した」(ibid.: 231)。フランス革命でのルソーに匹敵する役割をアメリカ革命で果たしたモンテスキューの考えでは、「自由」と「権利」は「権力の創設とその正しい配分に基礎づけられなければならない」のであって、「権力と自由は同じものに属して」いる（ibid.: 234）。「実際面で創設者たちが恐れていたものは、権力ではなく無力（impotence）であった」（ibid.: 239）。「権力」が滅ぼされるとき、そこには「無力」な人々と、彼らにふるわれる「暴力」が対峙する空間が出現する。「権力」こそが「暴力」と「無力」を抑えるのだ。そして、その「創設」「樹立」は多数者のあいだの対話によってなされなければならない。

アメリカ革命の人々とともに、アーレントはこのような「権力」についてのイメージを描き出す。異なる人々を「一つの意志」に一致させて繋ぐのではなく、「多くの意志」が交換されうる「権力ある空間」を創設すること。ここで、アーレントは「同情」によって「一つの意志」を作ろうとするルソーと逆の位置に立つ。人と人とのあいだの夾雑物を取り去って「無媒介」に繋がる技法を、ある「同情」と別の「同情」の裂け目に生まれる「暴力」と「無力」を経験した彼女は支持できない。「同情」と「暴力」を往復するのではなく、「異なる」人々が距離をもちながら話し合う「媒介性」の空間をアーレントは志向する。

この著作に先立つ一九五八年の『人間の条件』で、彼女はこういう。公的領域とは、人々が周りに座り話し合うテーブルのように、「すべての介在者（in-between）と同じように、人びとを結びつけると同時に人びとを分離させている」（Arendt 1958=1994 : 79）。テーブルが消滅するとき、人々は分離を失うか、無関係な存在になるかしてしまう。この公的領域で「活動と言論がともに成り立つ基本的条件」が「人間の多数性」であり、それは「平等と差異という二重の性格」を持つ。一方では、「もし人間が互いに等しいものでなければ、お互い同士を理解できず、自分たちより以前にこの世界に生まれた人を理解できない」。しかし他方、「もし各人が、現在、過去、未来の人びとと互いに異なっていなければ、自分たちを理解させようとして言論を用いたり、活動したりする必要はないだろう。なぜならその場合には、万人に同一の直接的な欲求と欲望を伝達するサインと音がありさえすれば、それで十分だからである」(ibid.: 286)。人間は理解し合えるほど似ているが、話し合わねばならないほど異なる。だから、分離しながら結びつく「公的領域」を必要とする。

アーレントは、ここでも「同一性（sameness)」による支配を批判する。公的領域における平等とは、「必ず、等しくない者の平等のこと」であり、等しくない者をいわば「外部から」人工的に「平等化する」必要があるのである。彼女は政治的平等を、「死の前の平等」や「神の前の平等」のような「万人に共通の運命」「人間本性に固有の罪深さの平等」によってすでに「同一性が支配している」平等の、対極にあるものだと考える。死や神のまえでは人々の「差異」は消滅してしまい、それを「平等」にするための話し合い、言葉などは必要ない。ここでは、「真のコミュニケーションさえ生まれるはずもない」のであり、「世界と公的領域の観点から見ると、生と死、同一性を示す一切のものは、非世界的で反政治的経験であり、真の超越的経験である」(ibid.: 342-3)。これは、「愛」においても同様である。「愛は、その情熱によって、私たちを他人と結びつけていると同時に分けへだてている介在者を破壊する」。「介在者」なき「同一性」の世界において、人間の「多数性」＝「平等」と「差異」の二重性は消え去る。「愛」もまた、「非政治的であるばかりか反政治的な力」なのである(ibid.: 378-9)。

「同情」や「愛」によって「同じ」「一つ」になるのではなく、テーブルをはさんで「異なる」ままいる世界。ルソーの「夢」は、もちろん「同情」や「愛」で繋がれるときかけがいのない幸福を生む。しかし、それはときに「暴力」に近づき、「夢」が覆いえない場所を「無力」のまま放置する。アーレントは、「暴力」と「無力」の経験から、また複数の人間が持つ「同じさ」と「違い」から、「無媒介性」とは逆の、不透明な夾雑物の方向へと進んでいく。ゴフマンが「演技」や「儀式」を、今村が「貨幣」に照準して考えたこの領域を、アーレントもまた、自らの「社会を剥ぎ取られた地点」の経験から、「権力」を軸に構想しようとするのである。

5　おわりに

こうしてわれわれは冒頭の病院やセミナーでの経験からずいぶん遠いところに辿り着くことになった。振り返るならば、本章は、「社会を剥ぎ取られた地点」を経験・想像することから「社会」を認識した議論を辿る試みであった。そこでは「無媒介性の夢」をどう考えるかが焦点となり、われわれは何人かの論者の対照的に思われる「社会」の構想を目にすることになった。この急ぎ足だった本章はなにかを解明できただろうか。――本章を閉じるにあたって私はふたつのことを述べておきたい。

第一に、本章で述べた「無媒介性」と「媒介性」をめぐって、それは「ミクロ」と「マクロ」という領域に対応するのではないか、と考える読者がいるかもしれない。たとえば、「無媒介性の夢」は親密な「ミクロ」と呼ぶべき領域においては実現可能性が高く、それをより「マクロ」な領域に延長しようとするときに問題が生じるのだ、というように。この考えはまちがってはいないようにも思う。じっさいアーレントが論じるのは「公的領域」と名づけられ、彼女はルソーを「親密性の発見者」と呼ぶのであって、このふたつの異なる領域を簡単に繋ぐことはできない、と指摘し続けることはきわめて重要である。

しかし私はこうも考える。「親密性」と呼ばれる家族や恋人や友人のあいだでも、「無媒介性の夢」はいつも躓く。ここでも人間は「同じ」でありながら「違う」のであって、つねに「直接・透明」に繋がりうるわけではない。だがそのときも、われわれは「無媒介性の夢」で裂け目を埋めようとすることが多い。「愛」によって、「同情」によって、〈浸透〉や〈溶解〉によって親子を・夫婦を・恋人を・友人を繋ぎたい、いや、「親密」な領域はこれで繋がなければならない！

だが、その裂け目が「無媒介性」で埋まらない場合はいくらもある。「演技」や「儀式」、テーブルをはさんで話し合うこと、「権力」やときには「貨幣」が有効で必要な場合はある。そのとき「無媒介性の夢」に縛られること（＝「媒介性」がこの領域には存在してはならないと思い込むこと）はなにも解決せず、逆にその帰結としてときに「暴力」を引き起こす。もしかしたら親密性を「無媒介性の夢」からもっと自由にする必要、この「ミクロ」な領域に「媒介性」の回路を開く必要があるのかもしれない。この意味で、「ミクロ－マクロ」と「無媒介性－媒介性」を対応させる態度は、多くの問題を生むようにも私は思う(6)。

第二に、確認するならば、やはり「無媒介性の夢」は貴重なものである。本章はそのアンビヴァレンツを述べながら、冒頭の「深い」触れ合いやルソーの「夢」の魅力に繰り返し言及した。このコミュニケーションをじっさいにどう作るかは重要な課題であり、この「夢」が「社会」を鋭く批判する拠点となる意義は簡単に捨てるべきではない。「演技」や「貨幣」や「権力」は、確かになんらかの抑圧性や生きづらさを抱えるのだから。

しかし、その批判は次の態度を生むことがある。ということは、「演技」「貨幣」「権力」があるからだめなのだ、われわれは「演技なき空間」「貨幣なき空間」「権力なき空間」を作らなければならない！――私は、この「夢」と「批判」を往復する態度は次の問いを省略してしまうように思う。「演技ある空間」「貨幣ある空間」「権力ある空間」を抑圧性や生きづらさがより少ない空間にするにはどうすればよいか？　より生きやすい「媒介性ある空間」をどう構想するか？　この課題のまえで、この態度は思考停止してしまう。

「無媒介性の夢」から見ると、この空間は「不純な」（今村 1994：179）ものである。しかし、この「夢」が人間が複数で生きる空間すべてを覆いえないとすれば、この「不純な」領域をどう生きやすくするかを考えねばならない。「夢」からその「不純さ」を批判するだけの態度はこれを考えられず、むしろ反対側にこの空間をなにも変えずに維持する態度を存続させてきた（そしてふたつの態度が対話なく並存してきた）ようにも思う。もしかしたらわれわれはいったん「無媒介性の夢」を断念するべきなのかもしれない。少なくとも、この「不純な」領域に留まって、これを構想する作業を続けなければならない。

「社会を剥ぎ取られた地点」を論じた本章は、その出発点にすぎない。われわれには多くの作業が必要である。ただ、その作業の過程でこの地点への想像力を失ってはならないことはここで確認しておいてよいことなのだろう。

注

（1）本章は、こうした問題意識から企画された『社会学評論』の特集「ミクロ・マクロ問題への挑戦」（第五二巻四号、二〇〇二年三月）に向けて構想されたものであり（梶田孝道による編集後記（梶田 2001）参照）、当該論文に加筆を施した。

（2）　奥村編（1997：序章）、奥村（1998：序章）を参照。

（3）　この社会学者とは長谷正人氏である。この話の引用を許して下さっただけでなく、多くのアイデアを与えて下さったことを長谷氏に感謝する。

（4）　奥村（1998：第5章）を参照。

（5）　一九三〇年代にドイツからロンドンに逃れたユダヤ人ノルベルト・エリアスもそのひとりで、彼の『文明化の過程』（一九三九年）は「礼儀」「儀式」を描き、その発生と「国家による暴力独占」の関係を論じている（奥村 2001）。また、本書第6章を参照。

（6）　これは奥村（1998：第2章・第6章）で論じたことと重なる。

第2章　没頭を喪失した社会
――「社会学」の位置をめぐって

1　はじめに――「参加」と「距離化」

ノルベルト・エリアスに『参加と距離化』という著作がある。一九五六年に発表された同名の論文に、一九八〇年に書かれた「大渦のなかの漁師」というタイトルの原稿などを追加して刊行されたこの本は、「知識社会学論考I」と副題が付けられており[1]、知識や科学、さらには社会科学・社会学の位置づけをめぐる考察を試みたものである。そして、その考察のキータームが「参加（involvement）」と「距離化（detachment）」という概念であった。

「大渦のなかの漁師」という奇妙なタイトルの文章を見れば、この対概念の意味は容易に理解されるだろう。エリアスは、エドガー・アラン・ポーの短編『大渦巻』から以下のエピソードを引用する。この小説は漁に出て嵐に遭った兄弟の物語なのだが、彼らの舟は巨大な渦巻に巻き込まれてしまう。当初、ふたりは気が動転して舟底の金具にしがみつくことしかできない。しかし、そのうち弟のほうは落ち着いてきて、周囲を観察しはじめる。すると大きいもの・尖ったものが速く沈み、小さいもの・円筒形のものはゆっくり沈むことがわかる。弟は舟にあった樽に自分を縛り付け、兄にもそうするように叫ぶ。しかし、渦巻に巻き込まれることへの恐怖のただなかにいる兄はどうすることもできず、弟はひとり樽とともに海に飛び込む。そして、兄を乗せた舟はそのまま大渦に呑み込まれ、弟は渦巻がゆるやかになるまで浮いていて、救助されたのである（Elias 1987：45-6=1991：67-8）。

いま自分が置かれている状況やそれに由来する感情に「巻き込まれている（involved）」ことと、それから「距離をとっている（detached）」こと。論文「参加と距離化」でエリアスは、後者の態度からはじめて知識や科学が生まれ、知識や科学によって状況を制御できるようになることで「距離化」の態度が可能になるという循環（逆に、「参加」の態度は知識や科学を生まず、だから状況を制御できずに巻き込まれた位置から脱出できないという循環）が存在する、と指摘する（ibid.: 48-9=71-2）。また、「自然」にかんしての「距離化」は（人類史上長期にわたる「参加」に対する戦いを経て）かなり進んでいるが、「社会」に対する「距離化」はそれよりずっと低い水準にしかない、と彼はいう（ibid.: 6-7, 11-2=9-11, 18）。そして、「社会科学者の機能」とは、このような「参加と距離化」の段階において、「社会」への「距離化」した態度を持ち、「社会」への知識を生むことにある（ibid.: 14-6=21-6）。

彼は論文「社会学の社会発生」（一九六二年に学会報告され、一九八四年に刊行）や著書『社会学とはなにか』（一九七〇年）で、「社会学」についてこうした議論を反復する。一九世紀の初期社会学者は「社会の理想」を抱える「巻き込まれた参加者」であるとともに「社会の科学」を生もうとする「距離をとった観察者」だった（Elias 1984：47-51）。現在でも「イデオロギー的参加」と「社会学的距離化」は十分に区別されていないが（Elias 1970：170=1994：187）、これを区別するのが社会学者の役割であり、社会学者は「神話〔＝「参加」：引用者〕を破壊〔＝「距離化」：引用者〕する者（Mythenjäger）」である（ibid.: 53-4=53)。

さて、こうした「参加」と「距離化」にかんする議論、あるいは「科学」や「社会学」の位置づけをめぐる議論に、私は同意（というより、積極的に賛成）してきた。エリアスをめぐる拙著（奥村 2001）でもそうであったし、それ以前に「社会学」の位置づけを論じたときの私の見解も、いま述べたこととさわめて近いといっていい(2)。

しかしながら、現在の私は、この議論にある違和感を覚えてもいる。「距離化」をすること、それによって可能になる観察でえられた知識によって状況を制御すること、これが「社会学」の使命である。現在の私たちにとって、この見解で十分なのだろうか。このためらいは、すぐに予想がつくように、エリアスが「参加」と呼んだものと「距離化」との関係についていまの私たちが考えるとき、その構図が彼が考えたものとは異なるのではないか、という疑問に発するものである。構図が変化しているとしたら、そこで「社会学」が位置づけられる場所も異ならざるをえないのではないか。そもそも、私たちが直面するこのふたつの態度の関係図とは、どのようなものなのか。

たとえば、ここで「参加」と呼んだものを（もしかしたら、この訳語よりも原義に近いかもしれない）「没頭」と呼び直してみよう。ある状況や感情、なんらかの理想・神話・イデオロギーに「没頭」する態度から「距離化」して、それを観察することが「社会学」の使命である。しかし、この構図は、私たちが生きる社会とそこでの「社会学」の位置づけを考えるのには、どこかずれているようにも思われる。そのずれを修正するには、私たちが生きる社会での「没頭」そのものについての検討を、そしてその「距離化」との関係についての検討を必要とするのだろう。

本章は「没頭を喪失した社会」と題されている。このタイトルからも、私が述べようとすることがある程度予想されるだろう。私たちにとって「没頭」とはなにか、「距離化」とはなにか、その関係のなかで「社会学」とはどのような位置にあるのか。以下の論述は、周到に用意されたものというよりも、いくつかの異なるレベルのエピソードをつなぎあわせた覚書にすぎず結論も出ていないが、こうした問いに接近する出発点にはなるだろう。

以下は三つの節からなる。次節では、この問いを考えるきっかけとなったある事例から始めて、「感情」とくに「笑い」をめぐるいくつかの議論を検討し、「没頭」と「距離化」の現在についてあるイメージを得る。第3節では、そこで示した「没頭を喪失した社会」の像と「モダニティ」との関係、およびその帰結を、何人かの理論社会学者の議論を通して検討する。そして最終節では、本章を書くもうひとつのきっかけを紹介しながら、「没頭を喪失した社会」と「社会学」の位置について考えるためのある方向性を示すことにする。

2　「没頭」の喪失——「感情」とくに「笑い」を例として

「ウケる」と距離化

「没頭」について考えることを、おそらくそれにもっとも結びつきやすいと思われる（エリアスの「参加」についての議論でも触れられていた）現象、「感情」にかんする考察から始めることにしよう。本節ではふたつの例をあげるだけだが、第一の例は、本章を書こうとするきっかけとなったものである（もうひとつのきっかけは、第4節で述べる）。それは、「笑い」について書かれた社会学書の次のような叙述である。

太田省一が二〇〇二年に刊行した『社会は笑う』は、テレビ番組での「お笑い」を鮮やかに分析する著作だが、冒頭近くで次のようなエピソードを紹介している。太田は、最近ある違和感を覚える現象がある、という。それは、笑いを誘うようなことに出会ったときに（おそらく若い年代に限ったことだろう、と太田はいうが）、「ウケる」という言葉が発せられる、という現象である。「ただ笑い声をあげる」のではなく、「おかしい」や「おもしろい」という言葉を発するのでもなくて、「ウケる」と声をあげる。太田は、この現象に「どこか客観的な醒めた視線」を発見して、違和感を覚えるというのだ（太田 2002：8-9）。

太田はここで、『欽ちゃんのドンとやってみよう』（一九七五年放送開始、フジテレビ系）での萩本欽一のふるまいを参照しながらこう述べる。この番組で萩本は、視聴者からのハガキによるコントが演じられ、それにスタジオでの観客が反応するのを見ながら、「バカウケ」「ヤヤウケ」といった評価をし、最終的に「欽ドン賞」を決定する。萩本は、もちろん「笑わせる側」にいるわけだが、同時に「笑う–笑わせる」関係の外にいて、そのネタを客観的に判断する立場にいる。そして、この判断ができる者は、「笑っていない人間」である。これと対比するならば、笑う人が発する「ウケる」という言葉は、「笑う側」にいながら、同時にその笑うネタや「笑う–笑わせる」関係を客観的に判断する立場を瞬時に付け加える（「笑う人間」でありながら、「笑っていない人間」でもあろうとする）ふるまいだといえるだろう。太田は、ここには「笑う自己を無条件に肯定すること」と「相対化すること」というふたつのベクトルの交差、あるいは「笑いに身を委ねる」ことを求めながら、どこかで「笑いの当事者的関係性につねに距離を置く」受け手の存在を見出すことができる、と指摘する（ibid.: 7-10）。

太田のこの本は、一九八〇年代以降のテレビでの笑いを事例に、このふたつのベクトルの交差、とくに後者の「相対化」し「距離を置く」ベクトルの浮上を繰り返し抽出する。たとえば、マンザイブームにおいて、スタジオの観客が漫才師との「仲間感覚」をもつ濃密なライブ的共同体のなかでそのギャグに狂騒的に笑いながら、ひとつひとつのギャグを素早く評価しつつまらないギャグには笑わない「批評感覚」を育てていたこと。太田は、これを『笑い』の現場に立ち会いながらも、その状況から自分自身を引き離すことを可能にする感覚」と呼び、さらにこれがテレビという装置に対する「視聴者」の態度にほかならないとするのだが（ibid.: 36）、その延長上にテレビを見て笑いながら同時にそのネタや笑う自分に「ツッコミ」を入れるふるまいを位置づけることもできるだろう。あるいは、一九九〇年代以降の笑いの空間で「ボケキャラ」や「キレキャラ」といった「キャラ」が重要視されるようになること。「天然ボケ」はどこまでかはその人の「素」であるが、それが「ボケキャラ」とされることによって、それが「素」か演技かを峻別する必要がなくなり、「素」と演技とのあいだを臨機応変に往復する「『キャラ』のゲーム」が成立することになる（ibid.: 164-7）。「キャラ」という審級を用意することは、笑わせる側も笑う側も、「素」から距離を置くことができる（もし「素」が曝け出されたとしても、それを「キャラ」に回収して「笑い」に落とすことができる（ibid.: 169））仕掛けであるといえるだろう。

しかし、ここでは、テレビにおける笑いの分析よりも、「ウケる」に代表される日常での笑いをめぐるふるまいを考えよう。笑いながら「ウケる」という言葉を発する（「笑える」という言葉でもよい）ことによって、笑うことに無邪気かつ無防備に没頭するのではなく、笑う自分から距離を置いて、それを観察し評価する自分を確保しておく態度。「私ってこういうキャラなのよね」と述べて、ただ

「私は～である」(＝「素」)という地点から、「私は『私は～である』ということを知っている」、「私は『私は～である』というキャラを自分に与える」という「素」から距離をとった地点を確保しておく態度。太田がいうように、こうした態度は「若い年代」にとくに見られることかもしれないが、ここには笑いに「没頭」する(＝ただ笑う)態度からかなり遠いふるまいが見られることを確認したい。「ただ笑う」自分から、あらかじめ、あるいは、直後に、距離をとりそれを評価・観察・相対化するふるまい。このふるまいが、私たちの社会には広がっているのではないか。

いったんエリアスに戻ろう。彼は、「参加」≒「没頭」する社会のなかで、「距離化」することの困難と必要を論じ、それを科学、さらには「社会学」が担うことを主張した。しかし、いまの「笑い」をめぐるエピソードはこれと異なる状況を示唆している。すなわち、私たちの社会はむしろすでに「没頭」しておらず、つねに同時に「距離化」する態度を身につけているのではないか。あるいは(いいすぎかもしれないが)、もはや「没頭」する(ただ笑う、ただ「素」である)ことのほうが困難になっていて、もしかしたらほとんど自動的に「距離化」してしまっているのではないか。このとき、「社会学」は「距離化」を担う、と主張することに、いったいどのような意味があるのだろうか。

しかし、この問いかけはあまりに性急である。もう少し「感情」を題材に「没頭」と「距離化」について考えよう。そのひとつは、「笑い」についての簡単な補足、もうひとつは、「感情」と「距離化」の関係のいくつかの水準を論じたある議論の検討からなる。

ベルクソンの『笑い』

これまでの議論にはある性急さがあって、たとえば次のような疑問を導くだろう。これは、私たちの現在の社会や日常を反映しているというよりも、現在の「笑い」にだけ特殊にあてはまるのではないか。あるいは、これは、現在の「笑い」にあてはまるというよりも、「笑い」一般にあてはまるものなのではないか。ここで、「笑い」についてのあまりにも有名な著作、アンリ・ベルクソンの『笑い』に基づいて一定の補足を試みたい。

太田も参照している（ibid.: 114 ただし彼は以下の議論には触れない）この古典の冒頭に近い部分で、ベルクソンは次のように論じている。笑いにはつねにある「無感動さ」がともない、「無関心」がその本来の環境である。笑いにとって「感動」以上の大敵はない。たとえば、誰かに愛情を向けること、あるいは憐憫を向けることがあったとして、そのさなかには笑いは生じない。笑いが生じるには、その「愛情」や「憐憫」を沈黙させることが必要なのだ。ある人々がいうこと・することすべてに関心を示し、ともに行動しともに感じる（「交感に最大限の広がりを与える」）とき、もっとも軽い対象も重さを増し、厳しい色合いを帯びるだろう。これに対して「離脱」するとき、「生に、無関心な傍観者として臨む」とき、「数多くの劇的事件は喜劇と化してしまうだろう」。ベルクソンは、人々が踊っているサロンで、ただ音楽の音に耳を塞ぐだけで、すぐさま踊っている人々が滑稽に見える、ということを例にあげる。多くの人間行為は「それに伴う感情の音楽から切り離すだけで、突然厳粛さからふざけ半分へと移行する」（Bergson 1900=2001 : 17-8）。

こうしてベルクソンは、「おかしさは純粋知性に呼びかける」という（ibid.: 18）。「純粋に知性だけの人びとの社会があったとしたら、その人びとはおそらく泣くということはないだろうが、依然として笑うことは笑うだろう」（ibid.: 17）。しかしこれに彼はこう付け加える。「ただ、この知性はほかの知性たちと連絡を保っていなければならない」。人は孤立していると感じたならおかしさを味わうことができず、笑いは「一つの円の内部で進行する」のであって、その円はどんな大きさでもよいが必ず「円周で囲われている」。ある笑いが起きるとき、その円周の外にいる人は決して笑うことができない。笑いは、ほかの笑い手たちと「相互に理解しているという底意、ほとんど共謀したとでも言いたいほどのある底意」をひそめていて、この「底意」を共有しなければ笑うことはできないし、笑うことはこの「底意」を共有していることの合図である。こうして、「われわれの笑いは、常に一つの集団の笑いである」。笑いは「社会的機能」、共同生活のいくつかの要請に応えるという「社会的意味」をもつ。ある人々が、「自分たちの感性を沈黙させ、ただ知性のみを働かせながら」集団ないし社会を形成しているとき、おかしさ・笑いが生じるのだ（ibid.: 18-20）。

以上の短い引用は、前項の議論に対して、重要な留保を与えることになるだろう。なぜなら、ここでベルクソンは、「笑い」というもの自体がすでに「没頭」から「距離化」するベクトルを内包するもの（というよりそれを本質とするもの）だ、と指摘しているのだから。「感動」や「共感」、「感情の音楽」は笑いを引き起こさず、そこから「離脱」すること、自らを「切り離す」こと、「無関心な傍観者」になることが笑いの条件（ないし本質）である。このベルクソンの笑い一般の位置づけから見ると、一九八〇年代以降の日本社会の笑いについての太田の観察に基づく議論は、ふたつの異なったとらえ方が可能だろう。

ひとつは、「笑い」にかんして「ウケる」に象徴される「没頭の喪失」が見られるとしても、笑いはもともと「距離化」のベクトルを持つそれが起こりやすい事象なのであって、例外的なことではない、というとらえ方である。そう考えるならば、私たちは他の感情にかんする（たとえば「愛情」や「憐憫」にかんする）「没頭」と「距離化」をめぐる太田と同様の観察を必要とするであろう（これは、本章で十分には行いえないが、次項で「笑い」以外の感情をめぐる論点をあげることで、少しだけ近づけるように思う)。もうひとつは、「笑い」という感情がすでに「距離化」のベクトルを組み込んでいるにもかかわらず、私たちの社会ではさらなる「距離化」が必要とされ自動的に生じている、というとらえ方である。ベルクソンによれば、「笑う」瞬間にすでに人間は「没頭」していない。しかし、太田の観察によれば、私たちの社会では、すでに「距離化」している笑いを、あらかじめないし次の瞬間さらに「距離化」しなければならない。それは、「愛情」や「憐憫」に没頭する人々がその感情から「距離化」することよりも、より高度な「距離化」の水準である、といえるのかもしれない。

このふたつのとらえ方のどちらがより妥当であるかをここで判断することはできない。ただ、もう一点、ベルクソンの議論からの展開を記しておこう。いまの引用の後段で、ベルクソンは笑いの「社会的機能」について論じていた。つまり、笑いという「知性」≒「距離化」を備えた感情によって「社会」が形成される事態を彼は想定するのだ。この対極には、彼がいう「感性」「感情の音楽」によって形成される「社会」を想定することができるだろう。「共感」や「愛情」や「憐憫」による社会、そうした感情に「没頭」することで人々が結びつく社会である。そして、私たちは、こうした「社会」の構想がこれまでなされてきたことを容易に思い出すことができる。たとえば、ルソーが構想した「共苦（commisération）」という感情による共同体がそれである。『エミール』で彼は、「共通の苦しみは愛情によってわたしたちを結びつける」という（Rousseau 1762b=1986：66：作田 1980：205）。この社会の姿は、一方で、作田啓一のいう「〈溶解〉」や「〈浸透〉」（作田 1980：108, 154）、スタロバンスキーのいう「透明性」による「真実の共同体」（Starobinski 1957=1973：52）といった性格ゆえに、称揚されてきた。他方、この「没頭」による社会が孕む問題も指摘されてきた。たとえばハンナ・アーレントは、フランス革命がルソーの主張した「同情（compassion）」に支えられたことを指摘した上で、こう述べる。「同情はただ情熱的な激しさで苦悩する人そのものに向けられる。……苦悩は、迅速で直接的な活動、すなわち、暴力手段による活動を求めるはずである」（Arendt 1963=1995：129）。「哀れみは、残酷さそのものよりも残酷になる能力を持っている」(3)（ibid.: 133）。

「笑い」（＝「距離化」）によって形成される社会と「共苦」（＝「没頭」）によって形成される社会。では、私たちが作っている社会は、いまそのどちらに近く、どちらからどちらへと変動しているのだろうか。太田の『社会は笑う』は、「笑い」論から「現代日本社会」論へと移行する後半部で、私たちの社会では「『笑い』が社会空間の〈規範〉となっている」と指摘する。「笑い」が規範となるとき、それはいったん社会を一定のかたちに成型するにしても、「かりそめのもの」「疑似的なもの」でしかない（太田 2002：159-60）。みなが、いまある規範は疑似的だよね、どうせ仮のものだよね、というベルクソンのいう「底意」を共有しながら、疑似的・一時的にすぎない規範をそのつど生き切っていく（太田は「延命」という表現を使うが）社会。この、「没頭する社会」と対極に位置する「距離化する社会」に、私たちの社会はなっているのではないか。

さて、以上のベルクソンを参照した「笑い」についての補足は、太田の観察をどこまで一般化できるかについて、ある留保をつけるにとどまる。「笑い」がそもそも「距離化」を孕むものだとすれば、太田の観察はどう位置づけられるのか。「笑い＝距離化」による社会と「共苦＝没頭」による社会が対比されるとき、私たちの社会はどこにあるのか。この補足作業を、もうひとつ付け加えよう。

感情管理と「距離化」

ここで私は、「感情社会学」の嚆矢とされるアーリー・ラッセル・ホックシールドの『管理される心』のある部分を検討したい。本節冒頭で予告したもうひとつの例とは、この著作で彼女が記述した航空機の客室乗務員の事例である。

そのまえに、ホックシールドの感情社会学の道具立てを概括しておこう。彼女の理論的貢献は、乱暴にいうならば、ふたつの道具立てに尽きる。第一に、感情をとらえるのに「感情規則（feeling rules）」という概念を導入したこと。私たちはいまなにかを感じている（what I do feel）が、同時にその状況において感じるべきこと（what I should feel）が存在し、そのギャップ（それがある場合には）を埋めて適切な感情をもとうとする。この「感じるべき」ことの規範が「感情規則」であり、私たちの感情はその規範によって形成される。第二に、そのギャップの埋め方に二種類あることを指摘したこと。いま感じるべきことを感じるべき程度まで感じていないとき、私たちはふたつの異なるふるまいを行う。ひとつは「感じているふりをする（pretend to feel）」ことであり、身体の動きや表情・言葉で示されるこのふるまいを、ホックシールドは「表層演技（surface acting）」と呼ぶ。これは、彼女に影響を与えたアーヴィング・ゴフマンが「印象操作（impression management）」ないし「演技（performance）」と呼んだ水準とほぼ等しい。しかし、もうひとつ、「感じようと努力する（try to feel）」という水準があることを、ホックシールドは指摘する。ふさわしい感情をふさわしい程度までじっさいに感じられるよう、自らの内面に働きかけて（悲しくなるよう昔の出来事を思い出したり、怒りを抑えられるよう楽しいことを探したりして）「心」そのものを変化させる。このふるまいをホックシールドは、「深層演技（deep acting）」と呼び、「印象操作」だけでない「感情管理（emotion management）」の水準を描き出す。

彼女は、私的生活・公的生活のそれぞれで「感情規則」と「感情管理」の存在を抽出するが、とくに航空機の客室乗務員にかんする実証研究でそれを具体的に描き出している[4]。こうして、彼女のこの研究は、「感情の構成主義の立場に立ち、感情が社会的に形成されることを強調する」（山田 1997：76）ものである。

さて、ここで検討したい事例とは、ホックシールドが一九七〇年代にアメリカの客室乗務員の世界で起こったとするある変化である。五〇年代・六〇年代と比べ、便数・乗客数が増え、客層が多様になったことによって、客室乗務員の感情管理はこの時期ほとんど限界に達していた。ホックシールドによれば、この状況への乗務員たちの対応は三つほどに分かれたという。ひとつは、完全に仕事と一体化する人々。「感情規則」に従って「深層演技」を続ける人々は、この状況のもとでは「燃え尽き」の危険を抱える。第二は、これとは反対に、はっきり自分と仕事を切り離して、これは仕事だと割り切る人々。この人々は、演技をやめてしまうか「表層演技」ですませようとして、「燃え尽き」を防止する。しかし、同時に、「自分はただ演技をしているだけの、不誠実な人間だ」と感じてしまう危険性をもつ。これに対して、第三は、このどちらの危険も避けるように、自らをコントロールする人々である。燃え尽きないように、自分自身と仕事上の役割のあいだに「健全な切り離し」を行ってもいる。同時に、表層演技ないし演技の拒否による不誠実さを感じないように、この「切り離し」を行った上で「深層演技」を行うようにもする。「燃え尽き」も「不誠実さ」も回避できる、この状況に対応したもっとも適切な態度を、この第三の人々はとっているように見えるだろう（Hochschild 1983：186-9=2000：214-5）。

しかし、この第三の態度もまたある危険性を孕んでいる。ホックシールドは、このとき、「自発的な

『自然な』感情」、「管理されない心」にこれまでにない価値が与えられる、と指摘する（ibid.: 190=220）。もっとも見事に「燃え尽き」も「不誠実さ」も回避できるよう、感情をコントロールする人を想像してみればよい。彼は、仕事上の感情もそうでない感情も適切にコントロールできている。「感じるべきことを十分感じる」ように、しかも「感じすぎて燃え尽きないように」感じることができている。ここである疑いが生じる、私の「心」は、結局すべて管理されているのではないか（「燃え尽き」や「不誠実さ」は自己管理が行き届かない破綻を示すだろう、そんな破綻がどこにも起こらないほど私は私の「心」を管理できてしまっているのだ！）。では、管理されない「自然な自分」「ほんとうの自分」はどこにあるのか。彼らは、「なんの感情規則にも導かれないルソーの『高潔な野人』」を求めて、セラピーに通い心理学の本を読むようになる。そうすることで彼らは「ほんとうの自分」を見つけるかもしれない、だがそれは「自然でほんものであることを勝ち取るために努力する方法を学ぶ」ことの結果としての「ほんとうの自分」である（ibid.: 192-3=220-1）。「努力」して獲得された「自然」。それはほんとうに「自然」で「ほんもの」なのか。この疑いからふたたび、「自然な」≒「管理されない」心を探すための「努力」≒「管理」が始められる（そしてそれは無限に続く）だろう。

以上の事例、とくに第一の態度と第三の態度を対比して考えてみよう。このふたつの態度は、航空業界の同じ状況に対応しつつ、異なる「悩み」あるいは「病」を生み出すことになる。それを、これまで述べた「没頭」と「距離化」という言葉によって仕分けすることもできるだろう。簡単にいって、第一の態度においては、「病」は「没頭」の帰結である。この人々は、感情規則に自らの心を合わせる深層演技に「没頭」し、そのような演技ないし感情管理を自らが行い続けていることを意識しておらず（つまり「距離化」しておらず）、だからこそその結果として燃え尽きにいたる。これに対し、第二・第三の態度は、「没頭」に対して「距離化」を行っている。つまり、「没頭」して燃え尽きないように、自分を客観的に観察する視点を確保しているのだ。そして、その「距離化」はいうまでもなく第三の態度のほうが徹底している。第二の態度は、深層演技をやめることで「不誠実さ」を感じてしまうという破綻を来たす程度の「距離化」しかできていない。第三の態度は、燃え尽きない範囲、かつ不誠実さを感じない範囲のなかに、「深層演技する私」を見事にコントロールできるほどに、自分を「距離化」し観察することに成功しているのだ。

そして、第三の態度の孕む「悩み」ないし「病」はまさに「距離化」に成功することの帰結である。自分の感情への徹底した距離化によってもっとも適切な感情管理をするとき、「自然な自分」「ほんものの自分」「管理されない心」はどこにあるのか、という疑問が生まれてしまう。そして、「ほんもの」を探求する試みも、さらに距離化の対象となり、一瞬それに「没頭」したあと、ああ私はこう努力して没頭したのだと観察される。「距離化」はもはや決して「自然」な私を生みえない。「距離化」こそ、第三の態度での病の原因である。

さて、ではこのとき、「社会学」はどのような位置にあることになるのだろうか。振り返るならば、ホックシールドの「感情社会学」は、もちろん「距離化」の態度をとるものだ。ある感情に「没頭」している人々に（たとえば感情を「自然」に生きている人々に）、それは「感情規則」に由来するものだ、「社会的に構成」されたものだ（「人工」的で「不自然」ものだ）ということを指摘する。この「距離化」のふるまいは、第一の態度にとって、きわめて大きな意義を持つだろう。ある感情に「没頭」して燃え尽きるかもしれない人々に、それは「感情規則」に従っているにすぎないのだ、と「距離化」した認識を提示する。この認識は、「没頭」にまさに「巻き込まれた」人々をそこから自由にするだろう。

しかし、第三の態度の人々にとってはどうなのか。彼らは、すでに「距離化」して自分が「感情規則」に従っていることに気づき（こうした用語を用いるかどうかは別にして）、そこに「没頭」しないよう自己コントロールを遂行している。いわば、彼らはもうすでに自ら「感情社会学」を実行しているのだ。そして、彼らの悩みは自分が「距離化」することそのものに由来する。このとき、「感情社会学者」があなたは「感情規則」に従った「深層演技」を行っているのだ、と指摘することはいかなる意味を持つだろうか。

ひとつの可能性は、この「距離化された認識」は、すでに「距離化」を行っている彼らにとって陳腐である、というものだ。すでに「距離化している社会」にとって「距離化する社会学」の認識は既知のもので、なんの意味ももたないだろう。そして、もうひとつの可能性は、「距離化」を病の原因にする彼らにとって、社会学の「距離化」する認識はその病を深める帰結を生む、というものだろう。感情を自らコントロールできていることが悩みであり、「自然な感情」を探求している人々に、あなたの感情は「社会的に構成されている」と指摘するとき、それはこの悩みをただ確認させ、やはり私の感情は自然ではなかったのだ、「自然」は（「没頭」は！）どこにあるのか、という終わりなき探求の病を（その終わりなさも「距離化」に由来するのだった）昂進させるだけのことになるであろう。

「没頭する社会」において「距離化する社会学」はきわめて重要な意味を持つように思われる（エリアスが主張したとおりであり、詳細は繰り返す必要がないだろう）。だが、すでに「距離化している社会」ないし「没頭を喪失した社会」において、「距離化する社会学」は既知の認識をなぞるだけか、そこで生じている「距離化」に由来する「病」をただ悪化させる帰結を生むだけではないか。

この節では、まず「笑い」にかんする現代社会での変化を出発点に、私たちの社会が「没頭を喪失した社会」になりつつあるのではないか、と論じた。この議論は、多くの留保を含むものであったが、そうした「没頭を喪失した社会」＝「距離化する社会」において、「社会学」＝「距離化」がいかなる位置づけにあるのか、という疑問を、ホックシールドのあげる事例を手がかりに考察した。さて、この議論をもう少し延長しておきたい。第3節では、これまで論じたことに対して、何人かの理論社会学者たちの見解による若干の補強を試みる。

3　モダニティと「距離化」——理論社会学的考察

再帰性・リスク・観察

本章冒頭にあげた「参加」と「距離化」というエリアスの議論、とくに「距離化」と近似したアイデアは、おそらく多くの社会学者たちによって、エリアス独特の素朴さとは異なる精緻さで論じられてきたといってよい。そこでは、「距離化」と呼ばれたものが別の概念によって論じられ、「モダニティ」の性質と結び付けられてきた。その「距離化」と「モダニティ」の関連図に、「社会学」はどう位置づけられることになるのか。この節では、いくつかの理論的考察を紹介することで、第2節での議論を補強することをめざす。ただし、取り上げられる論者は、アンソニー・ギデンズとウルリヒ・ベック、および、ごく短くニクラス・ルーマンの議論に触れるに限られる。

アンソニー・ギデンズは、一九九〇年の著書『モダニティの帰結』のなかで、伝統的なものと近代的なものを区別するキータームとして「再帰性（reflexivity）」という概念を提唱する。再帰性とは、人が行為するにあたって、その行為とその行為の生じた文脈や根拠に一貫してモニタリングを行うことをさす。これは近代に固有なものではなく、すべての行為に付随可能であり、伝統的文化においても行われていた。だが、伝統社会での再帰的モニタリングの様式が「伝統」を基準にするのに対して、近代における再帰性は、「過去」とは本来的になんの結びつきももたない。現在の行為が過去と一致しているか・異なっているかは（たまたま合致することはあっても）無関連であって、近代の再帰性は行為をつねに吟味・改善して、その行為の特性を本質的に変えていくという性格をもつものである、とギデンズはいう（Giddens 1990=1993：53-5）。「慣習の修正」はどの社会でもありうるが、「原則として人間生活のすべての側面に徹底して及んでいくようになるのは近代という時代がはじめてである」。モダニティの特徴とは、「再帰性が――もちろん省察それ自体にたいする省察も含め――見境もなく働くことなのである」（ibid.: 56）。

彼は、このことが「自己」になにをもたらすのかを、一九九一年の『モダニティと自己アイデンティティ』で論じようとする。「モダニティの再帰性は、自己の核にまで拡張する。いいかえれば、ポスト伝統秩序の文脈では、自己は再帰的プロジェクト（a *reflexive project*）となるのだ」（Giddens 1991：32）。ギデンズは、ジャネット・レインウォーターの『セルフセラピー』という本を例にとりながら、「なにをするべきか？　いかにふるまうべきか？　誰であるべきか？」が後期モダニティにおいて生きるすべての人にとって焦点となる問いである、という。このセラピー本によれば、セラピーは「個人自身の再帰性」に関与するときにはじめて成功しうるのであって、「持続的な自己観察」に基礎づけられなければならない（ibid.: 70-1）。これを敷衍するならば、私たちの社会での個人は、どの瞬間にも（あるいは、少なくとも定期的に）「自己審問」を行うよう要求されており、「いまを自己変容のために使えるだろうか？」「いまなにが起こっているだろうか？」「いま自分はなにを考えているだろうか？」「いま自分はなにをしているだろうか？」「いま自分はなにを感じているだろうか？」「いま自分はどう呼吸しているだろうか？」と自己をモニタリングし続ける（これは、行為の再帰的モニタリング一般というより、近代の再帰性のもつ歴史性に属する、とギデンズは考える）ことになる、と彼はいう（ibid.: 74-6）。

確認するまでもなく、ここでは近代社会と近代的自己が「距離化」の態度そのものとして描かれている、といえよう。モニタリング・省察・自己観察、モダニティとはこれらを持続的に要求される「社会」と「自己」のことであり、そこには「没頭」の存在は許されないように見える。では、これはなにを「帰結」するのか。これは、次項で述べよう。

ウルリヒ・ベックもまた、一九八六年の著書『リスク社会』において「再帰的近代化」という言葉を用いている。ただし、彼のこの用語は、ギデンズのいう「再帰性」とは位相をいささか異にする。彼は、近代化を「単純な近代化」と「再帰的近代化」に区別して、前者を「伝統社会」から「産業社会」への近代化をさすものとし、「産業社会」がさらに近代化することをさすのに後者をあてる。彼はこう述べる。一九世紀における近代化は「近代化とは対極的なものを背景として推し進められた」。それは、たとえば「伝統」であり、「自然」である。「単純な近代化」はこれらを「背景」に、つまりそれが確かに存在することを前提に（それを変えよう・なくそうとして）進められたのであって、「産業社会」はつねに「その志向したことにおいて半面的にしか実現しなかった」。しかし二一世紀への転換期においては、「近代化はその対極物を吸収することによってそれを失ってしまった」。この段階での「近代化」は、「伝統」や「自然」という前近代・非近代を対象とするのではなく、「近代化自体」とかかわらなくてはならなくなるのだ。この自らと直面しなければならなくなった（「伝統」という他者と対面するのではなく)「近代化」のことを、ベックは「再帰的近代化」と呼ぶ(Beck 1986=1998：9–11)。

次の典型例を見ればいいだろう。自然や伝統の束縛からの解放をめざして、技術や経済をいかに発展させるかということが「単純な近代化」の課題であったとするならば、その発展した技術や経済が生み出す問題をどのように処理するかが「再帰的近代化」の課題である(ibid.: 24–5)。この新しい課題は、「まさに近代化の成功がもたらした成果」(ibid.: 16)である。ここで(繰り返しになるが)、「近代」は「伝統」という他者を見るのではなく、「近代」という自己自身を見なければならなくなる。そして、そこで「再帰的近代化」が発見するのは、「近代化」という自己が生み出してきたさまざまな「リスク」である。「産業社会」から、このもうひとつの近代化によって生まれる社会を、ベックは(「産業社会」と対比して)「リスク社会(Risikogesellschaft)」と呼ぶ。

確認するならば、「リスク社会」は、いま述べた「近代化の成功」によって客観的に新しい「リスク」(ベックが強調するのは、たとえば環境上のリスクであるが)が多数生まれ、それに「再帰的」に対処しなければならない、という側面をもちろんもつ。ただ、同時に、「単純な近代化」を生み出したもの(たとえば科学)が、「近代化」そのもの(科学そのもの)を観察対象とするとき、そこにさまざまな「リスク」を発見してしまう、という側面も存在する。リスク社会においては「存在が意識を決定する」のではなく、「意識(知識)が存在を決定する」(ibid.: 30, 81)。いいかえれば、「リスク」が現実のものとなるのは未来であり、「リスク」とはそれを予測する「意識」や「知識」の水準にしか存在しない。ここでは、伝統社会とは異なって「過去が現在に対する決定力を失う」が、「決定権を持つのは未来」であり、「未来」という「非実在的なもの、虚構のもの、擬制的なもの」こそが「現在」の行動の「原因」となる(ibid.: 47)。未来のリスクを低減するために、「目に見えない有害物質」を人々は必死に発見しようとし、それによって現在の生活や行動を変化させてしまうのだ[5]（ibid.: 116）。

ベックは、ギデンズおよびスコット・ラッシュとの共著『再帰的近代化』での論文「政治の再創造」において、「再帰的近代化」という概念は、「省察（reflection）」ではなく「自己との対決（self-confrontation）」を意味する、と述べる（Beck et al. 1994=1997：17：Lupton 1999：66）。つまり、この概念は「伝統」に直面する「近代化」ではなく、「近代化」自身と対決するようになった「近代化」をさすことを強調する。しかし、そこには、いま述べたように、「省察」「モニタリング」「自己観察」というギデンズ的な「再帰性」の意味も確かに含まれており、この論文でも「リスク社会」を論じて、「何が危険かの定義は、つねに《認知的》かつ《社会的》に構築されたものである」と述べ、「再帰的近代化」が自己のリスクをモニタリングする事態を含むことも描いている（Beck et al. 1994=1997：19）。重要なことは、そこで観察する対象は、「伝統」や「自然」という他者ではなく、自己自身である、ということだ。『リスク社会』の冒頭で、ベックは二〇世紀末における「他者の終焉」を論じているが（Beck 1986=1998：1）、もはや「観察」するべき対象は自己しかない。

そして、自己とはつねに「観察」する主体でもある。ここで、ニクラス・ルーマンの議論に一言だけ触れよう。一九九二年の『近代の観察』において、彼は、ギデンズの「再帰的モニタリング」などの議論を興味深い提案としながら「近似的な意味で十分な全体社会の理論すら欠落している」と批判したのち（Luhmann 1992=2003：6-7）、次のように述べる。「近代的な意味での個人とは、自己の観察を観察しうる者のことなのである」。近代において、「もはや個人は自己を、名前、身体、社会的位置づけによっては、指し示せない。それらのどれにおいても個人は不確かになるばかりである」。しかし、（ここでルーマンは、「技術による個人の周縁化」を論じているのだが）同時に個人は「その分だけ距離を取ることもできるように」なり、その距離が「自己の観察を観察することを可能にする」(ibid.: 10)。「自己」とは、自分自身が世界を自己言及と他者言及に二分するありさまを観察する「セカンド・オーダーの観察者として規定される」(ibid.: 49)。

エリアスの言葉で要約しよう。ギデンズの「再帰性」概念が示すように、モダニティは「距離化」に貫かれている。また、ベックによってふたつに分けられた「近代化」の早い時期には、「伝統」や「自然」という他者が存在し、それを「距離化」して観察することが行われたが、それが成功した「近代化」の後期（「再帰的近代化」）ではこうした他者は失われ、「距離化」の対象は「近代化」という自己だけになり、つまり「距離化する自己を距離化する」というふるまいしか存在しない。ルーマンのいう「観察の観察」、エリアス的にいえば「距離化への距離化」、これがモダニティに固有のふるまいとされるのだ。

「笑う自分」を観察する自己、自分の「感情」をモニターする自己をモニターする自己。前節で留保をつけながら提示したこれらのふるまいは、これらの理論社会学者によってモダニティそれ自体（とくにその後期）をめぐる見取り図に位置づけられようとしている。では、このことは、なにを「帰結」するのか。もう少し、彼らの議論を辿ることにしよう。

偶発性・選択・不安

本章では、これらの理論社会学者たち個々の議論を十分に検討する用意も、彼らの異同を（たとえば、ルーマンがギデンズを批判した「全体社会の理論」の構想について）論ずる用意もない(6)。いま「観察の観察」に触れたルーマンが描くモダニティについてその「帰結」として記しうるのは、「偶発性

(Kontingenz)」にかんする数箇所の引用だけである。

彼は『近代の観察』の「近代社会における近代的なもの」と題された章で、「観察の観察」にさいして変化せず安定したものに留まる立場＝「固有値」が生じるのではないか、との期待に対して、近代では、固有値を「物の同一性」にも「最終的な（理性に根拠づけられうる）規範的仮定」にも求めることはできない、と述べる。「物」は他の観察者が別様に観察することがつねに可能だし、「規範的仮定」も、だれがそういっているのか、どんな利害関心によるのか、との批判の余地がつねに残される。だから「セカンド・オーダーの観察のレヴェルでは、あらゆる言明が偶発的になってくる」。あらゆる観察に対して、このレヴェルは、その観察がどんな区別を用いているか、その結果なにが不可視になっているかを問いかけることができる。「したがって、近代社会の固有値は偶発性という様相形式において定式化されねばならないのではないかとの推測が生じてくる」(ibid.: 28-9)。

「近代社会の固有値としての偶発性」という章で、彼は、「偶発性」を、論理的には「必然的でも不可能でもないものはすべて偶発的である」と定義できる、とする(ibid.: 65)。考えてみれば、世界のすべてがそうである、ともいえるだろう。しかし、特徴的なことは、「近代社会の記述」において、「異常なほどの偶発性に対する言及がくり返し登場していること」、つまり近代は「偶発性」に気づきそれに言及する、ということである。社会構造も、投下資本も、記号使用も、自文化も、近代においては「生じるものは常に偶発性という文脈に投げ込まれている」(ibid.: 63)。なぜか。先に述べたように、彼はそれを「観察の概念を通して解釈」しようとする(ibid.: 66)。つまり、「セカンド・オーダーの観察によって、初めて偶発性をも思念し、場合によっては概念的に反省する契機が与えられる」。他者が観察しているのを、私が観察する。私が観察しているのを、別の時点の私が観察する。そのとき、「観察されているこの観察者がなぜ他のことにではなく、よりによってこのことに関心を抱いているのか」をつねに問いうるだろう。あるいは、「ある観察者がなにかを見ていない、それどころか見ることができない」ことを、（対象ではなく）観察者の側に帰属させて観察しうるだろう。ルーマンによれば、こうした観察の観察は、「精神分析的、イデオロギー批判的、知識社会学的に、あるいは現在では日常的観察においても普通になって」おり、この観察者への帰属によって「暴露の意図、セラピー的な意図、日常知の心理学化と社会学化」が効果を発揮できる。こうして、「あらゆる世界経験が偶発的になって」くる（ibid.: 68-70）。

いいかえれば、世界は（「自己」を含め）他でありえたものとして、根拠のないものとして経験されるようになる。それは、たまたまその観察様式によってそう観察されたにすぎない（ということが観察されてしまう）のだから。より慎重を期して、馬場靖雄によるルーマンの「ダブル・コンティンジェンシー」論の解釈を見ておこう。いま「根拠のないものとして」という表現を用いたが、馬場は、「無根拠性」というより、「根拠は、それが根拠である（根拠として用いられ続ける）限りにおいて根拠である」ということをルーマンは指摘した、という。通常は、根拠がまずあって、そこから妥当が導出される（ではその根拠はなにかと問いが立てられる）が、ルーマンによれば、妥当するものは妥当するがゆえに妥当する、その後でそれには十分な根拠があるはずだという推測がなされる、と考えられなければならない（馬場 2001 : 76-7, 195）。

自己と他者が対峙して、相手の出方を予期して動こうとするが、互いに他者の行為の自己にとっての「偶発性」によって動けなくなる「ダブル・コンティンジェンシー」は、たとえばパーソンズのいうような共有された価値という「根拠」によって解決されるのではない（ibid.: 66-7）。このふたりのあいだにコミュニケーションが成立するのは、もうすでに（「偶発性」あるいは「差異」を残存させたま）コミュニケーションがはじまってしまったからである。他者の予期を予期することは根拠をもって確定できないが、まずその予期のどこかに働きかけた結果（その選択は偶然であり、根拠などない「空虚」なものである）、そこでコミュニケーションが始まって「ちゃんと一緒に生活していくことができる」。そして、コミュニケーションはそれがなされたことのみを根拠にして、次のコミュニケーションに接続していく（ibid.: 69-75）。馬場はこう述べる。「社会的なものは、何か別の次元へと差し戻されるのではなく、偶然的契機による規定性にさらなる作動が接続していくというかたちでのみ、すなわち他の何かによって支えられるのではなく自分自身を前提としつつ、再生産されていく。DK〔ダブル・コンティンジェンシー：引用者〕について論じるのは、まさにこの『社会的なものは自分自身によってのみ支えられている』ということ、社会的なものの下に広がっているのは『大地』ではなく空虚であることを示すためなのである」（ibid.: 77-8）。ルーマン自身の言葉を『社会システム理論』から引くならば、「神が何も与えないとしてもシステムは生じるのである」(7)（Luhmann 1984=1993：161）。

こうして、ルーマンによれば、「社会的なもの」はなにか別の「根拠」に支えられるのではなく、ただ「それがあるからある」という「根拠づけ」を持つもの、あるいは（おそらく通常の言葉づかいでは）「根拠のない」、「空虚」なものである。『近代の観察』に戻るならば、「観察の観察」をする近代の自己は、「偶発性」、いいかえればいま述べた「根拠のなさ」ないし「自らにのみ根拠づけられる」という「空虚」を発見することになる。他のようでありえたということ、たまたまこうなったことをのみ根拠としてこうなっているということに、つねにすでに気づいている。

ギデンズが描く「再帰性」に特徴づけられるモダニティの「帰結」は、以上のルーマンの議論をずっと簡略化した形で提示できるだろう。『モダニティと自己アイデンティティ』から引こう。すでに述べたように、ギデンズの見方では、近代において、自己は、「過去」にそうだったからという根拠、伝統社会でアイデンティティを支えていた出自・ジェンダー・身分という事実とは、無関連になる。そのつど「現在」の私がなんであるか、なにを考え・感じているかを自己審問・自己省察し、それを根拠に自分の責任で作り直されるものとなる。いいかえれば、「自己のレヴェルにおいて、日々の活動の基盤となる要素は、単純にいって選択（*choice*）という要素である」。いままでの文化や伝統も選択の要素を含まないわけではないが、比較的固定された範囲に生活を秩序づけるものだ。しかし、モダニティは違う。「モダニティは個人をさまざまな選択の複雑な多様性に直面させる。そして、この選択の多様性は無根拠である（non-foundational）から、モダニティは同時にどの選択肢を選ぶべきかにかんしてほとんど助けを提供しない」（Giddens 1991：80）。

　浅野智彦はこの議論の含意をこう述べる。近代社会は選択の前提そのものをも選択しうるという点において他の社会から明確に区別され、その結果「どのような選択も最終的には『当事者がそれを選んだ』という以上の根拠を持ち得ないことになるだろう」。どんな「私」を選んだとしても、「私がそれを選んだ」以上の根拠、「私」の存在に先立つ確かな根拠・土台を持ちえない。このことは人々の自己を不安に曝す。「『私』はいまあるのとは違ったようにもありうるもの」であり、「人々が自分自身の存在になんらかの意味を見いだそうとして根拠を探し求めるとき、見いだされるいかなる根拠もそれが探し求められ選び取られたものであるというまさにそのことによって――それもまた『私』の選択の結果でしかないということによって――求められていた確かさを失ってしまう」（浅野 1997：69-70）。

いまの私は確かに私が選んだのだ！＝私が選んだということ以外に根拠はないのではないか？　このひとつを強制されたのではなく他もありうる選択肢から選んだのだ！＝やはりこれ以外の他の選択肢もありえたのではないか？　この「無根拠さ」（ないし「根拠は『選んだ』という事実だけ」）とそれに由来する「不安」は、ギデンズが『親密性の変容』で論じた近代における人間関係にも見られるものだろう。彼は、恋愛などの親密な関係が現在「純粋な関係性（pure relationship）」に近づいている、という。この関係性は、「社会関係を結ぶというそれだけの目的のために、つまり、互いに相手との結びつきから得られるもののために社会関係を結び、さらに相手との結びつきを続けたいと思う十分な満足感を互いの関係が生みだしていると見なす限りにおいて関係を続けていく」というものだ（Giddens 1992：58=1995：90)。これが、「再帰性」の作動そのものであることは容易に理解できるだろう。この人と付き合うと（なんらかの外的基準によって）決まっているのではなく、いまの私が付き合いたい気持ちをもっているから付き合う、そのためにはつねにいまの私の気持ちを「自己審問」しなければならない。ギデンズは、「永遠」で「唯一無二」な特質を持つ「ロマンティック・ラブ」（この「特別な人」と一生連れ添うという「過去」の決定に「未来」も縛られる恋愛関係）と「純粋な関係性」は対立すると述べ、後者には、いまはこの人と「特別な関係性」にある、次の瞬間には別のこの人と「特別な関係性」にあるという恋愛関係＝「コンフルエント・ラブ（confluent love)」が対応する、という。「コンフルエント・ラブは、能動的で偶発的な愛情（active, contingent love）である」(ibid.：60=94-5)。そしてこの「偶発的な」人間関係が、きわめて不安定で、不安を惹起することも容易に推測できるだろう。付き合う「根拠」はお互いの気持ちにしかない。だから、いつ気持ちが変化して、別れることになるか、別の人と付き合うようになるか、わからない。「純粋な関係性の示す特徴のひとつは、いつの時点においてもいずれか一方のほぼ思うままに関係を終わらすことができる点にある」(ibid.: 137=204-5)。

ベックのいう「再帰的近代化」がもたらす「帰結」については、すでにある程度述べた。すなわち、彼がいう「再帰性」は、つねに「リスク」を「発見」(=「《認知的》かつ《社会的》に構築」)するという帰結を生む。この「モダニティの帰結」は、「偶発性」や「無根拠性」とは議論の水準を異にするが、やはりある重なりを持つだろう。ここでは一言だけ付記しよう。彼がいう「単純な近代化」によって生まれる「産業社会」は、富の分配の不平等を問題にする「階級社会」とも呼ぶことができる。そこでは、「不平等」という現状に対して「平等というユートピア」が理想として抱かれ、「困窮による連帯」が人々を結びつける。これに対し、「リスク社会」で「リスク」を発見する人々は、最悪の事態を避けることを共通の目標とし、「平等」という積極的な理想と比べてじつに「消極的で防御的」な「安全というユートピア」を共有する。いいかえれば、ここで人々をつなぐのは「不安の共有」、「不安による連帯」である(Beck 1986=1998：75)。この社会での課題は、「リスク」から生じる不安や不確実性をどう処理するか、不安の原因を解決できないとしたらどう不安を克服するか、である(ibid.: 121)。「不安」こそが集団の形成を促し、集団の中心にある、とベックはいうのだ(ibid.: 118)。

前節で、ベルクソンの議論を展開して「笑い」によって形成される社会と「共苦」によって形成される社会の対比を試みた。ベックは「困窮」(ルソー的な「共苦」に近いと考えてよいだろう)による社会と「不安」による社会を対比する。ふたたび、私たちの社会がこの三つのどれに近いか、ということを問うてもよいだろう。だがここでは、こうした社会の形成の基盤にある「感情」が、その社会での「没頭」と「距離化」の関係と重要なかかわりがあるだろうことを示唆するにとどめる。ベックが指摘した「リスク」の発見に由来する不安と、ルーマンのいう「偶発性」、ギデンズのいう「無根拠性」から帰結するものにはある相違があるだろう。しかし、以上の議論から、モダニティは「距離化」をともなっており（というより、「距離化」ないし「距離化への距離化」がその本質であり）、その「帰結」として「不安」がもたらされること、それは人々が「社会」を形成する基本的な回路を大きく変えるのではないかということを、共通に確認することはできると考える。

「社会学」の位置

私たちの社会は「没頭を喪失した社会」なのか。前節で「笑い」をめぐる考察から提起し、答えを留保したこの問いに、この節で論じた理論社会学者たちは、そうである、と答える。彼らによれば、そもそもモダニティとは「没頭を喪失する」ことであり、私たちの社会はその後期にいる。そして、このことは、「偶発性」「無根拠性」「リスク」をめぐる「不安」を帰結する。

では、このとき「社会学」はどのような位置にあることになるのか。前節末に記したこの問いに対しては、ここでもほぼ同様の答えを反復することしかできない。すなわち、この社会が「再帰性」「観察の観察」、あるいは「距離化」「距離化への距離化」を行う社会となっており、それに由来する「不安」という病を孕んでいるとするならば、「距離化する」社会学は、モダニティによる「距離化」のふるまいをなぞり、追認することになるのであって、既知の陳腐な認識を生産するか、「距離化」が帰結する病を昂進するだけなのではないか。

ギデンズは『モダニティの帰結』で、社会科学は「いずれもこうした再帰的関係に加担している」（Giddens 1990=1993：53）と述べ、とくに社会学は「近代の社会生活に対するもっとも一般化されたかたちでの省察」となっていて、「モダニティの有す再帰性で中軸的位置を占める」(ibid.: 54) という。「社会学」の言説は、研究対象＝「社会」に絶えず入り込んでおり、「研究対象自体が社会学的にものごとを見ることを学ぶ」という結果を生む。職業的社会学者は、「現実の生活のなかで社会学を実践している聡明な一般の人びとより……せいぜい一歩先んじているにすぎない」(ibid.: 59)。彼がいうように、「社会学者」は「せいぜい一歩」だが、先んじているかもしれない。あるいは、前項での「偶発性」をめぐるルーマンの叙述を再度引くならば、「観察の観察」は「現在では日常的に普通になっている」のであり、すでに「日常知の心理学化と社会学化」が行われている、と考えることもできる。前節終わりでホックシールドの議論から展開して述べたように、日常生活者がすでに「社会学」を実行していて、世界が「偶発的」で「無根拠」だとすでに認知しているとすれば、「社会学」がそれを指摘することは「社会」の認知を後追いするにすぎないだろう。そしてそれは(先んじているにせよ後追いにせよ)、その認知(「距離化」)に由来して「社会」が悩んでいる病を、ああ確かに病んでいる、と自覚させ、悩みをより深刻にする結果を生むだけかもしれない。

いささかレトリカルだが、次のような主張も考えられよう。いま述べたような社会そのものによる「距離化」「距離化への距離化」は、もちろん「没頭の喪失」とも呼べるだろうが、「距離化への没頭」「距離化への距離化への没頭」とも呼べるだろう。自分で止めることもできず自動的に自己観察を繰り返してしまう「観察への没頭」「距離化への没頭」という病、これをこの社会は病んでいるのだ。それに、社会学という「距離化」が(たとえばルーマンやギデンズやベックの「社会学」が)、私たちはこの「没頭」に病んでいるのだ、と指摘することは、この「没頭の病」から、私たちを自由にすることになるのではないか。この昂進する病を、鎮めることができるのではないか。

しかしながら、「距離化への没頭に病む自己」を「距離化して観察する」ことが（さらにオーダーを上げて観察をすることが）、この病を鎮めることになるのだろうか。たとえば、ルーマンが明晰に描く「コミュニケーションの根拠はコミュニケーションそのものにしかない」ということに、不安を抱えている若者がいるとしよう。それに対してある社会学者が、あなたが不安なのはいま述べたコミュニケーションの性質の帰結なのだ、と指摘したとする。また、それをあなたが「観察」しているからなのだ、と指摘したとする。それで彼は、自らを「観察」することをやめ、不安を封じ込めることができるだろうか。むしろ彼は、いっそう不安を感じ、さらにコミュニケーションをとろうとし、そのコミュニケーションの根拠がコミュニケーションそのものにしかないとさらに感じて、よりいっそう不安になるのではないか。[8]「観察」に「観察」を重ねること、「距離化」に「距離化」を重ねることは、「観察」「距離化」に由来する「不安」を解決できないのではないか。

社会が「距離化」によって「偶発性」「無根拠性」「リスク」を発見し、それに由来する「不安」に悩んでいる。この「不安」によって「距離化」のふるまいはさらに重ねられ、止めることができない。このとき、社会学が「距離化」のふるまいによって、社会は「偶発的」であり、「無根拠」であり、「リスク」に満ちているのだ、と語ることは、「不安」を激しくするだけではないか。ここで、社会学は社会が「不安」を生む回路の一環に組み込まれ、モダニティにただ呑み込まれているだけではないのか。その「不安」に、社会学はどのように向き合えばいいのか。あるいは、モダニティの回路にどう向き合えばいいのか。この問いから見ると、エリアスの「距離化」についての議論は、あまりに無邪気なものにも思える。社会学が「距離化」するべき「没頭」が失われたとき、あるいは「距離化への没頭」という「没頭」しか存在しないとき、社会学はなにをすることになるのだろうか。

ほんらいなら、このモダニティと社会学の関係図をさらに理論的に考察する作業、この関係図のなかでの社会学の姿を構想する作業を、付け加えなければならないだろう。(9) しかし本章は、この問題を提起する以上の用意ができていない。ただ、最終節であるヒントを記してみたい。これは、理論的でも実証的でもない私の経験に由来するものだが、じつはそれこそ本章を書く重要なきっかけであった。

4　おわりに――「没頭」への契機？

「没頭を喪失した社会」において「社会学」はなにをすることになるのか。エリアスの議論からはじめていくつかのエピソードを辿りながらこのことを論じてきた本章を、私は、第2節の冒頭で予告した、この文章を書くことになったもうひとつのきっかけを記すことで閉じようと思う。それは、叙述の順序としても内容としても終節に置くにはふさわしくないのだろうが、私が数ヶ月その作成につきあい、本章を書きはじめる直前に読むことになった、学部四年生の卒業論文のいくつかである。

そのまえに、太田が『社会が笑う』に記した「ウケる」と同じような、私自身の経験を書きとめておこう。二〇〇三年四月に千葉大学から立教大学に異動した私は、いくつかの違いに驚くことになった。学部四年のゼミ生との出会いにもそれはあったが、印象的だったのははじめての飲み会での彼らのふるまいだった。そこには「没頭」ではなく「距離化」の態度が明確に感じられたのだ。もちろん、新任の私との慣れない席でのぎこちなさ（私自身も！）が大きな原因だったのだろうが、多くの学生がいまの状況を「観察」し、どうしたらこの場が盛り上がるかを考えていることが感じられた。さらに、何人かの学生はその「観察」そのものを語り（たとえば、この雰囲気でカラオケに移るとちょうどいい、とか、この流れだとこの曲でしょう、と口に出して言う)、「観察」する自己を「観察」可能なものとして呈示する、というふるまいを行った。「没頭」しようとする次の瞬間、ほとんど自動的に「距離化」のふるまいが示され、彼らが自分たち自身を「没頭」から遠ざけるのを見ながら、私は驚いて、これが「東京の若者」なのだろうかなどと考えていた。

しかし、ここでは二〇〇三年一二月に提出された卒業論文を紹介したい。というのは、そこに「没頭」と「距離化」をめぐるいくつかの異なった位置取りが見られ、彼らの論文を読むことが私が本章を書く決定的なきっかけになったからである。と同時に、現代の「社会」を生きる彼らと、同じ社会を生きながら彼らに「社会学」によって介入しようとする私の相互作用のなかで作成されたこれらの論文は、もしかしたら、本章で論じた「社会」と「社会学」の関係のローカルだが小さな例示になるかもしれない。ここではふたつの論文を例として取り上げようと思う。

第一の論文、岡部信弘「社会言説と自己コントロール――現代日本の睡眠に関するメディア言説の分析を通じて」は、いま述べた彼ら自身が持つ「距離化」のふるまいを、「社会学」による「距離化」によって精確に描き出したものといえるだろう。彼は、この論文のテーマ「社会と自己コントロールの関係」を設定した動機としてこう述べる。「(日々生活を送っていて)自分で自分のことを上手に(あるいは最適に)コントロール(自己コントロール)しながら生活しなければ、と感じてしまうこと、これが、私が感じていることである。そして、なぜそのような感覚を抱いてしまうのかということ、このことが当論文のテーマを考えたきっかけである」(岡部 2003：1-2)。ここには自分自身をコントロールしようと「距離化」(観察)し、さらにそうする自分を「距離化」(観察)してしまう態度が記されている。こうした「自己コントロール」への強迫が問題として浮上しつつあるのではないか、との関心から、彼は「睡眠」についてのメディア上の言説とインターネット上の発言をデータに、「睡眠」をめぐる「距離化」をさらに「距離化」して描こうとするのだ。

岡部による「睡眠」についての一九四五年以降の朝日新聞の記事分析によれば、六〇年代までは「居眠り事故」といった記事の対象にしかならなかった睡眠が、七〇年代から「健康」に結び付けられ、一九九〇年代には生活習慣における「自己コントロール」を推進する言説で取り上げられるようになって記事の数も増大する。また、一般向け書籍での睡眠の語られ方は、一九七〇年代に睡眠障害への専門家による「治療」的言説から、八〇年代には「休息」、さらには「自己実現」という語彙で「自己コントロール」的言説へと移行し、生活習慣のなかでコントロールすべき対象も拡大してよりきめ細かくなった、という。彼が閲覧したインターネット上の「睡眠時間を短くする方法」という掲示板では、「自己実現」のための「短眠」をめざす、厳格で詳細な自己コントロール法についての意見交換がされている。

岡部が描く現代社会の姿は、「ただ眠ることに没頭する」ことから切り離されて、「眠ること」を意識化することを要求する「距離化」した社会である。その社会には、テーマ設定の部分で彼が記しているように、彼自身の自己も含まれる。それを、彼は「言説分析」というきわめて「距離化」した（つまり「社会学的」とされる）方法で描き出す。結論部で彼はこう述べる。この趨勢は、「自己実現達成の機会を創出するとともに、自己の〝自然の〟、〝身体的な人間性〟を剥奪しているのではないか。それも、コントロールする人間の〝自主性〟によって」(ibid.: 92)。こうしてこの論文は、ホックシールドが見た客室乗務員の第三の事例のように、「自然な自分」に言及することになり、おそらくじつに的確に、「距離化する社会」を「距離化する社会学」によって描き出した研究であるといえよう。

そして、この論文を読み終えた私は（私こそ「距離化する社会学」の方法を彼に提供した者だが）、ホックシールドの例で論じたのと同じ疑問を感じてしまう。ではここから「自然な自分」に近づく糸口を探すことはできるのだろうか。この「社会学」はむしろ、彼にさらなる「距離化」「観察の観察」の方法を与えただけであり、さらに彼から「没頭を喪失」させただけなのではないか（あるいは、「距離化への没頭」を昂進させてしまったのではないか）。

第二の論文、今野奈緒「『私』を考えることの現在――歌う若者の姿をフィルターとして」もまた、「私を考える」という言葉からもわかるように、「再帰性」をもつ自己について「再帰的に」論じた論文である。しかし、その着地点は、どうやら第一の論文とはまったく異なる。冒頭に「自分が何者で、どのような人格的特性を持ち、何に価値を見出し、今どこへ向かっているのか」（今野 2003：1）という問い（ギデンズがいうモダニティそのものともいえる問い）が掲げられるこの論文は、その前半で、大学入学にあたって上京してから現在にいたるまでの彼女自身のこの問いとの格闘の変遷が記される。一八歳でひとり暮らしを始めてからこの問いに直面しはじめたという彼女は、大学での学問にも友人関係にも答えを見つけられず、他人に必要とされるという「自己の存在証明」を求めてアルバイトに「没頭」する。しかし、アルバイトは「やりたいこと」ではなく、そうでないことに「後ろめたさ」を感じ、「やりたいこと」「いまの生活に張りが出るような楽しみ」（今野 2003：21-2）を探してみようとして、彼女は子ども時代から好きだった「歌」のレッスンに通いはじめる。これは、「自分のやりたいことを楽しんでいる自分を清清しく感じ」る経験であり（ibid.：27）、プロとしてコーラスの仕事もするようになって彼女に満足感を与えることになった。ただし、「自分の歌い手としての個性が何なのか、色んなことを言われすぎてよく分からない」（ibid.：35）という感覚や、「歌に没頭している自分に満足感を抱いていたが、実は歌の世界そのものに没頭していたのではなく、おそらく『歌うという行為をする私』に没頭していたのである」(ibid.: 37) という感覚を彼女は現在でももっており、冒頭の問いは解決されてはいない。

こうした「自己観察」を前半に記す今野は、論文後半で、冒頭の問いへの答えを見つけるために、八名の「歌う若者」(歌う活動をし、歌で身を立てようとしている若者) にインタビュー調査を行っていく。そこでは「歌」と自己の関係や、「歌い手としての個性」のとらえ方などが質問されるのだが、この調査の過程で彼女は自分の心境が変化していくことを感じる。ふたつの例をあげよう。彼女はインフォーマントを大きく「自己実現」組とそれ以外のグループに分類し、歌で自分探しをする前者が自分自身に近いというが、とくにもっとも共通点が多いインフォーマント・Nさんとのインタビューのなかで、次第に「苛立ちとじれったさ」を感じる。「自己観察」し「自己実現」をめざす「自分に対する意識の高い」人、自分と共通点の多い人へのインタビューほど、彼女は苛立ってしまうのだ (ibid.: 109-10)。これに対し、一度歌手としてデビューしようとして寸前で破談となり、歌唱活動を中止して契約社員となった後、昔の仲間の「今度は遊びでやってみないか」という誘いで歌を再開したAさんに、今野はまったく別のものを感じる。Aさんは、デビュー前はデビューすることだけが目的になっていて「歌そのものを楽しむことができていなかった」と語るが、現在のAさんを今野は「純粋な楽しいという感情のもとで歌を歌っている人」と感じる。そして、そのあいだにあるものを、今野は「挫折」と「諦め」だ、ととらえる (ibid.: 111)。本章での表現でいえば、「ただ歌う」ことができる人に今野はこの調査で出会い、彼女はそこに「諦め」、「『とりあえずまあ、よく分からないけれどこれが私だから見てみてよ』という『突き抜けた感じ』」を発見する (ibid.: 114)。

今野のいう「諦め」は、「私を考えること」「自己観察」「距離化」の回路をどこかで断ち切って、「ただ歌う」ことへの「没頭」を可能にする契機をさすのだろう。先に紹介した岡部が、どこまでも「距離化」を徹底する「社会学」の方向性をとるのに対し、今野はこうした他者との出会いによって、「距離化」の回路から外に出る契機を手に入れる。彼女は論文の終わりで、それまで持っていた「私について考える私」への「自負」のようなものが「決してかっこいいものではないと気付いた」と述べつつ、でもいまの私には「諦める」ことはできない、ともいう。そして、冒頭の問いにはまだ答えが出ないとしながら、「まあわからなくてもいいかな」という心境になれるのが以前との違いである、と記す。「以前はわからない自分がまたわからなくなる、という感じだったのだが、今はそのうちわかるかな、といったような、何だか少し気楽な気分である」。そして、「『私が私になる』のではなく、『私は私である』のだから」という一文で、この論文は結ばれる（ibid.: 116）。

このふたりの学生は（太田のいう「若い世代」だが）、ともに「没頭を喪失した社会」を生きており、すでに自己を「距離化」してしまう地点にいて、「社会学」をはじめているといえるだろう。岡部は、その「社会学」によって、「距離化する自己」をさらに「距離化」し、「没頭」からさらに遠ざかる。ここで、モダニティという「社会」による「距離化」と、「社会学」による「距離化」は順接する。これに対し、今野は、「距離化」する回路をどこかまで「社会学」によってさらに重層化させ（つまり岡部と同じ方向を辿り）ながら、どこかでその回路を断ち切る。「ただ歌う」という「没頭」の方向への契機を手に入れ、モダニティによる自己への「距離化」とは逆接する回路に出会っているように見える。もちろん、それはすべての「距離化」を手放して「没頭」するような態度ではなく、鋭い「自己観察」の態度を保持し続けるものだ。しかし、「距離化」への「距離化」→さらにそれへの「距離化」、「観察」の「観察」→さらにその「観察」……という、ほぼ自動的に重層していくモダニティの回路＝これまで述べてきた「社会学」の回路の昂進を、止めているのだ。

この相違をどのように考えればよいのだろうか。冒頭のエリアスの比喩を用いるならば、こうもいえる。モダニティは「距離化」という「大渦巻」にそれぞれの自己を巻き込んでいく。その「渦巻」を観察する、その「渦巻」を観察する自分を観察する、その自分を……。この「距離化」の渦巻に巻き込まれることは、ただ恐怖に「参加」していた兄漁師の態度とはもちろん異なる。だが、じつは弟漁師の態度とも異なるのだ。弟漁師は、ものの沈み方を「距離化」して観察したあと、樽にわが身を縛りつけ、海に飛び込むのだった。そして、樽に身を任せ、波間にたゆたい、救助を待つ。弟漁師は、どこかで「距離化」の渦巻の自動昂進から身を引き離す。「距離化」への「距離化」（への「距離化」……）ではなく、いわば「距離化」からの「距離化」を達成する。それは、どうやらこれまで述べてきた「再帰性」や「観察」や「距離化」とは異なる技法でなされている。「距離化」からの「距離化」、樽に自らを縛りつけ、海に飛び込み、波に身を任せること（「ただ浮かんでいる」こと）は、モダニティの「距離化」とは逆接し、「距離化」の回路の重層とは方向の違う契機によって切り開かれなければならないのではないか。では、その契機とはなんなのか。

「笑う」自分、「歌う」自分、「眠る」自分を観察する自分、そのように自分を観察する自分から、「ただ笑う」、「ただ歌う」、「ただ眠る」自分へと移動すること。しかし、これはただ「没頭」＝「参加」の渦巻へと人を引き戻すだけではないか、とも感じられる。それは、たとえば、「共苦」に「没頭」する社会が生んだ多くの問題に（たとえば暴力に）ふたたび人を近づけはしないだろうか。そして、「没頭を喪失した社会」というこれまで述べてきた私たちが生きている条件のもとで、それはいかにして可能になるのか。

それを可能にする契機と「社会学」の関係とはいかなるものか。じつは、いま「いかにして可能になるのだろうか」と懐疑的に述べたその方向を、多くの人々はやすやすと生きているようにも思われる。そして、それは、「社会学」などとはまったく無関係に行われているのだろう。三浦雅士は『青春の終焉』でこう述べる。「指摘するまでもないことだが、人は過剰な自己意識を持ったまま生活することなどできない。生活とは過剰な自己意識を封印することだからである」（三浦 2001：103）。ここでいう「生活」は、おそらくこれまで述べてきたような「距離化」する「社会学」とは逆行し、人々を「距離化」の過剰から引き離すものだ。その「生活」への「没頭」が存在するとき、これに対して「社会学」は「距離化」のベクトルを担当する。そのベクトルは「過剰」になるかもしれないが、「没頭」があるかぎり必要だろう（冒頭のエリアスの議論と同様に）。

しかし、「歌う自分を考える」、その「考える自分を考える」というモダニティの回路の過剰から、ある若者を引き離したのも「社会学」であった。この「社会学」とは、いったいなんだったのだろうか。それは、「眠る自分を考える自分を考える」回路へとある若者を導いた「社会学」と同じものだったのか、違うものだったのか。それは、モダニティの重層化する「距離化」の回路から、どのような契機によって「ただ笑う」「ただ歌う」「ただ眠る」方向を人に指し示しうる「社会学」だったのだろうか。しかし、これについてのポジティブな構想を形にすることはいまの私にはできない。

こうして、「没頭を喪失した社会」とそこでの「社会学」の位置についての試論的考察は、ただ問題だけを提起して、結論もなく閉じられることになる。ただ、冒頭に記した「参加」と「距離化」の構図に対して、本章が、現代におけるその構図の修正を行い、冒頭にいた地点から少しでも進むことができたとしたら、これを今後の作業の基礎としたいと思う。

注

（1）オリジナル原稿は英語だが、独語版が一九八三年に先行して刊行され、英語版は一九八七年に出版された（内容には異同がある）。本章では、英語版と日本語版の頁数を示す。

（2）拙著『エリアス・暴力への問い』では、「感情的幻滅」を感じながら「自分自身と向き合う」回路、「知識という迂回路」を確保しておこうと述べ、「エリアスを明確に支持したい」と述べた（奥村 2001：333）。拙編著『社会学になにができるか』序章では、「なめらか」な「あたりまえ」の世界から「距離をとる方法」として「社会学」を位置づけ（奥村 1997）、「『存在証明』の臨床社会学」では「渦巻」の比喩を用いながら、「幻滅しながら自分の『渦巻き』を観察する場所にい続ける」ことを主張している（奥村 2000a：60）。

（3）「同情」については、本書第1章を参照。

（4）以上の要約は、奥村（1998：139-42）に基づく。

（5）デボラ・ラプトンは、ギデンズとベックの議論では、「リスク」と「リスクへの再帰性」の関係の認識に差異があり、ベックは後期近代が生み出すリスクの数が増えた結果としてリスクへの再帰性が高まるとする議論に近く、ギデンズはリスクの実数は必ずしも増えていないが、それを敏感に発見するようになったとする議論に近い、という（Lupton 1999：81）。ただし、『リスク社会』自体に「意識が存在を決定する」という議論が含まれており、ラプトンのいうギデンズ的議論もベックに存在するといってよいと判断する。

（6）たとえば、馬場靖雄は、ルーマンの立場からベックの「再帰的近代化」論への批判を行っている（馬場 2001：99-100）。

（7）本章執筆後、パーソンズと対比しながらルーマンのダブル・コンティンジェンシー論を検討した。奥村

(2010) を参照されたい。

(8) これは、北田暁大が『広告都市・東京』で指摘する、現代の若者の「ケータイ」によるコミュニケーションが、ただ接続しているという事実だけを根拠にする「つながりの社会性」を持ち、だからつねに「接続的不安」を惹起して、その不安によってつながりを強迫的に増殖させる、という事態と近いだろう(北田 2002：141-54))。

(9) たとえば、ルーマンのいう「社会学的啓蒙」の検討。馬場靖雄は「社会学的啓蒙が演じるのは悲劇ではなく、喜劇である」(馬場 2001：169) と述べている。

第3章　社会という不条理／社会という無根拠

1　はじめに——社会の「蒸発」あるいは「液状化」によせて

いま、社会が「蒸発」している、あるいは「液状化」している、という。こうした言明に、共感を覚える人も多いだろう。だが、これはどのような事態をさすのだろうか。そして、この事態が生じているとするならば、このとき「社会学」はなにをすることになるのだろうか。本章は、こうした現代的な問いかけに対する、ひとつの応答である(1)。

字義通りとれば、社会が「蒸発」しているはずもない（「蒸発」したら私は生きていないだろう）。では、「液状化」したとすれば、これまで社会が「固体」だったということだろうか。この言葉を提起したジグムント・バウマン『リキッド・モダニティ』を見てみよう。バウマンは、近代史の現段階を「液状化」や「流動性」という比喩で表現するとすぐ次の反論が起こるだろう、という。「近代は最初から『液状化』のプロセスではなかったのか。『堅固なものの溶解』は、近代のどの段階にもみられる重要な習慣、主要な業績ではなかったのか。……近代とははじめから、つねに「流動的」だったのではないか」(Bauman 2000=2001：5)。そして、これは正しい反論だと認めざるをえない、と彼はいう。

そう認めつつ彼がこの比喩を用い続けるのは、そもそも「流動的」だった近代と異なるなにかがいま生起しているらしいことを、やはり示しているのだろう。ではそもそものモダニティに対し、なにかが消滅したのだろうか、なにかが過剰になったのだろうか。バウマンはこういう。「溶かされかけているのは……個人的生活と、集団的政治行動をつなぐ関係と絆である」(ibid.: 9)。「われわれの生きる近代は、同じ近代でも個人、私中心の近代であり、範型と形式をつくる重い任務は個人の双肩にかかり、つくるのに失敗した場合も、責任は個人だけに帰せられる。そして、いま、相互依存の範型と形式が溶解される順番をむかえている」(ibid.: 11)。この「社会の液状化」への診断に、私はほとんど付け加える言葉をもたない。

このバウマンの時代の最先端を見つめる態度に対して、私は正反対の古風な態度で考えはじめてみたいと思う。ここでは社会が溶かされ、見えなくなることが論じられている。しかし逆に、社会が「社会」として立ち現れるとはどういうことかを考えてはどうか。おそらく人々が生きるかぎり社会は存在したのだろうが、それが「社会」として立ち現れるのはむしろ稀なことではないか。それが立ち現れる条件とはなにか。ここからはじめることで、「社会」が立ち現れなくなる事態についてなにかを考えることができるのではないか。

たとえば「社会学」ができたとき、あるいはオーギュスト・コントにとって「社会」が立ち現れたとき(なんと古風な!)、それはいかなる条件でのどんな事態だったのだろう。そこからバウマンが描く現代まで、なにが変わったのか。もちろんあまりにも多くが変わったのだが、この地点から考えはじめることで(この地点を想定しないときには見えないような)「蒸発」や「液状化」についての別の有効な論じ方が可能になるのではないだろうか。

本章は、以下、次節でコントにとっての「社会」を論じ、第3節ではそれと対照的な現代のある例を検討する。第4節では、このふたつの地点のあいだにある「反転」をいくつかのよく知られた社会学上の議論を参照することで、より明確にする。そして最終節で、冒頭の問いに戻って、本章での暫定的な回答を試みることにしたい。

2　社会という「不条理」――「社会」が立ち現れるとき

いつ、どのような地点で社会は「社会」として、いかなる姿で立ち現れるのか。これは現在の私たちにおいても、各々がいる異なる地点で、異なる形で答えうる問いであろう。だが、ここではまず、「社会学」という言葉を作り出した人、オーギュスト・コントにとって「社会」がどう立ち現れたかを見ることから始めたい。

しかし、この社会学の祖について以下いくつかのテクストにはあたるものの、全体像をとらえることは私の能力を超える。ここでは、ある社会学者の論文を参照することにしよう。一九六二年に学会発表され、二〇年以上たった一九八四年にアムステルダム社会学雑誌に発表されたノルベルト・エリアスの論文「社会学の社会発生について（On the Sociogenesis of Sociology）」である。[2]この論文でエリアスは、「社会学」という学がいかなる社会的条件のもとで発生したか、という素朴な問題意識から考えはじめる（Elias 1984）。それは「社会」と名指されるような経験が、どんな条件のもとで成立しうるかという問いとほぼ等しいだろう。

いうまでもなく、「社会学」の出現以前にも人々は「社会」を経験していた。たとえば、ランドル・コリンズが社会学の歴史を辿った著書で、経済学、歴史学、心理学、人類学のあと「そして最後に社会学」が成立した、と述べたように（Collins 1985=1997 : 34）。エリアスも「社会学」以前の「社会」という経験を論ずるが、彼がとくに参照するのは経済学、なかでもフランスの重農主義者で『経済表』（一七五八年）の作者フランソワ・ケネー（一六九四〜一七七四）のいた地点である。

宮廷医だったケネーが、『経済表』を作ることになったのはなぜか。それは、個人の意志を越えた思い通りにならない「法則（les lois）」を経験したことによる、とエリアスはいう。アンシャンレジームの当時の社会において、王や宰相など為政者が「よい意志」によって「法」を制定しても、意志通りにならない「法則」が繰り返し経験されたというのだ。フランス社会の経済的発展により余剰生産物が増加して「市場」が拡大し、それまでのように「法」による制御ができなくなった。ここで「法」＝「意志」ではなく、為政者のよい意志・悪い意志とはかかわりない「内在的規則性」が経験される。このとき「経済」概念は個人の家計管理から国家の家計管理（political economy）へと移行し、その解明には哲学的信念ではなく経験的データが必要になってくる（Elias 1984 : 24-6）。

ケネーら宮廷に仕える市民たちは、まるで自然法則のように、「国家」や「政府」の意志が届かない「社会」の法則を見なければならないと考える。それは、宮廷医ケネーにとって、よい意志をもっていても身体の「法則」を知らなければ病を治療できないのと同様であった。ただしこれは勇気のいることである。「法」と独立した「法則」があると指摘するのは、「法」を制定する為政者が全能でないと主張することを意味し、権威への攻撃になるのだから。だが、「法則」をアドヴァイスすることで「統治の技法」を高めることが王のためと考えた彼らは、意志を超えたものとしての社会の「法則」を研究する科学的アプローチをはじめた。これが「社会科学」、ここでは「経済学」の誕生である、とエリアスは考える（ibid.: 27-30）。

こうして、「国家」「政府」とは異なる「社会」の概念が、個人の行為に依存するものでありながら、自律した法則をもつもの（ここでは「市場」の内在的規則性）として成立する。意志を超えた・意志には思い通りにならない領域が、「社会」として経験されるのだ。

この経験はフランス革命後により厳しいものとなる、とエリアスは考える。アンシャンレジームでの諸問題は、市民が主人公になり、政府がよき意志によってよき法を作れば解決するはずだった。しかし、「フランス革命中とそれ以降、人々はだれか名指しできる人の計画や意図の結果として説明しようがない社会の変動に繰り返し直面」したのであり、エリアスはこれを「社会という謎（enigma of society）」と呼ぶ（ibid.: 41）。重農主義者たちは、計画・決定する権力を持つ王や宰相が啓蒙され、「法則」を知れば社会はよくなると考えた。しかし、革命と「民主化」は、よき意志によるよき社会の実現という期待とはむしろ正反対に、人々が各々の意志で行動し、どの意志も決定的ではないからだれも制御できない、という状態を生み出す。これは個々人に制御不能の「自然」と同じような力をもち、政府が計画・立法を繰り返しても結果は意図から隔たったものになってしまう。

エリアスは、初期社会学者たちは「なにか共通の経験を『社会』と概念化した」（ibid.: 38）という。それは、民主化が進めば進むほど生じる、個々人の意志では説明できない（啓蒙によっては制御できない）「意図せざる結果」のことであった。この思い通りにならない水準、（本章なりの呼び方をするならば）「不条理」の経験が、「社会」を発見するということであり、その「法則」の認識への要請が「社会」の科学としての「社会学の発生」である、とエリアスは考える。フランス革命以降、人々はだれも意図していないように機能してしまう非人間的秩序、すなわち「社会」を経験する。そしてこれが、王党派カトリック家庭出身の市民オーギュスト・コント（一七九八〜一八五七）が経験した「社会」であった。

この経験を「社会という不条理」と呼ぶことにしよう。この経験によって、「社会」が発見され「社会学」が始まる。そのようすを、以下コント自身のテクストから見てみよう。

若きコントの「社会再組織に必要な科学的作業のプラン」（一八二二年）は、この「不条理」にどう向き合うかについてのマニフェストである。彼は序論で、こんにちの社会に「組織破壊の動き」と「組織再建の動き」があり、このふたつが社会を動揺させているという。「この動揺する状況に終止符を打ち、日一日と社会を侵している無政府状態を喰いとめる」ためにどうすればよいか（Comte 1822=1980：51）。考えられるひとつは「国王」による再組織だが、これは「封建的・神学的組織」の再興であり、時代逆行的である（Comte 1822=1980：52）。つまり、「王の意志」では、「社会」を制御することなどもはやできない。

もうひとつは「人民の考えた社会再組織」だが、これは国王によるそれに劣らず有害だ、とコントはいう。アンシャンレジームへの批判、啓蒙精神から生まれたこれは、「再組織の基礎とはなりえない純粋な批判精神」に由来しており、「封建的・神学的組織を破壊するに役立った批判的原理を、そのまま組織の原理」とするからである（ibid.: 55-6）。これは、三〇年間に一〇種類もの憲法が作られるという事態を見ればわかるだろう。コントはこう述べる。「数ヵ月で、あるいはまた数ヵ年でも、とにかく全社会組織を、総合的、決定的な形態に一気に作り上げるなどという主張は、微力な人間精神とは絶対に両立しない夢のような幻想である」（ibid.: 64）。

「一般的に言って、人間がある影響を及ぼしたように見える時も、それは、その人自身の力によるものではない。人間の力など、実は極めて微々たるものにすぎない。それは常に、その人間にはどうすることもできない法則に従い、その人間に代わって作用する外力によるのである」（ibid.: 97）。人間にはどうすることもできない外力の法則の存在。しかしこの法則を、人間は観察して知る力がある、とコントはいう。「人間の力は、その知性にある。知性が、観察によってこの法則を知る力、その結果を予見する力、したがってまた、外力をその性質にふさわしい方法で用いる限り自己の目的を達成するのに役立てる力を、人間に与えているのである」（ibid.: 97-8）。

ここから、一八四四年の『実証精神論』の有名な標語、「真の実証的精神は……『予見するために見る』」まではきわめて近いだろう（Comte 1844=1980：158）。ただし、この言葉の直前の、次の叙述を確認しておこう。彼がいう「実証的研究」とは、「事物の最初の起源や最終の目的」を追求・発見することを断念して、「観察された諸現象間の恒常的関係」すなわち「法則」のみを追求するものであり、決定不可能な前者から後者に移ることが「人間の知性の成熟期を示す根本的革命」とされる（ibid.: 156）。そして彼はこういう。「実証的な現象研究は、決して絶対的になってはならないのであって、常に人間の内的組織や外的状況に対して『相対的』でなければならない。……人間のさまざまな思考手段の必然的不完全さを認めるならば、すぐにわかるように、人間は、いかなる実際の存在も完全に研究し尽くすことができないばかりでなく、たとえ非常に表面的であっても、すべての現実的存在を検証できる可能性すら、少しも保証できない。これら存在の大部分は、おそらく人間には全くとらえられないものなのであろう」（ibid.: 156-7）。

清水幾太郎『オーギュスト・コント』によれば、晩年一八五四年の『実証政治学体系』でコントは、

「一切は相対的であり（Tout est relatif）、それが唯一の絶対的原理である」との信念を一八一七年に表明した、と記したという（清水 1978：66）。また、コントの著作に「ウンザリするほど頻繁に出てくる表現」に、「精神の無力（la faiblesse de l'esprit）」という言葉がある（ibid.: 92）。「微力な人間精神」「精神の無力」は、「社会という謎」のまえにいつも挫折する。「一切は相対的である」と自覚しながら（この自覚が「実証主義」である）、この思い通りにならなさ・わからなさ・不条理を、観察により「法則」を知ることでひとつずつ埋めていくことしかできない。こうして、「社会」は「謎」として、「不条理」として経験される。エリアスがいう、「社会」と概念化される「共通の経験」＝「社会という不条理」は、「一切は相対的」とする「無力な精神」の向こう側に立ち現れるのである。

この「社会という不条理」を経験する態度は、現在、どのように存在しているのだろうか。こうした形で「社会」は経験されているのだろうか。この問いに直接答えることは留保しながら、次節では、視線を現在に近い地点にいったん移してみよう。

3　社会という「無根拠」——「精神の無力」の先取り

コントが発した言葉の群れを前に、私はある既視感を覚える。「一切が相対的である」という言葉、「精神の無力」という態度。私たちは、じつはいま頻繁にこれを耳にし、これに出会っているのではないだろうか。

たとえば私が大学一年生のゼミの教室で、ある文章を学生たちと読み、それに対して意見を求めたとしよう。その文章に同意する学生も、しない学生もいる。ただ、多くの場合、学生は周到にこう付け加える。「私はこう思うけど、でも人それぞれだと思います」。「人それぞれ」、すなわち、「一切が相対的である」という態度を、ここに（も）発見することができるだろう。そして、この態度は、コントが「社会という謎」あるいは「不条理」に挫折し続けたのに対して、むしろこの「謎」「不条理」と出会わないようにする、おそらく対照的といえる態度であるように思われる。

このような例を、ふたつの文献から引いておこう。アラン・ブルームの『アメリカン・マインドの終焉』は、予期せぬベストセラーになった、当時の大学教育についての批判の書である。その本文冒頭にこう記される。「大学教授がこれは絶対に確実だと言えることがひとつある。大学にはいってくるほとんどすべての学生は、真理は相対的だと信じていること、あるいはそう信じている、と言うということ。……誰かが真理は相対的なりという命題を自明ではない、と見なしでもしようものなら、あたかも2＋2＝4に疑問を差しはさまれているかのように、学生は驚く」（Bloom 1987＝1988：17）。「相対主義」は「寛大（openness）」にとって不可欠であり、これが「さまざまな人間たちを前にして、人がとりうる道理のありそうなただ一つの態度」なのであって、「大切な点は、誤りを正すことや実際に正しいことではなく、そもそも自分が正しいとは思わないことである」（ibid.: 18）。

そして、大学で教えることも、学生がすでにもつ「相対主義」と同じ方向である。「われわれが現に学生に教えているのは、排他性に対する寛大（openness to closeness）なのである。」（ibid.: 31）。ブルームは、若いときにある心理学の教授と戦わせた議論を思い出す。学生の偏見を除くのが務めだという心理学教授に対し、彼はこうやり返したという。「個人的に私は学生に偏見を教えるように努めている、というのは、あなたの方法がひろく成功をおさめた今日では、学生は何かを信じもしないいうちから、すでに信念を疑うことを習得しているからだ、と」（ibid.: 35）。すべての者が「いかなる真理も相対的」といい、「精神の無力」を認める社会。そこではどの精神も真理であるとの根拠を持たず、根拠について争うこともない。ただ、自分と違う精神の存在を、そのまま寛大に認める（争うことも交わることもなく）だけである。

チャールズ・テイラーの『〈ほんもの〉という倫理』は、近代特有の「不安」を論じた著作であり、個人主義と意味喪失の不安、道具的理性による目的喪失の不安、このふたつに由来する自由喪失の不安の三つをあげる（Taylor 1991=2004：1-14）。テイラーは、第一の不安を論じるのに『アメリカン・マインドの終焉』をあげ、これにアンビヴァレントな評価を下す。一方で、この本が（ベル『資本主義の文化的矛盾』やラッシュ『ナルシシズムの時代』と同様に）記す憂慮と非難に肯ける点があるとテイラーはいう。これらの本で描かれるのは「相対主義」であり、他人の価値観には口をはさむべきではない、それはその人の選択であり、尊重されてしかるべきとする道徳上の立場である。この相対主義は、ある種の「個人主義」から派生している。人は自分がほんとうに重要で価値があると思うことに基づいて自分の生を発展させる権利をもつ。そして何をもって自分自身とするかは、最終的に自分自身が決めなくてはならず、他の人はその中身を指図することはできないし、すべきでもない（ibid.: 18）。これらの本は、この態度に憂慮の念を示す。「この個人主義は、一方でひとびとの目を自己に釘付けにし、そこから他方で、宗教的なものであれ政治的なものであれ、あるいは歴史的なものであれ、自己を超えたところにあるもっと大事な問題や大切なことがらを見えなくさせたり、あまつさえそうした問題やことがらがあることにさえ気づかないようにしてしまう。その結果として生は偏狭な、平板なものになってしまうのだ」（ibid.: 19）。テイラーも、この相対主義は、「根本的に誤って」おり、

「自分を愚か者にしてしまう」とする（ibid.: 20）。

だがテイラーは、これらの本が（とくにブルームのそれが）この態度の背後に「力強い道徳的理想が息づいていること」を理解しておらず、この点が「受け容れがたい」とも述べる（ibid.: 20）。それは「自分自身に忠実であれ」という理想であって、これが道徳的な力を持つことを理解しなければならない、と彼はいう（ibid.: 20-3）。ただし、この理想を擁護しようとすると「穏やかな相対主義（soft relativism）」に近づき、なんらかの道徳的理想を強力に弁護することができなくなる（ibid.: 23）。そして、この「穏やかな相対主義」を支えるものとして、「道徳的主観主義」の存在をテイラーは指摘する。道徳上の立場は理性なり本性なりに基礎づけられるわけでなく、「各人各様に採用しただけ」で、そもそもは「自分がその立場に惹かれているようだからそうしただけ」である。だから、「理性には道徳上の論争を裁定する力などない」（ibid.: 25）。

こうしてテイラーも「一切が相対的」とする態度の広がりを指摘する。「理性は道徳を裁定する力などない」という言明は、「精神の無力」を明確に自覚した態度といえるだろう。人それぞれの精神は（「私」の精神も）各々の立場によるにすぎず、それは無力である。その主張は理性に根拠づけられたものではなく、「無根拠」である。他者にも自分にも「無根拠」を発見する態度がいま広がっていることを、ブルームもテイラーも指摘するのだ。(3)

しかし、おそらく繰り返すまでもなく、この「精神の無力」と「一切は相対的」とする態度は、コントがこの言葉を発したときの態度とはほとんど正反対のものといえるだろう。精神が「無力」である領域と――コントが思い通りにならない「不条理」・「謎」とした領域と――どう向き合うか、を考えてみよう。コントは、その精神によって「謎」を実証的に解明しようとするが、それが精神によって解きえないことをつねに発見し、「精神の無力」に直面する。精神は「失敗による無力さ」を経験し、「一切は相対的」との言明もこの失敗を経て事後的に発せられる。これに対して、この節で例にしている「学生」は、そもそも私の精神も他のだれかの精神も根拠などない「無力さ」「無根拠さ」を持つと考え、だから各々の精神を尊重して、あらかじめ「無力」を先取りする。ここには失敗によって発見される「無力」や「相対主義」ではなく、あらかじめ先取りして失敗しないように囲い込んだ「無力」と「相対主義」が存在する。この精神は、先取りして「無根拠への退却」を敢行する。ここで、「社会」は「謎」「不条理」として自己の無力を思い知らせるというよりも、あらかじめ「無根拠」なものとして見出され、それぞれを自己の精神の無力に（もしかしたらとても安全に）囲い込ませるものとして出会われる。

「社会という不条理」に出会い、失敗することで事後的に「精神の無力」と「相対主義」に出会う態度。あらかじめ「精神の無力」と「相対主義」を先取りし、社会に「無根拠」としてしか出会わないようにする態度。一九世紀の社会学の祖と二〇世紀末（そして二一世紀現在の私の教室）の学生の乱暴な対比から、同じ「精神の無力」と「相対主義」の位相差と、「社会」がどう立ち現れるかの相違を抜き出してみた。この大きな距離は、本章冒頭の社会の「蒸発」・「液状化」と関係するものだろうか。この距離を作り出したものはなんなのだろうか。

ここで次に、この大きすぎる距離のあいだを埋める作業を行っておこう。コントと学生のあいだにあるのと似た反転が、社会学的な議論のあいだでも「不条理」と「無根拠」をめぐって見てとれるように思うのだ。次の対比もまたきわめて乱暴なものであるが、だれもが知っている社会学の議論を、この反転に位置づけてみたいと思う。

4　「不条理」と「無根拠」のあいだ——ある反転

「不条理」に挫折する態度を、「無根拠」を先取りする態度へと置き換えること。この反転は、コント以降に学として成立した「社会学」に見られるある態度変容としても論じうるのではないだろうか。本節ではきわめて大雑把なふたつの対比を行う。すなわち、ひとつはヴェーバー、もうひとつはデュルケームと（！）現代の社会学の態度とを対比してみようと思うのだ。

第一に、マックス・ヴェーバーの社会学を取り上げよう。それをここでは、現代の「感情社会学」と対比し、「感情」というテーマに対する態度の変容を見ることにする。

『社会学の根本概念』で、社会学を「社会的行為を解釈によって理解するという方法で社会的行為の過程および結果を因果的に説明しようとする科学」（Weber 1922=1972：8）と定義するヴェーバーは、理解における明確性を「合理的なもの」と「感情移入による追体験的なもの、すなわち、エモーショナルな、芸術鑑賞的なもの」に分ける（ibid.: 10）。そのうえで、後者は「先ず、行為の純粋目的合理的過程を観念的に構成した上で、それからの偏向として」研究すると明瞭になる、という（ibid.: 11-2）。彼によれば、純粋目的合理的な行為には「明確な理解可能性と合理性に基づく明白性」がある。だからこれをまず理念型として構成しよう。このとき、「感情や錯誤など、あらゆる非合理性の影響を蒙る現実の行為を、純粋合理的行動に期待される過程からの偏向として理解」できる、と彼は考える（ibid.: 13）。

「社会的行為の種類」の節で彼は行為の四類型をこう区別する。まず「目的合理的に行為する人間」

は、「目的、手段、附随的結果に従って、自分の行為の方向を定め、目的と手段、付随的結果と目的、更に諸目的相互まで合理的に比較秤量し、どんな場合にも感情的（特に、エモーショナル）或いは伝統的に行為することのない人間のことである」（ibid.: 41）。前段のように理念型として第一に構成すべきこの行為類型からすると、第二の「価値合理性」は「つねに非合理的」である。「純粋価値合理的に行為する人間というのは、予想される結果を無視し、義務、体面、美、教義、信頼、何によらず、自分に命ぜられているものの意義を信じるがために行為する人間」で、この「価値」により強く心を奪われると「ますます行為の結果を無視するようになる」からである（ibid.: 40-1）。

しかし、残りふたつの行為は目的合理性からさらに遠く、「意味的方向を意識的に持つものの限界にあり、限界の彼方にあることも多い」（ibid.: 40）。「純粋感情的行動」は、「異常な刺激に対する無思慮な反応」であることがあり、「直接の復讐、直接の享受、直接の帰依、黙想による直接の浄福、或る直接的感情――粗野なものにしろ、繊細なものにしろ――の発散」を満たす。これは、行為の意味が「結果でなく、特定の行為そのものにある」点で価値合理的行為と共通するが、後者が行為の究極的目標を意識化し計画的にめざすことによって区別される（ibid.: 40）。そして「純粋伝統的行為」は、「見慣れた刺激に出会った途端に、以前から身に付いた態度のままに生じる無意識の反応に過ぎぬ」（ibid.: 39）とされ、目的合理的行為からもっとも遠い位置に置かれる。

ここで「感情的行為」の扱いに照準するならば、ヴェーバーの位置づけはこうである。社会的行為を考えるのに、もっとも「合理的」なものからはじめよう。すると、この理念型による理解が及ばない「限界」ないし「限界の彼方」の領域で（前節までの表現に従えば、「合理性」の範疇では「思い通りにならない」、「不条理」として）「感情的行為」は出会われる。合理性によって思い通りになる領域が、目的と手段の比較秤量によって統御されるのに対し、この行為はそこからはみ出た「直接」性により支配される。

そして、ヴェーバーが考える「社会」にとって、この「限界」ないしその「彼方」にある「不条理」は、決定的に重要である。たとえば、『プロテスタンティズムの倫理と資本主義の精神』において、資本主義という目的合理性の体系を作り出す原動力となったのは、予定説の信仰という価値合理性に導かれた「救いについての不安」（Weber 1904-05＝1989：185）の感情だった。周知のように、この目的合理性の体系は、意味の喪失と自由の喪失を孕む「鉄の檻」を帰結する（ibid.: 365）。そして『支配の社会学』で、この官僚制的合理化の対極に置かれるのは「カリスマ」だった。それは、規則や伝統一般を破砕し、「いまだかつて存在せざりしもの、絶対的に無類なるもの、したがって神的なるもの、に対する内面的服従を強制する」ことで、被支配者の「中枢的『心情変化』」による「革命的力」を発揮する（Weber 1921＝1962：II 413）。合理性の彼岸にある「不条理」な力としての感情が、目的合理性の体系を作る原動力として、かつ、この体系を変革する原動力として見出されるのだ（それが「カリスマの日常化」によって、合理性の範疇に繰り返し回収される過程を経るにしても）[4]。

こうしてヴェーバーが「不条理」の領域に置いた「感情」は、では現代の社会学ではどう扱われるのか。感情社会学の嚆矢であるアーリー・ラッセル・ホックシールド『管理される心』を想起すれば、その対照的な位置はすぐ理解されるだろう。周知のようにホックシールドは、客室乗務員の研修を事例としながら、そこに「気持ちを事実上〈変更する〉方法」が存在することを指摘して、こう述べる。「感じるということを、一時的に生物学的現象に身を委ねることとしてではなく、内部の感覚に注意を向け、状況を定義して、それらを管理して私たちが「行う」行為、と考えるならば、感情というものが変形技術に対していかに柔軟でかつ影響されやすいかということが一層はっきりする」（Hochschild 1983=1999：29）。彼女は、表層演技と深層演技という「感情を管理する」方法を3章で（ibid.: 39-40）、それを統御する「感情規則」をどう認識するかを4章で論じる。いわく、「それは、自己が自身の感情をどのように査定しているのかを調べ、他人が自分の感情表現をどのように査定しているのかを推測し、そして自分自身や他人が発するサンクションを確認することによってである」（ibid.: 65）。

こうして、感情は「不条理」の領域から徹底的に合理的に統御される（「比較秤量」される！）領域へと置き直される。この本の後半でホックシールドが「公的生活」における感情を論じるとき、その方向にさらに踏み込んでいるといえよう。すなわち、「デルタ航空の目的は利益を得ること」（ibid.: 105）であって、資本という「目的合理性」（ヴェーバーの言葉を使うならば）のためにフライトアテンダントたちは感情労働・感情管理を要求される。「資本主義は感情管理の利用価値を見出し、そしてそれを有効に組織化し、それをさらに先に推し進めたのである」（ibid.: 213）。また、感情を「有効に組織化」した人々は、「自発的で『自然な』感情」、「管理されない感情生活」に価値を与え、求めるようになる（ibid.: 218）。しかし、この「自発的な感情」は「心理療法」によって探求され、それを見出すための「〈努力〉の仕方を〈学ぶ〉」ことで発見されることになる（ibid.: 220）。感情は「資本主義」によって管理され、変更され、統御される。そこで「管理されない感情」が求められるが、それは「心理療法」によって探求され、ある意味でふたたび管理されたものとして見出される。

ホックシールドの議論において、感情は書き換え可能な「無根拠」として発見されるといってまちがっていないだろう。それは思い通りにならない「不条理」ではなく、「変更する」方法、管理する「資本」、「心理療法」で学んだ努力によって、いかようにも書き換えられる。いまある感情を抱いたとしても、思い通りにならないと思う必要はない、作られたものだから書き換えうるのだ。あるいは、私はある感情を抱いているが、それは作られた書き換えうるもので、「自発的」かどうかわからない。このような「無根拠」であることの自由さと不安を、ヴェーバーが感情を位置づけた「不条理」と正反対の場所に、ホックシールドは見出しているように見える。

この議論とすぐ繋がる地点から第二の対比を行おう。それは、エミール・デュルケームと「構築主義」のあいだの距離にかかわる。いま感情について述べた、作られたものだから書き換えうる、との言明は、「構築主義的」なものといってよいだろう。そして、構築主義のひとつの源泉にデュルケームの社会学があることもまた、指摘するまでもないだろう。

キツセとスペクターの『社会問題の構築』は、社会問題が客観的に同定できるものではなく、クレームという言語行為によって構築されたものとし、構築までの相互作用過程を問いの対象とする視座転換を行った（Kitsuse, Spector 1977=1990）。ここで、社会問題は構築されたもの、構築によって別のようでありえたもの、書き換えうるものとして、つまり「無根拠」なものとして扱われる（「同性愛」の定義を想起すればよい（ibid.: 22-34））。また、彼らが批判的に継承したレイベリング論は、社会が規則を作り「逸脱者」というレイベリングをすることで逸脱者が生産されること、レイベリングが支配集団・従属集団に対し異なる基準でなされ（「セレクティヴ・サンクション」！）、恣意的だと論じていた（Becker 1963=1978：17, 25-9）。逸脱が行為自体の特性ではなく、いかに恣意的な、つまり書き換えうる「無根拠」な基準によって構築されているかが、ここでも強調される。そして、この議論の源泉にデュルケームの『社会分業論』での次の言葉がある。「ある行為は、犯罪的であるから共同意識を傷つけるのではなく、それが共同意識をそこなうから犯罪的だといわなければならない。われわれは、それを犯罪だから非難するのではなくて、われわれがそれを非難するから犯罪なのである」（Durkheim 1893=1971：82）。犯罪の基準は、われわれの非難＝クレーム、非難を生み出す共同意識により、いかようにも書き換えられる「無根拠」なものである。この命題はこう読んで間違いないだろう。

これは、『社会学的方法の規準』に記される次の寓話でも同じである。デュルケームが挙げる「聖人たちからなる……模範的で非のうちどころのない一社会」では、「いわゆる犯罪というものは……起こらないかもしれない」。しかし、俗人の社会では許容されるような過ちが「犯罪的とされ、そのようなものとして扱われるに違いない」（Durkheim 1895=1978：155）。これは、僧院のほうが「集合的感情」が強く、俗世界ではわずかにしか感じられない侵害により強く反応してより激しい非難の対象とし、たんなる道徳的過誤ではなく犯罪として扱うことになる、と説明される（ibid.: 154-5）。ここでも、なにが犯罪かの基準は、恣意的に構築され書き換えられる「無根拠」と描かれているといえよう。

しかし、これはこうも読めるだろう。確かに、なにを犯罪とするかの基準は共同意識・集合的感情により構築される「無根拠」なものといえよう。しかしながら、なにかを逸脱として構築する過程、それを共同意識・集合的感情が必要とする事実は、決して「無根拠」ではない。聖人の社会は無根拠にある行為を犯罪と定めるが、なにかを犯罪としだれかを犯罪者とするという事実は（デュルケームの有名な表現を借りれば）「必然的かつ必要なもの」なのだ（ibid.: 157）。いいかえれば、犯罪者を作り出すという事実は、個々人の意志がどうであろうと社会が社会であるかぎり（あるいは「共同意識」「集合的感情」を保持するかぎり）発生する、思い通りにならない「不条理」な事実である。

『社会分業論』に戻ろう。そこで、「集合意識または共同意識」は、「同じ社会の成員たちの平均に共通な諸信念と諸感情の総体は、固有の生命をもつ一定の体系を形成する」ものと定義される（Durkheim

1893=1971 : 80)。この「体系」は、刑罰という「激情的な反作用」によって脅威になるものを破壊し、自衛行為を行う。デュルケームは、こんにちの刑罰はかつてのように復讐のためではないように見えるが、復讐と同じ役割を果たしており、復讐は「知性を欠いた激情的な動きであり、不条理な破壊欲」にあるとする（ibid.: 87）。刑罰の反作用力は、「共同意識そのものを維持するのに役だつ」もので、共同意識をおびやかす行為を排除・攻撃しなければ、これは「畏敬と権威」を弱めてしまう（ibid.: 102）。刑罰のほんとうの機能は「共同意識にその全生命力を保たせて、社会的凝集を無疵のままに確保しておくことである」（ibid.: 105）。

これを、「贖罪的儀礼」として論じることもできるだろう。『宗教生活の原初形態』では、「儀礼上の違犯」が集合体にとって脅威であり、激怒を生む、とされる。あるいは、集合体を脅かす不幸によって、集合体は不安や苦悩を経験し、この感情を確認・共有することによって「これらの感情は、高揚し、情熱化し、一定の激烈な度合いに達し、……人は恐ろしい叫びを発し、憤怒し、裂き、壊す欲求を感じる」。これは悦ばしい儀礼と同様、「あらゆる活動力の動因および外的エネルギーの奔流を意味する興奮状態を示す」（Durkheim 1912=1942 : 305-7）。このいわゆる「集合的沸騰」の状態において、社会の共同意識は生き生きとし、逆にこの沸騰なしには共同意識が衰弱することは確認するまでもないだろう。その意味でも、刑罰という儀礼は（繰り返しになるが）「必然的かつ必要」である。

こうして、犯罪と刑罰をめぐるデュルケームの議論は、ふたつの位相に分割できるだろう。ひとつは、なにを犯罪とし、どんな刑罰を与えられるかの基準が社会的に構築されたものであり、その基準は書き換え可能な恣意的で「無根拠」なものである、という位相である。これは、レイベリング論から構築主義へと引き継がれる議論の位相といえるだろう。そしてもうひとつは、なにかを犯罪・逸脱とし、刑罰という儀礼によって共同意識の沸騰が発生する位相であり、共同意識・集合的感情がこうした犠牲者を発見したときの「エネルギーの奔流」、社会がこの激情的な儀式の遂行を必要とするという事実は、ほとんど思い通りにならない（個々人の意志で統御できない）「不条理」として立ち現れる。そしてこれは、モースやバタイユ、ジラールなどの「供犠の社会学」へと引き継がれていく位相といえよう[5]。だれがいけにえになるかは恣意的に構築された「無根拠」であり、書き換えられうる。しかし、社会が社会であるかぎりだれかが供犠の対象になるのであり、これはいけにえ自身やいけにえを屠る個々人の意志を超えた「不条理」である。

　ヴェーバーとデュルケームは、ともに「不条理」な領域に向き合い続けたといえるだろう。彼らは「社会という不条理」を経験し、その社会学はこれを描き続ける。これに対し、感情を扱うホックシールド（彼女はヴェーバーの議論を引き継いだわけではないが）、逸脱を扱う構築主義的社会学（それはデュルケームの議論をまさに継承しているが）はこれらを「不条理」から「無根拠」へと置き換える作業を行ってきた。あらためて確認するならば、この作業は、「不条理」＝書き換え不能と思われたものを、「無根拠」＝書き換え可能とすることで、大きな可能性を開く。だが、この作業によって「無根拠」に置き換えられた「社会」が孕む「不条理」は、しかしすべてが「無根拠」に解消されるはずもなく、どこかから議論の外に放置されてしまうのではないか。あるいは、「不条理」に出会い続けたヴェーバーやデュルケームの「精神の無力」が、「無根拠」を発見することに自らを囲い込む現代的な「精神の無力」に置き換えられるとき、「社会」の孕むなにかが見えなくなってしまうのではないか。そして、この「不条理」から「無根拠」への反転は、冒頭に述べた「社会の蒸発」「社会の液状化」、つまり社会が社会として立ち現れなくなる事態と相関する事態、ないしこの事態そのものなのではないだろうか。

5　おわりに――なにが消滅したのか／なにが過剰なのか

冒頭に戻ろう。社会が「蒸発」・「液状化」しているといわれる事態をどう考えればよいのか。この問いに、むしろ「社会」が立ち現れる条件から始めて接近しようとした本章は、まずコントの経験において社会が「不条理」として経験される事態を見た。これに対し、第3節では現在の「学生」の地点に社会を「無根拠」へと置き換える態度を見出し、前節ではヴェーバーやデュルケームの社会学が「不条理」に出会い続けたことと、現代の社会学がほぼ同じ場所に「無根拠」を発見することを対比する試みを行った。この行論は、冒頭の問いにこう答えることになるだろう。社会の「蒸発」・「液状化」とは、「社会という不条理」に「不条理」として（「不条理」のまま）出会う態度の消滅と、それを「無根拠」に置き換える態度の過剰にある、と。そして、この態度変容は、これまで社会学が社会を見る回路において見たが、おそらく社会が社会自身を見る回路においても観察されるだろう。

仮説的に述べるならば、それを「再帰性」の過剰ないし徹底と呼んでもよいだろう。[(6)] アンソニー・ギデンズが強調するこの概念は、自己とその行為を反省し、選択と自己決定の対象とする事態をさす。再帰性が「見境もなく働く」近代（Giddens 1990=1993：56）において、過去の伝統という基準でも他者（もっとも超越的な他者としての神）の命令でもなく、「他に選択肢があるなかで自分がこれを選んだ」という基準によってのみ行為と自己が選び直される。しかし、この基準はもっとも根拠あるものに見えながら、つねに「そのときはそれを選んだが他もありえたかもしれない、基準は自分が選んだ事実だけ」という「無根拠さ」(Giddens 1991：80) に晒される。過去も他者も、およそ自己の「外部」を廃し、「再帰性」を徹底させた「純粋な自己」(奥村 2005) は、本章で述べたように、つねに先取りするように「無根拠」を発見するだろう。「モダニティの有す再帰性で中軸的な位置を占める」(Giddens 1990=1993：54) 社会学が (本章で扱った感情社会学や構築主義的社会学が)、繰り返し「無根拠」を見出すのは、ごく当然のことであるのかもしれない。

そして、この「再帰性」の過剰・徹底において、「不条理」に「不条理」として出会うことはできない。なぜなら「不条理」＝「思い通りにならない」「ままならない」こと、「わけのわからない」「選びえない」ことは、反省により「わけがわかる」もの、「選びうる」ものにする「再帰性」の作動のつねに「外部」にあるからだ。純粋な自己は、それを生真面目に「再帰性」の届く領域に置き換える (そして「無根拠」だったと発見し続ける) だろう。しかし、「再帰性」の範囲内に回収しえないとき、それは「再帰性」の「外部」に放置せざるをえない。「精神の無力」があらかじめ届かない、「一切は相対的」な領域に。この「外部」＝「不条理」と出会う回路は、「再帰性」の内部には見出せない。社会が「再帰性」を徹底させることは、この回路を痩せ細らせることを意味するだろう。

「社会という不条理」と出会う回路、「再帰性の外部」と出会う回路。ヴェーバーやデュルケームの社会学はこれを維持していた。ヴェーバーは、「目的合理的行為」を基準としつつ (目的と手段を比較秤量するこの合理性は「再帰性」の軸といえるだろう)、「価値合理的行為」、「感情的行為」、「伝統的行為」という、この基準からはみ出し、自己反省・自己選択が及ばない「再帰性の外部」を考えた (あるいは考えざるをえなかった)。デュルケームもまた、集合的沸騰を「必然的かつ必要」なものとして経験し、「無根拠」な基準によるにもかかわらずだれかをいけにえにし続ける共同意識・集合的感情の奔流という社会的事実を記述した。これもまた、反省と選択の届かない「不条理」として立ち現れる。

　これは、彼らが生きていた近代において、「再帰性」が現在より徹底していなかったことによるともいえるだろう。だが、彼らの社会が「再帰性」以外の回路を残存させていた、ともいえる。たとえば「伝統」という、「再帰性」と相反する回路がこの近代化途上の社会には存在していた（これに対しギデンズは「ポスト伝統社会」（Giddens 1994=1997）、ウルリヒ・ベックは「再帰的近代化」（Beck 1986=1998：9-11）と、伝統が消滅し再帰性の「外部」が消滅した現代社会を呼ぶ）。また、「不条理」を再帰性に回収せずに「不条理」のまま生きるための装置である「宗教」なるものが、その生命を衰えさせながらも存在し続けていた。論証抜きに述べるならば、ヴェーバーやデュルケームが直面したのは、「伝統的なもの」と近代的な「再帰性」との緊張、「宗教的なもの」と「再帰性」の緊張であるだろう。

　コントがいた地点もこの緊張に覆われていたことは、指摘するまでもない。彼は「社会という不条理」の「法則」を「実証的精神」によって知ろうとし、その都度「精神の無力」に直面し続けた。そして、周知のように、彼はその後期に「人類教」に転向する。コントによれば、一八三〇年から四二年に刊行された『実証哲学講義』全六巻を支配するのは「精神」であるが、一八五一年から五四年の『実証政治学体系』を支配するのは「感情であり、それが新しい宗教の根源」である（清水 1978：175）。彼は「不条理」に対しひとつひとつ挫折して「精神の無力」と出会う立場から、「不条理」をそのまま生きるための宗教という装置にジャンプする。この「再帰性の外部」との緊張のなかで、コントは社会を「不条理」として発見し続け、巨大な跳躍を行った（それはおそらく不幸な跳躍だが）、といえるのだろう。

　社会を「無根拠」へと置き換える回路の過剰と、「不条理」のまま出会い続ける回路の消滅。本章が最後に論じた、社会の「蒸発」・「液状化」に対する回答は、いまだ仮説の段階にとどまるといわざるをえない。しかし、いくつかの対比から導かれたこの仮説は、現代の社会と社会学が失いつつあるもののありかを示す手がかりくらいにはなるかもしれない。

注

（1）本章は、第五六回早稲田社会学会大会のシンポジウム「『社会』の蒸発――液状化する社会の諸相」（二〇〇四年七月三日）での報告に加筆したものである。司会の長谷正人氏、報告者の山田真茂留氏、土井隆義氏、討論者の正岡寛司氏、高橋順一氏に感謝する。

（2）この論文は、エリアスが一九六二年に国際社会学会大会で発表し、要旨集に「編集委員会の水準以下」として掲載されなかったものである。奥村（2001：307-10）を参照。

（3）ふたりはともに政治哲学者で、ブルームは「自認するように……『保守主義者』」（「訳者あとがき」Bloom 1987=1988：426）、テイラーはイギリスでニューレフトの立場から出発し、カナダに帰国後コミュニタリアンとなった（「訳者あとがき」Taylor 1991=2004：166-71）。

（4）ヴェーバーが見出す「不条理」については、奥村（2000b）で「支配」をめぐってエリアスの社会学と対比した。奥村（2001：130-140）も参照。

（5）竹沢尚一郎は、デュルケーム晩年の宗教社会学が第一次世界大戦の混迷から求心力と統合を可能にする「聖」を求めたとし、こう述べる。「社会的統合と価値体系の再確立という合理的な目的の実現のためにデュルケームが呼び寄せたのは、祝祭のなかで実現される非合理的な（あるいは超―合理的な）熱狂と世界像の創出だった」（竹沢 2006：88）。

（6）本書第2章、奥村（2005）でもこれを論じ、その論旨と本章の以下の部分は重なる。

II

社会学がはじまる場所

第4章 「社会の科学」と「社会の理想」
——あるいは、ふたりのデュルケーム

1 はじめに——「社会の科学」と「社会の理想」

H・G・ウェルズの講演

『タイム・マシン』や『宇宙戦争』の作者として有名なSF作家H・G・ウェルズは、一九〇六年二月、ロンドン・スクール・オブ・エコノミクスでの社会学会の会合で「いわゆる社会学という科学(The So-called Science of Sociology)」と題する講演を行った。ウェッブ夫妻が中心となっていたフェビアン協会にも参加し、社会主義者として知られたウェルズは、一九〇三年にロンドンで設立された社会学会の創立メンバーの一員でもあった(Lepenies 1985=2002：182-3)。彼は「社会学」について、この講演で次のように述べている(1)。

社会学はコントが数学や物理学の方法を社会に応用する形で体系化し、スペンサーが自然史をもとに標本や博物館のように社会を分類しようとしたところからはじまった。しかし、私は彼らを社会学

の創始者であるとすることに異議を呈したい。それは、「社会学が科学である」という主張に疑いをはさむことにもなる。「いわゆる科学的方法」にあまりに接近した社会学の価値は疑わしい、と私は考える（Wells 1907→1914：192-3）。物理学や化学のような一般化を博物学に応用しようとするとなかなか成功しなかったように、計算、分類、計測といった数学的な操作はあてにならないものである。客観的な真実とは「個体のユニークさ」にあるのであって、いわゆる科学的方法はこの「個体性」を無視する方法である（ibid.: 196-7）。「われわれは、人類を博物館に押し込んだり、検査のために干からびさせたりすることはできない」（ibid.: 200）。われわれの標本は、人類史全体であり、揺れ動く人間の世界であって、それを区分したり、他と類比したりすることは困難である（ibid.: 200）。

ウェルズは、いかにも文学者らしく、コントやスペンサーは社会学の権威ある父祖などではなく、「疑似科学的闖入者（pseudo-scientific interlopers）」として思いきって棄て去って、社会科学の「分類」に代えて、社会学的目的に寄与する「文学的な形式」を探究せねばならない、という。それにはふたつの形があり、そのひとつは、現在の社会学で妥当な仕事の多くを占めている「歴史の社会的側面」の記述である。ウェルズは、ギボンの『ローマ帝国盛衰史』やカーライルの『フランス革命』をあげながら、こうした「死した過去をわれわれの生に参加させる」物語的歴史記述を受容し、理解し、批判することが「社会学会（Sociological Society）」の主要な活動のひとつであるべきだ、という（ibid.: 202-3）。

だが、「科学への強迫のもと、貶価され無視されている」（ibid.: 202）もうひとつの方向がある。「社会学において、なにが意図されているか（what is *intended to be*）を考えることなく、ただ冷静になんであるか（what *is*）だけ考えることなどできない」。「社会的観念（the Social Idea）」は「事実」であり、文明の歴史とはこうした観念の「出現、再現、試み、躊躇い、揺らぎ、宣言、反映の歴史」である（ibid.: 203）。こうした観念をときほぐして表現し、「その理想化（idealisation）の観点から現実を測定する」ことが、社会学にとって可能性のあるアプローチではないだろうか。「私は、ユートピアの創造――およびその容赦ない批判――こそが社会学の適切で固有な方法であると考える」とウェルズは主張し、「社会学会、あるいはその重要な一部が、理想社会を記述し、その現存社会との関係を記述することが社会学である、という見方を採用したとしたら……」と仮定する（ibid.: 204）。

歴史の試練に耐えてきた社会学的な文献のほとんどがユートピア的なものではなかっただろうか。プラトンの『共和国』はユートピアを語る対話篇であり（ウェルズは、スペンサーとコントを棄てて、プラトンをはじめとするギリシャの社会哲学者を社会学の始祖の座につけようという（ibid.: 192-3））、アリストテレスはそれを批判することで成果をあげ、トマス・モアが救貧を、フランシス・ベーコンが科学の組織化を語ったのもユートピアの形式だった。フランス革命の発酵種はユートピアであり、科学・事実・正確性を唱えたコントでさえユートピアの詳細を描こうとした（ibid.: 204）。「社会学者はユートピアを作らざるをえない」（ibid.: 205）。現存する国家の制度を「理想国家」の制度と比較することでその問題点を効果的に批判し、そうした理想の実現可能性の検討に集団心理学などの科学を応用する（ibid.: 205）。この方法が社会学の輪郭を形成するとともに、教科書、講義、社会学専攻の学部生・大学院生の学位論文を方向づけるのではないだろうか（ibid.: 206）。こうウェルズは力説する。

「社会の科学」と「社会の理想」

「（いわゆる）科学」と「ユートピア」。このウェルズの講演の内容は、これまで社会学のなかで繰り返し論じられた問題ともいえるだろう。社会学はこのふたつに引き裂かれ、いずれに引き寄せられるかという緊張のなかで悩み続けてきた。あるいは、このふたつの異なるヴィジョンをともに保持し、このあいだの往復運動を可能にすることによって、その魅力や生産性を獲得してきた。このふたつの関係について多くの社会学者が論じ、自らの社会学的営為そのものによって意識的・無意識的にその解を呈示しようとしてきただろう。

これを、ノルベルト・エリアスにならって「社会の科学」と「社会の理想」と呼んでもよいかもしれない。彼は「社会学の社会発生（On the Sociogenesis of Sociology）」という論文[2]で、フランス革命後、「民主化」が進むことによって「社会学」が生まれたのではないかと論じる。それまで王や宰相の意志（それによって制定される「法」）が決定的な意味をもち、彼らが社会の「法則」を知ることで正しい意志をもって社会を制御することを想定しえたが、革命後、多くの意志が力をもつことによってだれの意志も社会を制御することができなくなり、「人々ははじめて、人々の計画と行為によって生じたことが、行為の結びつきによってどの行為者も意図も予見もしていない結果になるという……社会という固有の謎（the peculiar enigma of society）に気づいた」（Elias 1984→2009：61-2）。この、だれの意志にも還元できない「謎」として「社会」を経験することが、「社会学という新しい科学（a new science, sociology）」を生んだのではないかとエリアスはいう（ibid.: 62）。

そして、こうして権力が分配されること、つまり「民主化」は、より広い階層の人々が自分たちにとって望ましい社会の姿を考え、そのために運動することを可能にする。エリアスは、「社会の科学」が発生したとされるフランス革命後の一九世紀は、「自由主義、保守主義、急進主義、社会主義、共産主義」などの「社会の理想（social ideals）」が登場した「大『イズム』（the great 'isms'）の世紀」だったことを強調する（ibid.: 63-6）。こうした「イズム」が多数登場し、無視できない力をもつようになると、社会はさらにだれの意志にも制御困難なものになっていく。「社会学はその意味で、大衆政党と大衆運動の時代の子なのである」（ibid.: 66）。初期の社会学者たちは「社会の科学」を発展させようとした「距離化した観察者（detached observers）」であり、同時になんらかの「社会の理想」を実現しようとする「巻き込まれた参加者（involved participants）」でもあった（ibid.: 68）。この時代、ほとんどの社会学者がこの二重性を帯びた緊張関係を生きていたとエリアスはいう。

いや、ウェルズの講演から、エリアスよりもずっと有名で精緻な、マックス・ヴェーバーの議論を思い出す人も多いだろう。「理想社会」を創造し、それと比較することで「現実社会」を測定するというウェルズの提案は、ヴェーバーの「理念型（Idealtypus）」の方法論を連想させる。一九〇四年の論文「社会科学と社会政策にかかわる認識の『客観性』」でヴェーバーは、実在はきわめて複雑であり、これは特定の一面的観点から「ひとつの思想像」を構成し、それを物差しにすることでのみ測定できると主張する。この構成物、つまり「純然たる理想上の極限概念」である「理念型」は、「考えられる連関の、それ自体として矛盾のない宇宙」となり「ユートピアの性格」を帯びるが（Weber 1904=1998：111-3, 119）、「経験的実在から遠ざかる」（ibid.: 136）ユートピアだからこそ、実在の分析に寄与する。

しかし、このいってみれば「方法論的ユートピア」をめぐる議論よりも（ウェルズの「ユートピア」は方法論的であるより文字通り「理想」の創造なのだから）、彼の価値判断と事実認識にかんする緊張に満ちた見解のほうがより近いかもしれない。いま述べた「理念型」という道具で実在を認識することと、実在を「理想から評価し価値判断をくだすこと」とを峻別することを、一方でヴェーバーは強調する

（ibid.: 132）。「『あるもの』〔存在〕の認識」と「『あるべきもの』〔当為〕の認識」はまったく別のことである（ibid.: 28）。他方、「価値判断は、科学的討論からおよそ排除されなければならない」という立場に対しては、「けっしてそうではない」と彼は言明する（ibid.: 30）。価値判断と現実認識を峻別したうえで、価値規準を明示して、「意欲する人間」として価値判断を表明すべきである（ibid.: 48）。さらには、現実認識を可能にする「理念型」自体がなんらかの価値理念を規準とするから構成可能になる（ibid.: 92）。価値理念（あるいは「理想」）を一切もたないとしたら、研究者は重要なものとそうでないものを区別できず、無限の現実のまえで途方に暮れることになるだろう。

　こうした「社会の科学」と「社会の理想」についての議論は、さらに複雑に展開することができるのだろう。だが、本章では、次節以降、あるひとりの社会学者に焦点をあてて、彼のなかでのこのふたつの関係を抽出することを試みたい。

　ウェルズの講演に戻ろう。その後G・B・ショーを巻き込んだ激しい論争を引き起こしたという、この「文学的・ユートピア的社会学」（Lepenies 1985=2002: 186）の主張には、多くの社会学者の名前が登場し、ウェルズは聴衆に「同時代の社会学について驚くほど博識であることを認めさせた」（ibid.: 183）。そして、この講演では（私が数えたかぎり）三回にわたって「デュルケーム教授（Professor Durkheim）」が言及されている。

　現在の社会学の多様性への熟考から、デュルケーム教授は「総合的科学」「総合的概念」を求めている（Wells 1907→1914: 195）。ハーバート・スペンサーは、デュルケーム教授が指摘しているように、分類によって社会をばらばらの諸社会に分割してしまった（ibid.: 199）。そして、先の「理想社会を記述し、その現存社会との関係を記述することが社会学」とする見方を採用するという仮定に続け、ウエルズは「これは、たとえばデュルケーム教授が必要と述べてきた総合的枠組みとなるのではないか」(ibid.: 204) という。

この講演を紹介し、ウェルズと社会学の関係を論じたヴォルフ・レペニース『三つの文化』を見ても、この三つ目の言及に触れられているだけで (Lepenies 1985=2002 : 185)、ウェルズとデュルケームの直接のかかわりは明らかではない(3)。ただ、ウェルズが現在の社会学の多様性としてあげる「具体性に欠ける大規模なスケッチ」、「絶望的なアナロジー法」、「第一義的に社会学的とはいえない実践活動」(これにウェッブ夫妻が分類される) へのそっけない言及 (Wells 1907→1914 : 194) と比べるならば、彼はデュルケームに関心を寄せていたのだろう。そして、「こうした問い (総合的科学への：引用者) を熱心に引き寄せながら、結論に達することにも論点を整理することにも成功していないとすれば、それはどういうことか」と述べ (ibid.: 195)、先の「理想社会」の仮定を「デュルケーム教授が求める総合的枠組み」として提案していること (そしてのちに見るように、デュルケームがコントやスペンサーを始祖と仰いでいたこと) からも、おそらく強い不満をもっていたであろう。

では、デュルケームの社会学において「(いわゆる) 科学」と「ユートピア」の関係、「社会の科学」と「社会の理想」の関係は、どのように扱われていたのだろうか。もちろん、これを確認することは、ウェルズの提案に直接答えることになるわけではないが、エリアスやヴェーバー (そして多くの社会学者たち) が格闘してきたこの問題について、なんらかのヒントを与えることにはなるだろう。

エミール・デュルケーム

スチュアート・ヒューズは、一八九〇年から一九三〇年のヨーロッパの社会思想を辿った『意識と社会』で、デュルケームのことをこう描いている。「ある思想家がその若い頃の基本前提をあらためて、のちに社会経験の性質についての新しい解釈へとしだいに移行してゆくという過程」はしばしば見られるが、「エミール・デュルケームの場合は、そうした変化のもっともドラマティックなひとつの例である」（Hughes 1958=1965：188）。ヒューズによれば、デュルケームは「データがたえずその外にはみ出していってしまう、そういう知的構成のなかに閉じこめられていた理論家の典型的な例」（ibid.: 15）だった。彼は「本質的には実証主義的伝統のうちにとどまって」おり、「復活しつつある神秘主義」にもっとも徹底して抗議し、抵抗した人だった（ibid.: 25-6）。だが、初期の実証主義的傾向から「まったく観念論的な立場へと進んで」しまい、「自分が当初の立場からどんなに遠くはなれたところまで来てしまったかを一度として明確に自覚したことがなかった」（ibid.: 188）。

この見方はごくありふれたものかもしれない。ヒューズも引用するタルコット・パーソンズ『社会的行為の構造』は、デュルケームの立場の移行を四つの時期に分けている。『社会分業論』（一八九三年）に代表される初期の理論形成期はまだ基本的な問題が煮詰められておらず、これが経験的事実と統合された理論体系をつくる初期の綜合期には『社会学的方法の規準』（一八九五年）、『自殺論』（一八九七年）が生み出される（Parsons 1937=1982：7-8）。このふたつの時期の立場は「明らかに実証主義的」である（ibid.: 9）。これに対して第三期は移行期とされ、『道徳教育論』（一九〇二～三年）に代表されるこの時期に初期の綜合が次第に崩壊し、それと異なった一般的立場が台頭する。そして第四期の『宗教生活の原初形態』（一九一二年）ではその一般的立場に立脚して新しい経験的分野が開かれたが、新たな綜合が可能になるほどには展開されずその死を迎えることになった（ibid.: 8）。パーソンズは初期の綜合の崩壊は「実証主義的な枠組そのものの崩壊」であるとし（ibid.: 10）、第四期の最終局面には「理想主義的流れが認められる」という（ibid.: 12）。パーソンズが抽出するその移行の鍵を乱暴に要約すれば、個人と社会の関係をつなぐ「共通の価値体系」（ibid.: 126）、行為の「究極的価値」「究極的目的」による規範的統制（ibid.: 141）の扱いにあるだろう。

他にも多くの論者のコメントを引くことができるだろうが、以下で少しずつ触れるにとどめよう。ただ、一言、ヒューズが（少なからぬ揶揄も含みながらと思われるが）「デュルケームは生涯……フランス政府の忠実なる公務員であった」と述べることを付け加えておこう。彼が社会学研究に取り組んだ理由のひとつは「第三共和制の道徳的〔精神的〕統一・強化に貢献したいという願望」にあった（Hughes 1958=1965：189）。その願望に貫かれながら、ヒューズやパーソンズが述べる立場の移行をデュルケームは経ていくことになる。

デュルケームにおける「社会の科学」と「社会の理想」の関係という問題設定は、たとえばパーソンズの「実証主義」から「理想主義」への移行という見解で解決ずみのものといえるかもしれない。ただ、ウェルズの問題提起を踏まえて、デュルケームのテクストをヒューズやパーソンズとは少し異なる視角から辿るとき、別の様相も見えるように思う。

伝記的な事実を確認しておこう。[4] 一八八二年以降五年間リセの哲学教師をしていたデュルケームは、一八八五年に道徳科学の状況を調べるために文部省によってドイツに派遣され、その報告が評価されて一八八七年ボルドー大学に教育学を担当する講師として赴任する。このとき文部省は、彼のために「社会科学」の講座を委任し、フランスにおいて実質的に「社会学」の講義がはじめて開かれることになった。この開講講演の記録は「社会学講義――開講の言葉」として残されている。一八九三年、デュルケームは『社会分業論』と副論文「モンテスキューの社会科学成立に対する貢献」により博士号を授与され、一八九五年に『社会学的方法の規準』、一八九七年に『自殺論』を刊行するなど、ボルドー時代に多くの著作を発表した。

一九〇二年にデュルケームはパリ大学ソルボンヌ校の教育科学の講座に招かれる。一九〇六年には「教育科学」の教授となり、一三年に「教育科学と社会学」教授に名称変更される。ここで彼は「道徳教育」について講じ、それは死後の一九二五年に『道徳教育論』として刊行される（邦訳書には一九〇二年のソルボンヌでの開講講演の記録も載せられている）。そして晩年には宗教への関心を増加させ、最後の大著であり、レイモン・アロンが『社会学的思考の流れ』でデュルケームの業績のなかで「いちばんの深さと独創性」をもつ「もっとも重要なもの」（Aron 1967=1984 : 54）と評する『宗教生活の原初形態』を一九一二年に刊行する。

おそらく、一九〇二年以前にもパリで講じた内容が練られていただろうし、ひとりの思想の変容は緩やかに起こることも多いから、あまりに単純な区分だが、本章では、このふたつの時期、ボルドー時代とソルボンヌ時代とを大きく分けて、デュルケームにおける「社会の科学」と「社会の理想」の関係を論じてみたい。また、取り上げるテクストは、『社会分業論』や『自殺論』よりも知られていないと思われる、以下のものである。ボルドー時代については、ボルドー大学での開講講演、博士論文副論文の「モンテスキュー論」（このふたつは、たとえばパーソンズは扱っていない）、そして講義を計画しながら完成せずに終わった「社会主義論」である。これに対しソルボンヌ時代は、『道徳教育論』に収録されているソルボンヌでの開講講演と『道徳教育論』の前半部を検討し、最後に『宗教生活の原初形態』を（だれもが詳細に検討するこの本はごく簡単に）取り上げてみたい。

では、まずボルドーのデュルケームを呼び出そう。そこでは「社会の科学」と「社会と理想」がどのように語られることになるのだろうか。

2 「社会学」と「社会主義」——ボルドーのデュルケーム

ボルドーの開講講演

一八八七年、ボルドー大学に赴任した二九歳のデュルケームの開講講演は、「社会学講義——開講の言葉」として残されている。そこで彼は、「実証主義者」としていわば「社会学の科学宣言」をしているように見える。冒頭で「昨日生まれたばかりで、決定的に確立した原理はまだ少ししかもたない科学」(Durkheim 1887=1975：155)と社会学を呼びながら、「社会学が可能であることを証明する」ために、この序講では、社会科学においてどんな進歩がなしとげられてきたか、今後どんな進歩がなされるべきか、社会科学がどのように生成し現在どうなっているかを明らかにしたい、という(ibid.: 156-7)。ここで彼が述べることを(ウェルズの講演とところどころで対比しつつ)かなり丁寧に辿ってみることにしよう。

デュルケームはまず(ウェルズとは反対に)プラトンを批判する。プラトンの『共和国』以降、社会の本質についての哲学的考察を行った思想家たちは絶えず存在してきたが、一九世紀の初めまでその考え方は「社会科学が構成されるのを根本的に妨げるもの」であった。なぜか。彼らは(ルソーにしてもホッブズにしても)人間社会を「人間のつくったもの、技術と反省の所産」としてとらえ、「人びとがその生活条件を多少でもよくしようと考案した人工的なもの」、「人間がその部分をあらかじめ定めた計画に従って集めてつくる機械に類似」したものととらえたからである(ibid.: 157)。ここでは、集団生活は「技能職人の意図」によって説明されることになり、「われわれの頭脳と構想からすっかりそのまま生まれた」ものととらえられるだろう。しかしそれでは社会はいかようにも思い通りに変えることができるものになる（ibid.: 158）。この考えが支配するかぎり「社会科学」は生まれない。

社会は（科学の対象としてのそれは）そのようなものではない。そうではなくて、社会は「誕生し、成長し、その内的必然性によって発達する有機体や植物のような自然の所産」（ibid.: 157）であって、「世界の他の部分と同じく事物の本質からひき出される必然的法則」に従う「自然の事実」である（ibid.: 158-9）。このとらえ方はアリストテレスや一八世紀のモンテスキューやコンドルセに見られるが、その後引き継がれることはなかったし、モンテスキューもこの原理を措定しただけで、「科学」を成立させる手前の「政治方策」しかとらえることができなかった（ibid.: 159）（これは「モンテスキュー論」で見ることにしよう）。

社会の法則を自然法則と同じ必然的法則とはじめてとらえ、これを科学の基礎としたのは経済学者たちであった、とデュルケームはいう（ibid.: 159）。価値の法則は法令によって変えることはできず、「社会を自分の意のままに変えようとする政府のあらゆる努力は、たとえそれが悪いものではなくても、役に立たない」。そして「この原理をすべての社会的事実にまで拡大しさえすれば、社会学の基礎はできあがる」のであり、自然法則と同様の法則を見出す「実証的科学の対象」として社会をとらえることができる（ibid.: 160）。ただし、経済学者たちは、重大な限界をもっている。彼らは「個人」しか観察できる現実的なものはないととらえ、その行動から演繹できる帰結として社会法則をとらえようとした（ibid.: 164）。また、経済学の語る人間は、「徹底した自利追求者」であり「理性的存在にすぎない」。しかし現実の人間は、家族・都市・祖国をもち、宗教的信仰と政治的信条をもつもっと複雑な存在である（ibid.: 165）。「経済学者たちは、事物を単純化しようとして、人為的にその内容を貧弱ならしめた」とデュルケームはいう（ibid.: 164）。

ここから社会学の建設へと踏み出すことができたのは、（ウェルズが始祖の座から追放しようとした）コントとスペンサーによるとデュルケームは主張する。あらゆる実証科学の方法と成果に通じていたオーギュスト・コントは、経済学者たちと同様、社会法則は自然法則のひとつだと宣言したが、社会科学の認識すべき対象を「国民社会」と考え、生物有機体と同じ意味で現実的なものととらえた。社会と個人とは別のものであり、全体は部分の総和と同一ではない。社会は最後の根源を個人のなかに有しているが、集団生活は個人生活の拡大した姿ではなく、心理学だけでは予見できない独自の特性を示す。コントはこうした社会的存在の非常な複雑さをとらえ（ibid.: 166）、社会を「生命を特徴づけるつねに流動的な均衡の中にある作用・反作用の巨大な体系」（ibid.: 169）としてばらばらにすることなく研究しようとした。ただし、コントは社会学に対象に与え、「社会学がコントからはじまる」といってよいが、その対象は不明確なままにとどまった。彼は社会をひとつの種しかないと考え、人類の進歩がどこでも同一の法則に従っていると考えた（「三段階の法則」を見ればいい）（ibid.: 169-70）。それゆえ、彼の社会学は「人間の社会性一般についての哲学的瞑想」といったほうがよい（ibid.: 169）。

これに対して、ハーバート・スペンサーは社会学を他の実証科学に統合した。彼は社会を一種の有機体ととらえ、分化した要素によって成立し、各要素は特殊な機能をもち、相互に補い合って同一目標に向かって協力していると考えた（ibid.: 172）。そして、コントのように社会を一般的・抽象的に語るのをやめ、社会類型を区別・分類し、家族・宗教・政治・経済といった個別テーマを探究しようとした（ibid.: 174）。しかし、彼もコントと同様、哲学的な考察にとどまった。彼は、社会も世界の他の部分と同じく、一般的進化の法則に従って発展するという「大仮説」を証明しようとし（ibid.: 175）、家族でも宗教でも政府でも商業でも、「軍事型」から「産業型」へ、社会規律が強い状態から各人が固有の規律を自主的に課す状態へ移行する、という同一の法則をいたるところに見出してしまう。「彼の『社会学』はいわば鳥瞰図的な社会に関する展望というべきものである。そこでは各存在は現実においてもっている明確にきまっている浮き彫りも、構図ももっていない」（ibid.: 176）。

デュルケームは「こうした綜合の試みの失敗」ののち、いくつかの「細部にわたる精密な研究」がなされたことを確認する。アルフレッド・エスピナスは『動物社会』で個別的な社会類型を区別し、その観察から若干の法則を帰納した。アルベルト・シェフレは『社会体の構造と生活』で（そこには理論はまったくないのだが）、ヨーロッパの各社会がもつ独自の生命・意識・利害・歴史を詳細に記述した。ドイツにおける経済学（ワグナーやシュモラー）や法律学（イェーリングやポスト）は、経済的事実や法典・慣習を現実に展開するがままに観察し、重要な進歩を達成した（ibid.: 178-81）。これを参照するならば、社会学は「事物のほとんどすべてを包括する一種の全体的科学」であることをやめ、「ますます明確に定められる問題をとり扱う一定数の個別科学に分岐」するであろう（ibid.: 181）。

こうして、社会学は経済学者とともに「誕生」し、コントとともに「成立」し、スペンサーとともに「確立」し、シェフレとともに「明確化」し、ドイツの法律・経済学者とともに「個別科学となった」（ibid.: 182）。ではこれから「社会学に残された、果たすべき進歩」とはどのようなものだろうか。デュルケームは結論を先取りしてこう述べる。社会学は「社会的事実」という定まった対象を持ち、それを研究する「観察と間接的実験」、換言すれば「比較的方法」という方法をもっている。これを個別的・特殊的にすることによって社会学内部に区分ができ、より客観的で非人格的な研究ができるるだろう（ibid.: 182-3）。その対象としては、ある社会で世代的に継承され集団生活の統一性と連続性を確保している共同の観念や感情、道徳の格率や道徳的信念、法律と犯罪、経済現象の四つがあげられる（ibid.: 184-6）。

そして、社会学はこうした対象について「二つの科学」を生みだすことができる、とデュルケームはいう（ibid.: 186）。ひとつは、各行為の役割がなんであり、どのように果たされているかという研究、つまり「機能」についての研究、生物学でいえば「生理学」であり、もうひとつは、各行為がどのように構成されているかの研究、つまり「構造」についての研究、生物学でいえば「形態学」である。デュルケームは、このうち「生理学的見地」つまり「機能」に定位することを選ぶ。社会のような「高級な存在の高級な機能」については、構造は非常な柔軟性をもっており、流動的に変動していくだろう。構造は「機能の固定化したものであり、習慣となり結晶化した行為」であるから、機能の派生的現象であって、事物を根底からとらえるには「機能についての研究」に注意を向けるべきである、と彼は主張する（ibid.: 187-9）。

こうした社会学は、実践に次のような影響を与えうるだろう。現在われわれは世論以外の支配者がいない国に住んでいるが、この支配者が知性なき独裁者にならないために世論を啓蒙する必要があり、それには「学問以外にどのような方法があろうか」。ある原因の作用によってこの社会では「集合体の精神」は力を失っており、自己について過度の意識をもちすぎる「分散的な傾向」があるが、これに全力で対応しなくてはならない。必要なのは「有機的統一に対する自覚」を取り戻し、個人のなかに社会が浸透していることを意識させ、その意識によって個人の行為を規制することである。そして、社会学こそこれができる学問である。社会学は、社会が個人を補完しており、個人が自分だけの力に頼らなければならないときは惨めなものであることを理解させ、個人が一有機体の機関であることを学ばせ、個人が他人と連帯し、他人に依存していることを意識させるだろう。「われわれが大学でそうした考え方を科学的に練り上げていくこと」が必要であり、私はそれに力の許す限り貢献していきたい。こうデュルケームはこの講演を結んでいる（ibid.: 193-4）。

モンテスキューと「社会の科学」

紹介が少し長くなりすぎた以上の開講講演には、「社会の科学」を創設しようという強い意志が感じられるだろう。社会とは（たとえば「ユートピア」を描くことで）人工的に作りうるものではなく、個々の意志とは別に（その総和を超えたものとして）生成していく自然の所産である。その法則を自然法則のようにとらえる実証科学として、社会学を導かなければならない。そしてこの科学の成果によって世論を啓蒙することが、「集合体の精神」をとりもどし、社会を世論の誤った独裁から正しい方向へと導くことになるだろう。

これは、彼の「モンテスキュー論」にも見られるものである。一八九三年に博士論文『社会分業論』の副論文としてパリ大学に提出された「モンテスキューの社会科学成立に対する貢献」を、先の開講講演よりはずっと簡単に見ておこう。

結論を先取りするならば、デュルケームは「社会科学の基本原理がはじめて確立したのはモンテスキューにおいてであった」という評価を下す（Durkheim 1892→1953=1975 : 72）。モンテスキューが、「類型」と「法則」という概念によって社会的事実を対象とした科学を構築しようとしたことを（ウェルズが「分類」を揶揄したのに対し）高く評価するのだ（ibid.: 73）。

その「類型」と「法則」とはいかなるものだろうか。『法の精神』でモンテスキューは、社会が統治される仕方を「共和政」(貴族政と民主政が含まれる)、「君主政」、「専制政」の三つに分類する(ibid.: 32)。「共和政」はアテネやローマやスパルタなどの都市国家を例とするが、小都市ですべての成員が平等で類似しているような社会において、「全市民の一致した意志」を存在しうるところに成立する(ibid.: 34-5)。いわば「社会的な魂(l'âme sociale)」を各人の精神が分有し、個人的な問題にかかわる自己愛は弱く、市民たちは自然に公共の善へと向かうような社会である(ibid.: 36)。これに対し「君主政」は、公共生活・私生活ともに市民が種々の階級に分かれている社会において、君主を中心に法を制定する者、司法や行政を担当する者が支配する社会である。近代ヨーロッパ諸国が例となるが、ここでは王の権力を制限する秩序、権力の配分が存在する(ibid.: 36-7)。「専制政」はこのふたつの中間に位置し、首長が絶対的な権力を持ち、それ以外は(奴隷として)平等な社会であり(ibid.: 39)、トルコ、ペルシャ、アジアなどの東方諸国が想定される(ibid.: 33)。このように(先の開講講演でコントやスペンサーが社会をひとつの種とみていたことが批判されたが)、モンテスキューが「真に社会の種を区別」したことが評価される(ibid.: 40)。

そして彼は、これら多くの社会を「比較」することにより、人間社会を支配する「法則」を発見しようとする。ここでデュルケームが強調するのは、モンテスキューが「社会の容量」を社会の形態が依存する第一の原因としていることである。すなわち、狭い範囲内の社会は、ほぼ全員が同じ生活条件であり、祖国の像は全員の心にあるから、「共和政」を生み出す。この容量が大きくなると、各市民が公共善について意識することは難しくなり、各部分に分化するので、それを高所から支配する「君主政」へと推移する。そして、容量が中程度からさらに大きくなると、巨大な領土に散在する人々を統一するために君主政は「専制政」へと移行する（ibid.: 46-7）。このようにモンテスキューは、自然と同様に「社会的事物は一定の法則に従う」という意識を明白にもっていたといえるだろう（ibid.: 49）。

しかし、モンテスキューの以下の点をデュルケームは批判する。第一は、社会を類型化するのに、「社会的紐帯の本性」ではなく、「主権の組成」あるいは「政府の形態」を基準にしたことである。それまでも哲学者たちは「社会の頂点」にある国家の首長や政府の形態に注目していたが、モンテスキューも（それを比較し類型化することは新しい企図だったが）この考え方からすっかり抜け出ることは困難であった（ibid.: 40-1）。だが、これと重なる第二の点を、デュルケームは「社会科学の成立が出会わなければならなかった諸々の困難」を示すものとして強調する（ibid.: 49）。それは「立法者の人間的役割」をモンテスキューが特筆することである。社会に「法則」「一定の秩序」が存在することを認めると、社会制度は社会的事実の本性の帰結であって、「一人あるいは多数の市民の意志」に依存することはなくなり、当然立法者の役割は低く見積もられることになるだろう（ibid.: 49-50）。しかしモンテスキューは、やはり立法者によって強制されることの重要性を強調してしまう。デュルケームは、法の起源・発生因は「習俗」であり、立法者は「法の制定を可能にする用具」だととらえる（ibid.: 52-3）。だがモンテスキューは、法の目的因をやはり重視してしまい、立法者が「本性そのものを侵害する不思議な力」をいくつかの箇所で認めてしまっているように見える（ibid.: 56）。この部分で、モンテスキューは「社会科学の古い考え方にもどって」おり（ibid.: 58）、「術と科学についての昔のままの混同、不明確な点、曖昧な点」という欠陥がときおり見出せる（ibid.: 59）、とデュルケームは批判するのだ。

この批判にも、デュルケームの「社会の科学」が志向するものが確認できるだろう。モンテスキューが「立法者」という個人の意志、それによる「主権の組成」や「政府の形態」を重視すること、「術」（先の開講講演でのモンテスキューへの言及では「政治方策」）と「科学」を混同することに、彼は強い不満をもつ。そうではなくて、「習俗」や「社会の容量」こそ重要であり（あるいは説明変数であり）、それによって社会を「類型」化し、それらを比較することで「主権」や「政府」の形態についての「法則」を発見する、このモンテスキューの方法を、「社会科学の基本原理」として評価するのだ。

この態度は、博士論文である『社会分業論』にも貫かれているといっていいだろう。周知のように、そこでは「法」の社会による相違が比較される（「復原的制裁」と「抑止的制裁」）が、それは「分業」による「連帯」の類型から説明され（「機械的連帯」と「有機的連帯」）、これらの原因として「社会の容積」（成員の総数、つまりモンテスキューとまったく同じ要因）があげられる（Durkheim 1893=1971：252-3）。このように、「類型」化し、「比較」し、「法則」を発見する「社会の科学」をデュルケームは構築しようとする。そこに「社会の理想」の、ウェルズがいう「ユートピア」の、入り込む場所はあるだろうか。

社会主義と「社会の理想」

ボルドーのデュルケームについて、彼が残したもうひとつの講義の記録を見てみよう。それは、一八九五年から九六年にかけて行った「社会主義」についての講義である。

社会主義は、高等師範学校の一級上の友人に第一次大戦前のフランス社会党指導者ジャン・ジョレスがおり、一九一四年の彼の暗殺による死まで終生の友情関係を結んでいたことからも、デュルケームにとってある共感をもち、対決しなければならないものだった。彼のボルドー大学での講義は、「個人主義と社会主義」というテーマから発展して「社会主義史」を構想するなかでなされたが、「社会主義の定義と起源」という部分とサン・シモンおよびその学派をめぐる講義だけで中断され、完成されることがなかったものである(5)。

その講義の冒頭でデュルケームは、社会主義を「一つの理想」と性格づける。社会主義は「まったく未来をめざして」おり、「あるもの」「あったもの」より「あるべきもの」に意を用いる「社会生活の予定図（プログラム）」である。科学は実在するものを認識することが任務だが、「未来についての思索は科学の仕事ではない」。社会主義は最近では科学的体裁をとり、社会科学に反省を喚起し多くの刺激を与えたので「社会主義の歴史は多くの点で社会学の歴史そのものと混じり合っている」が、それが貧弱な資料をもとに実践的な結論を引き出すアンバランスの巨大さは驚くばかりである。しかし、この実践的結論こそ社会主義体系の心臓であり、社会主義は社会秩序の完全な改造を切望する（Durkheim 1928=1977：15）。

科学に許される唯一の態度は「慎重さと用心深さ」だとデュルケームはいう。しかし、「この流派が生んだ最も有力な、最も思想豊かな著作、マルクスの『資本論』」でも、それが扱う無数の問題のうちのひとつを解決するにも、もっと多くの統計的資料、歴史的比較が必要であるだろう。この体系を生んだのは「情熱」であり、「より完全な正義への渇望であり、労働者階級の悲惨さに対する同情であり、現代社会を苦しめている混乱への漠然とした感情」である。「社会主義は一つの科学、小規模な社会学ではなく、われわれの社会不安を最も生ま生ましく感じている人たちが発した苦痛の、時として憤怒の、叫びである」（ibid.: 16）。

こうして、まず彼は、社会主義は「社会の科学」では決してなく、「社会の理想」であることを（くどいほど）はっきりさせようとする。これは、「実証主義」を繰り返し標榜し、モンテスキュー論で「術」と「科学」を明確に区別しようとした彼にとって、一貫した発想といえるだろう。そのうえで彼は、こう述べる。社会主義は「それ自体は一つの社会的事実であり、しかも最も高度の重要性をもった社会的事実である」。だから、どのような社会状態によって社会主義が生じたかを検討しようではないか（ibid.: 18）。つまり、実証的社会学者として、いわば「社会主義の社会学」を展開しよう、というのである。

その議論のポイントを二点あげておこう。第一に、デュルケームは「社会主義」を次のように定義する。「現に拡散的である経済的諸機能の一切、またはそのうちの若干のものを、社会の指導的で意識的な中枢部に結び付けることを要求するすべての学説を、社会主義的と呼ぶ」（ibid.: 31）。つまり、私的である経済的機能（それは「何が何だかわからないまま無意識のうちに動いて」いる）を国家と結びつけて「意識の規制のもとにおく」ようにすることである（ibid.: 39）。これに対し、プラトン、モア、カンパネラなどの思想家が非連続的に提出してきた（ibid.: 53）「共産主義」的理論は、産業的生活を国家から切り離そうとする。プラトンもモアも一切のものを共有にしようとするが、これは公生活を経済（私的利害）とかかわらせないようにするためであり、「国家を産業から排除することによって国家を道徳化」しようとするわけだ（ibid.: 48-9）。これは、国家に産業を結びつけることで「産業を道徳化する」社会主義と正反対である。多くの場合この両者は、「経済的個別主義」あるいは「個人主義」に反対することで一致するがゆえに混同されてきたが（ibid.: 54）、共産主義は「経済的利益をできるだけ完全に抑圧」しようとし、社会主義は「経済的利益を社会化」しようとする点でむしろ対立するものである（ibid.: 55）。

　また、共産主義は消費を平準化して各人に必要なものを保証し、惨めな人々の境遇を改善しようとし、あらゆる不平等と貧困を対象とする。これに対し社会主義は労働者と他の諸階級との関係に関心を寄せ、「単なる不幸な人びとではなく、労働者たちと彼らが雇い主に対して置かれている立場」（ibid.: 70）を問題にする。だから、共産主義は「愛と同情の運動」（ibid.: 71）であり、その根源にある感情はあらゆる時代のものである。社会主義は、経済的集中化・組織化をもたらそうとするもので、憐れみと同情は第二次的な要素にすぎない（ibid.: 73）。このように、社会主義と共産主義の相違・対立点を彼は強調する。

　そして第二の論点は（いまも少し触れたが）、共産主義は古代都市の時代から主張されてきたが、社会主義はずっと後になってはじめて――デュルケームによれば、一八三五年にロバート・オーエンの賛助でつくられた万国全階級協会での討論のなかで（ibid.: 43）――出現したということである。これはなぜか。デュルケームは、社会主義の出現には次の三つの条件が必要だったという。第一に、商工業を国家と結びつけようと考えるために、このふたつが同等の価値をもつと人々が意識すること、とくに商工業が社会的重要性を獲得していること。第二に、国家が十分に発展しており、経済的領域に介入できると理解できること。第三に、産業が小規模・多数の企業に散在しているのではなく、一定の集中化を経ている（大企業になっている）こと（ibid.: 56-8）。

　デュルケームによれば、一八世紀の社会理論は共産主義の域を出るものではなかった。それは社会的不平等が正当な権利に基づくものではないという強烈かつ一般的な集合的感情を基礎にしており、ここに社会主義の萌芽があることは確かである（ibid.: 75）。しかしこれは、商工業生活と国家を結びつけるという発展にはいたらなかった（ibid.: 76）。公正な社会秩序の要求と国家がもつべき正当な権力の思想が結びつくのは、一七八九年のフランス革命以降である。この革命は伝統的な不平等を不正なものとして廃棄する「個人主義的運動」と、国家が強固に構成されて諸階級の上にあるものに高められることでこれが可能になるとする「国家主義的運動」の二重の運動による（ibid.: 85）。革命時代の政治的変革こそこうした思想を経済的領域に拡大することを可能にしたのではないか。つまり、「社会主義はフランス革命から直接生まれたのではなかろうか」とデュルケームは述べる（ibid.: 88）。

彼は、社会主義が決定的に作り上げられるのは帝政末期、とくに王政復古期であるとし（ibid.: 91）、その時期のシモン・ド・シスモンディ、サン・シモンとその学派を詳細に検討するが、ここでは省略しよう。こうした検討を経て彼は、この時代と彼自身が生きる一九世紀末に次の三つの思想が生み出されていることに類似性があるという。すなわち、第一に社会諸科学に実証的方法と歴史的方法を拡げるという思想（ここから社会学が生まれた）、第二に宗教的革新の思想、第三に社会主義思想である（ibid.: 275）。この三つは敵対するように見えるが、同時期に生まれ同時期に（一八四八年から一八七〇年ごろまで）姿を消したことからも、同じ社会的現実の異なる側面を現わすとデュルケームは主張する（ibid.: 276）。

社会学の誕生は、「われわれの社会状態が異常で、そこなわれた集合的組織がもはや本能の権威をもって機能しない」という状況があるから、社会的事実を科学的反省によって考察する必要が生まれたことによるだろう。これに対し新しい宗教運動と社会主義運動は、こうした道徳的混乱を科学が解明するのを待つことができない「情熱的で急進的な精神」が、一方は「道徳的相のもとに」、他方は「経済的相のもとに」救済しようとした（ibid.: 276）。道徳的混乱によって「もはや抑制されなくなっている欲求はより強烈」になっている。サン・シモン派（それに代表される「社会主義」）は、ここで「経済的物質から道徳的規制を手に入れよう」として失敗した、とデュルケームはいう。これは不可能であって、「経済生活を規制できる道徳的拘束はどのようなものであるかを科学によって探求し、この規制によってエゴイズムを抑え、それゆえ欲求を満たしうるようにさせること」こそ問われるべき問題である（ibid.: 277）。そしてこの問題を探究するのが、彼がいう「社会学」である。

こうして、デュルケームによれば、「社会主義」と「社会学」は（新しい宗教とともに）、ともにフランス革命後の道徳的混乱が生みだしたものと位置づけられる。そして、慎重で用心深い「実証科学」である後者に対し、前者は情熱と憤怒が生んだ「一つの理想」であるとして、截然と区別される。

以上の社会主義論を振り返ってみると、デュルケームは開講講演やモンテスキュー論で展開した「社会の科学」の立場に自分を置いて、社会主義という「社会の理想」を実証的に検証する態度を貫いているといえるだろう。通常類似すると思われ、ときに混同される「理想」を、産業を国家と結びつけ産業を道徳化する「社会主義」と、国家と産業を切り離し国家を道徳化する「共産主義」に「類型」化する。そのうえで、プラトン、モアなど古代から繰り返し登場した後者と、一九世紀以降はじめて展開された前者を生んだ社会的状況を「比較」する。そして、商工業や国家のどのような状態において社会主義という「理想」が生まれるかを「法則」としてとらえよう（より控え目にいうと、因果的に説明しよう）とする。こうして、同じ時期に生まれたとされる「社会学」と「社会主義」の関係は、ウェルズがいうような「社会学」がある「ユートピア」を創造する、というものではなく、「社会学」が「科学」として「社会主義」という「ユートピア」を類型化・比較・法則化するという関係になる。ウェルズの言葉を転用するならば、デュルケームは、社会主義という人類が作り出した

「ユートピア」を、ひとつの標本のように博物館に押し込め、検査しようとする。エリアスの言葉でいえば、「社会学」は「距離化した観察者」として、「社会主義」という「巻き込まれた参加者」を観察する、オーダーが一段上の水準に置かれるのだ。

ひとこと補足しておこう。この「社会主義論」を編集した甥で弟子のマルセル・モースは、その末尾でデュルケームが経済学者やサン・シモン主義者とは別の道をめざしこれを素描したと記すのに対し、これは「社会科学に鼓舞され・社会主義と合致し・道徳を築き上げつつあるところの職業集団についての彼の理論のことであるのは明らかである」と注記している（ibid.: 278）。一八九七年の『自殺論』の「実践的結論」で彼は、「職業集団ないし同業組合」による社会の再編成を自殺を抑止する方法として提案するが、作田啓一は、社会主義についての講義のころ『自殺論』の最初の構想が書かれていたとし、経済的機能を社会の意識的・指導的機関に結びつける思想というデュルケームの社会主義の定義からすると、この提案は「デュルケーム風の『社会主義』的改革案」だったという（作田 1983：46-7）。

広く知られているこの「実践的結論」を確認しよう。『自殺論』でデュルケームは、自己本位的自殺、集団本位的自殺、アノミー的自殺という自殺の「類型」化を行い、その社会的条件を「比較」して、社会的凝集性の過小（自己本位的自殺）と過剰（集団本位的自殺）、集団による欲望の規制の過小（アノミー的自殺）を原因とするという「法則」を見出した。とすれば、自殺を抑止するには、連帯感を喚起し、欲望を規制する集団をつくりだせばよいだろう。それは、個人にとってあまりにも間接的で生き生きと感じられない「国家」でも、意味を激減させている「宗教社会」や「家族」でもない（Durkheim 1897=1985：478-83）。同じ利害によって連帯し「一個の集合的人格」でありうる集団、常時どこにでも存在し影響が生活の大部分にわたる集団、つまり「同種類のすべての労働者、あるいは同じ職能のすべての仲間がむすびついて形成する職業集団ないし同業組合」が連帯を可能にし、欲望の無秩序も規制できるのではないか（ibid.: 485-6）。フランス革命によって平準化と中央集権化が進み、職業組織に関係した二次的機関はすべて消滅してしまって、唯一生き延びた集合的な力である国家と「無数のちりぢりの不安定な個人」だけが残され相対することになった（ibid.: 500）。このとき「国家の統一を破壊せずに共同生活の中心を多元化」する分権化の方法として、「職業的分権化」を彼はあげ（ibid.: 502）、職業集団による社会の再編成を主張する。

この主張は、一九〇二年の『社会分業論』第二版序文でも繰り返されている。これは、「経済生活の意識的規制によって産業社会の混乱の克服をめざ」すというデュルケームが抽出した社会主義の共通点と重なるものであり、この点において、作田がいうように、「デュルケームは社会主義に同感する」（作田 1983：47）といっていいだろう。いわば「社会の科学」をどこまでも追求した結果、彼はこの段階で「社会主義」と重なる「実践的結論」に到達した（それが「理想」や「ユートピア」であるかどうかは別にして）といえるだろう。ただし、アロンによれば「社会主義のデュルケム的翻案とでもよばれるべきこの同業組合の思想は、社会主義者からも自由主義者からも拒否されるという不幸な運命にあって、アカデミックな解決方法にとどまらざるをえない結果に終る」（Aron 1967=1984：49）のだが。

さて、ボルドーのデュルケームに語ってもらうことは、ここで終えることにしよう。ここには、開講講義で実証的な「社会の科学」を宣言し、モンテスキューが立法者の役割を大きく見積もったことを批判し、社会主義を「ひとつの理想」と呼んで「科学」の対象にしようとした彼の態度があった。きわめて一貫しているように見える彼のこの態度は、パリではどのような姿を見せることになるのだろうか。次節ではこれを見よう。

3　道徳・宗教・「社会の魂」――ソルボンヌのデュルケーム

ソルボンヌの開講講演

一九〇二年、パリ大学文学部（ソルボンヌ）の教育科学講座に招聘された四四歳のデュルケームは、「開講講演　教育学と社会学」を皮切りに、「道徳教育」の講義を開始した。この講義案そのものはボルドー大学時代すでに準備されていたとされるが、彼はこの講義案に手を加えることなく何回か講義を行っており（たとえば一九〇六年から一九〇七年にも）その二〇講義のうち一八講が『道徳教育論』としてまとめられ、死後の一九二五年に刊行された(6)。この項では、一九〇二年のソルボンヌでの開講講演と「第一講　世俗的道徳」を見てみよう。そこでは「社会の科学」の立場を守ろうとしながら、別の方向に踏み出す彼の姿が見られるように思われる。その方向の具体的な姿は、この節の残り二項で描くことにしたい。

「開講講演　教育学と社会学」は、前任者フェルディナンド・ビュイソンの教育改革における業績を称えることからはじまる（Durkheim 1925=2010 : 12）。第三共和国では一八八〇年以来、宗教家の教育制度への関与の禁止、教科教育での宗教教育の禁止など公教育の世俗化が進められてきた(7)。文部省初等教育督学官、パリ大学ソルボンヌ校教授としてこの方向を進め、急進社会党の代議士に転じたビュイソン(8)の偉大さを語りながら、デュルケームは後任の自分の立場をこう述べる。「私は社会学者であって、私が諸君にたいして教育のことを語るのは、何よりも社会学者としてであります」（ibid.: 13）。

これ以降、彼の講演は「社会学者として教育を語る」とはどういうことか、について展開されるといえるだろう。

デュルケームはまず近代の教育学者たちを批判する。カント、ミル、ヘルバルト、スペンサーをあげながら、彼らはみな教育を「個人的な事物」とみなし、人類一般の本性を個人のうちに実現することをめざしてきた、という。すべての人間に等しく適合する「抽象的で唯一の理想」があり、この人類共通の人間性の実現が教育の目的とされた。そして、こうした人間性を明らかにし、個人に実現するために「心理学」が援用された（ibid.: 14-6）。

しかし全人類に妥当する普遍的教育など、まったく存在しなかった。どの社会でもたとえば社会階級によって教育体系は異なっており、社会ごと・時代ごとに教育は相違する（ibid.: 16）。「絶対的に同質かつ平等な教育」は、内部分化が皆無の「有史前の社会」に遡らなければならない（そしてそのような社会は論理的に想定されたものにすぎない）（ibid.: 18）。歴史上存在した教育体系は一定の社会組織に結びついており、各類型の民族は固有の教育をもっている（ibid.: 21）。教育の目的を課すのは集合体であり（ibid.: 23）、「われわれの教育理想は、われわれの社会構造によって、はじめてよく説明されるのである」（ibid.: 24）。

教育学者は心理学だけに頼ることはできない。個人が教育によって実現すべき理想は社会に由来し、「理想への根本的憧憬」「理想の内的かつ先行的形態」も個人の本性のなかにはなんら存在しないのだから（ibid.: 33）。教育は個人やその利益を目的にするのではなく、社会が「固有の存在条件を不断に更新する手段」である。社会は一方で「その成員間に充分同質性があって、はじめて存続」でき、他方「ある程度の多様性がなくては」協同は不可能である。教育はこの基本的類似性と多様性を作り出す。また、個人のなかにはまったく個人にかかわる「個人的存在」と諸々の集団を表現する観念・感情・習慣である「社会的存在」のふたつが存在するが、後者を新たに生まれた個々人の内部に作り上げることが「教育の窮極目的」である（ibid.: 28-9）。教育はなによりもまず「社会の要求に応ずる」（ibid.: 31）。だから「ひとり社会学のみが」、教育の目的を社会的状態に結びつけることで理解させ、本来の姿を見失った場合にこれを見出す術を教えてくれるのである（ibid.: 34）。

デュルケームの開講講演は、このように、社会学がいかに教育学に寄与するかを繰り返し（あるいは単調なまでに）力説する。「社会的要求」、「集合的観念」、「集合的感情」を認識することで、教育によって満たすべきものを見出せる（ibid.: 39）。社会学こそ現在切実に要求されている教育の「指導的観念」を与えてくれ、この指導的観念こそわれわれの「実践の魂」であり、教育活動の必須条件である（ibid.: 42）。では、それはどのようなものか。次いで、具体的な講義内容のはじまりである「第一講　世俗的道徳」を見てみよう。

ところが、そこでは、開講講演と（そしてこれまで論じてきたデュルケームの立場と）微妙なずれが見られるように思う。冒頭、デュルケームは「私は、教育学者として、この道徳教育の講義を始めようとしている」のだから、教育学とはなにかを規定する必要がある、という。そして、「教育学は科学ではない」と述べるのだ。教育学は「可能な限りの慎重さ」と「時間の枠に制約されない」という科学の方法的規準で評価されるべきものではなく、「瞬時もゆるがせにできない緊迫した生活の必要」に応えなければならず、こうした「忍耐強さをもちえない」（ibid.: 44）。科学の理論がひたすら現実を再構成することをめざすのに対し、教育学は「直接に行為を指導することを目標」としており、「技術と科学の中間」にある「実践的理論」なのである（ibid.: 45）。こうして、デュルケームはここで、

「科学」から（たとえばモンテスキューについてそれを批判した）「術」の方向に一歩踏み出している。

さて、道徳教育の問題について考えるには、それが施される条件を明確にすることが前提となる。その重要な条件が、先にビュイソンにかんして触れた「二〇年にわたる教育上の大革命」であり、この改革では学校において「純粋に世俗的な道徳教育」を児童に施そうとしている。宗教の援用を禁止し、「唯一理性によって主宰される観念や感情や実践」に力点を置くこの教育は、「純粋に合理主義的な教育」である（ibid.: 47）。

そして、デュルケームは「完全に合理的な道徳教育が可能だ」と主張する。「合理主義的要請」、つまり人間の理性をもって説明しえないものは現実には存在しないとする原理による道徳教育は可能であり、社会の歴史的発展によって要求されているものでもある（ibid.: 48, 50）。「未開社会の道徳」は本質的に宗教的であり、そのもっとも重要な義務は人間の人間に対する義務ではなく、神に対する義務、定められた儀礼を完全に果たして神に奉仕することであった（ibid.: 51）。しかし、その後神に対する義務は後退し、人間に対する義務は増大して、義務の内容は宗教的観念から大幅に独立する。プロテスタンティズムは礼拝の役割を減少させ、道徳の自律性が増大した。こうして神と道徳を結びつけてきた絆は次第に弛緩し、これを切断する「革命」の機が熟している、とデュルケームはいう（ibid.: 52）。

ただし、道徳から宗教的概念を剥ぎ取りさえすれば「合理的道徳」が成立するわけでは決してない（ibid.: 53）。道徳を合理化しようとして、道徳の規律から宗教的要素を除去するだけで、「それにとって代る新たなものを用意することを怠るならば」、本来の道徳要素までも一挙に失うことになるだろう（ibid.: 54）。行うべきは「宗教的概念の内奥に隠されている道徳的実在」を探り出し、その特質を合理的な言葉で表現することで、「宗教的概念にとって代る合理的な概念」を発見することだ（ibid.: 55)。道徳律には「超越的存在や宗教的概念」を含むことなしに、道徳律の名に値し論理的に妥当と説明されるなにものかが確かに存在する（ibid.: 56)。この「道徳力」を宗教的なものにとって代る新しいものとして発見し、宗教的象徴の衣を剥ぎ取った「合理的裸体」として示し、いかなる神話の手も借りずに「道徳力の実在」を児童に感じさせる手段を発見せねばならない（ibid.: 57-8)。

そして、デュルケームはこう述べる。教育を合理化しようとする教育者も、新しい道徳的傾向、正義に対する渇望の覚醒、公共意識の高揚などの新たな感情の開花を予見し準備し導くことなしには、その仕事の一部も果たしえない。「教育者は、さらに若い世代に、彼らが暗中模索している新たな理想を自覚させ、この理想に向かって彼らを導いていかねばならない。過去をとどめるだけが能ではない。教育者はみずからすすんで、さらに未来を準備しなければならないのである」（ibid.: 59)。

このソルボンヌのデュルケームの口吻に接して、驚く人もいるだろう。ボルドーの「社会主義」についての講義で彼は、社会主義を「一つの理想」と性格づけ、「まったく未来をめざして」いるとしたうえで、科学は実在するものを認識することが任務であって、「未来についての思索は科学の仕事ではない」で述べていたのだから。もちろん、社会学と教育学という「学」について、彼自身が自覚的に述べている相違は踏まえるべきだろう。しかし、彼はここで「未来」や「理想」について論じることを自らの課題として引き受ける。

道徳教育が任務を全うしうるのは、こうした未来や理想が準備されるという条件のもとでである。「フランスのような大国民が、道徳的に真に健康であるためには」、暴力、殺人、窃盗、詐欺などから国民の大多数が遠のき、交換が葛藤なく平和のうちに行われるだけでは十分ではなく、それでは「その社会はごく平凡な道徳しか」もたないことになる。「社会は、さらに理想をもたねばならない」(ibid.: 60)。この条件のもとで、「われわれの道徳教育の体系は、全面的に再建されねばならない」。そこでは、「もはやわれわれの心情に強く訴えるもののない昔日の願望を、他の新たな願望と、取りかえなければならない」(ibid.: 61)。つまり、道徳の体系の基盤となる「理想」を新しく作らなければならないのだ。

こうして、デュルケームは、科学によって理想を観察する、という立場から、科学によって理想を創造する、という立場へと移行する。前者が、ユートピアを語る「巻き込まれた参加者」を「距離化した観察者」として観察するという位置関係であったのに対し、後者は、「距離化した観察者」とという立場にいながらあるユートピアを主張する「巻き込まれた参加者」にもなる、という位置関係である。端的に述べるならば、「合理的な・理想」なるものを彼は形作らなければならない。この(おそらく困難な)作業はどのようにして可能なのだろうか。それは、『道徳教育論』の続く部分で以下のように論じられる。

道徳と「社会の魂」

『道徳教育論』の「第一部　道徳性の諸要素」は、道徳性の三つの要素を抽出する七回の講義からなっている。ここでデュルケームは、これまで宗教的な形態をとってきた道徳から、たんに宗教的要素を取り去るのではなく、新旧のあらゆる道徳生活の基盤となっている「道徳力」を再発見し、その合理的な表現を見出そうとする(ibid.: 69)。そのために彼は、例によって「道徳を一つの事実として観察することから出発」する(ibid.: 73)。

第一に、道徳的行為とは「あらかじめ設定された規則に合致している」という共通の性質をもち、「一定の規準に従って行動すること」といえるだろう（ibid.: 73）。だとすれば道徳とは「行為を前もって決定しているところの規則体系にほかならない」（ibid.: 74）。それは個人の内部に恒常的で不変な習慣を形成するが、規則とは個人の外部にあるものであって、「われわれに逆らい、超越し、強制し……拘束するところの、何者かが存在する」（ibid.: 81）。それは、「われわれに優越するものとして認められる一切の道徳力」をわれわれにふるう「支配力」、つまり「権威」である（ibid.: 82）。道徳とはたんなる「習慣の体系」ではなく「命令の体系」であり、根底には「規則性の感覚」と「道徳的権威の感覚」が存在する。このふたつを包括するのが「規律の概念」であり、これが道徳性の第一要素である（ibid.: 86）。

この要素は、ベンサムや正統派経済学者たち、サン・シモン以来の社会主義者たちが「あらゆる規制を排除した社会が可能であり、かつ望ましい」と考えたのと衝突するだろう（ibid.: 91）。だが、一切の束縛・制限をなくし、際限なく発展しようとする欲望は、彼らがいうように生の充足感を与えるもの（ibid.: 92）ではなく、逆に病的な徴候である（ibid.: 95）。ここでデュルケームは自殺者の統計をあげ、「無限の彼方」の目的がもたらす失望、「無限への渇望」という病（つまり「アノミー的自殺」）を指摘する（ibid.: 97）。「禁止の体系」としての道徳（ibid.: 100）は、欲望の抑制を教え、自己への支配力をもつ「思慮深くしてかつ主体的な意志の出現」を可能にする（ibid.: 110）。「無制限の自由」という病態は防がれ、道徳の規制のもとで自己を支配することによってわれわれは「自由」となる（ibid.: 118）。

これに対し第二の道徳的要素は、道徳の目的にかかわる。デュルケームは、行為者当人にとっての

「個人的目的」と当人以外を目的とする「非個人的目的」を区別し（ibid.: 121）、純粋に個人的な目的を追求する行為は道徳的価値をもたず（ibid.: 123）、道徳規則によって命令される行為はすべて「非個人的目的」を追求するという共通の性格をもつという（ibid.: 124）。しかし、他の人格は私と同じ価値しかもたず、一個人の利益が道徳的でないなら複数の個人的利益も道徳的ではないだろう（ibid.: 126）。とすれば、「非個人的な目的を追求する行為」が個人以外のもの＝「超個人的なもの」を志向するとき、道徳的と呼ばれるのではないか。そして、個人のほかにあるものは「社会」以外にない。道徳的目的とは「社会を対象とする」ものであり、道徳的行為とは集合的利益のためにふるまうことである、とデュルケームはいう（ibid.: 127）。私や他者という意識的存在のほかにこれらを超越した「社会」という意識的存在が実在し（ibid.: 127）、「個人の人格とは異なる固有の人格をそなえた独自の存在を構成せねばならない」（ibid.: 128）。こうした「個人的目的を超越した目的」（ibid.: 128）には「神か、さもなければ社会」しかないが、「神は科学の領域の外にある」がゆえに、デュルケームは神を除き、「われわれに残されたものは、社会である」という（ibid.: 129）。この「社会集団への愛着」が、道徳の第二要素とされる。

第一の「規律の精神」が「アノミー」の対極にあったのに対し、この第二の要素は「自己本位的自殺」（つまり「エゴイズム」）に対置されるものだろう。デュルケームはふたたび自殺のデータを引き、社会が個人の意志に対して持つべき牽引力を失い、個人が集合的目的を離れて個人的利益のみを追求するところでは自殺者が急激に増加する、という（ibid.: 138）。では、どの集団が道徳的行為の目的になりうるであろうか。ここでデュルケームは、おそらく前節で見てきたのとは異なる議論を展開する。彼は家族、国家、人類という三つの集団をあげる。人間のこの三つへの感情は矛盾するものではなく、他を排斥せず重なり合うことができ、道徳的発展の三つの異なった局面を代表する。このあいだには上下関係があって、個人に密接した家族よりも国家が上位にあり、社会が進歩して中央集権化の度合いが高まると、あらゆる成員に共通する政治的集団内での「一般的社会生活」（つまり国家）が個人の精神のなかでますます大きな位置を占めてくる（ibid.: 147-8）。国家と人類については人類が最上位を占めることになるが、人類は固有の意識・個性・組織をもつ社会的有機体ではなく、構成化された社会をもたないという点で国家に劣っている。「人間の行為は、固有の特徴と人格をそなえた社会を目的にしてこそ、はじめて、道徳的なものになる。人類が組織化された集団でないとすれば、それはこのような性格を持ち、このような役割を果たすことができるはずはないであろう」（ibid.: 150）。

こうして「究極理想たる人類社会」は道徳的目的にとって最上位の集団だが、現実には実現されておらず、おそらく今後も実現不可能だろう（ibid.: 156）。この矛盾を解決する唯一の手段を、デュルケームは、「われわれが知るかぎり最も高位に位し、かつ、人類とは異なるが、それにもっとも接近している」集団である個々の具体的な国家に「人間理想の実現を求める」ことであるとする。愛国主義（ナショナリズム）には国家の活動を外部に向け諸国家が侵略・排斥しあう方向（攻撃的・軍事的）と、国家の内部を志向し社会内部の生活を改善しようとする方向（産業的・平和的）があるが（ibid.: 151-2）、後者は人類という理念の実現を可能にする協力機関となり（ibid.: 154）、「人類という理念の部分的顕現としてとらえられた祖国」になりうるだろう（ibid.: 155）。こうして、あらゆる社会に優先するのは「政治的社会」であり「祖国」であって、学校は「祖国を認識し、これを愛することを児童にたいして系統的に教えることのできる唯一の、道徳的環境」である（ibid.: 154）。

これは、『自殺論』や『社会分業論』第二版への序文で展開した職業集団・同業組合の再建という提言とは明らかに異なる議論であるだろう。そこでは、エゴイズムを脱して連帯しアノミーを規制しうる集団として、あまりにも間接的で生き生きと感じられない「国家」は否定され（むしろ「無数のちりぢりの個人」と相対するものとして問題視された）、常時存在する中間集団が精査の末に選ばれたのだから。そして、さらに彼は次のように述べる。

「社会にたいする愛着とはすなわち、社会的理想にたいする愛着であって、われわれ各人は、このような理想を幾分なりとも己れの内部に蔵しているのである」(ibid.: 158)。ここで彼は、「社会の理想」についてさらに踏み込んで言及する。社会は成員に「理想的規範を実現する義務を負わせる」が、「社会はすべての成員間に充分な類似性が存在する場合にのみ」存続でき、社会の成員が「すべて集合的理想という同一理想の基本的特徴」を再現しうることが社会の生存を可能にする (ibid.: 165)。「理想」こそ社会を存続させる。道徳の第一要素である「規律」は「命令を下し、秩序を求め、固有の法を課するものとしての社会」であった。これに対し、第二の要素「集団の愛着」の対象としての社会は「望ましく良きものとしての、われわれを惹きつけるものとしての、そして実現すべき理想としての社会」である。前者はわれわれを抑制し、限界を定め、宗教的敬虔をもって頭をたれる権威として現れるが、後者は「われわれを庇護する愛の力」、「養いの母」であって「われわれの知的・道徳的本体の主要部分」はこれに由来し、われわれの意志は愛情と感謝を込めてこれに身を委ねる。この社会の「二重性」こそが、社会がもつ固有性である (ibid.: 173)。

デュルケームは、現代のヨーロッパ社会では伝統的形態の規律が権威を失い、規律の精神そのものも無力化していて危機的状況に直面しているという (ibid.: 186)。このように道徳の第一要素が十分な効果をもたないとき、「意識の積極的かつ創造的な力に訴えること」、「自己を犠牲に供する献身的な態度を鼓舞」し、個人が愛着しうる偉大な集合的目的を追求させること、「社会的理想の実現に労を惜しまぬよう」それへの愛情を子どもたちに抱かせること、「共通の理想に対する信仰を国民の胸中に呼び覚ますこと」が必要であり、この第二の要素なしには国民は道徳的麻痺状態に陥るであろう（ibid.: 187）。必要なのは「新たな精神をもりこんだ愛国心」である。なににも増して必要なのは、「われわれが自己のうちに一つの魂を作り上げ、次にこの魂を児童の内部に準備してやること」（ibid.: 188）である。

従来宗教的な形態をとってきた道徳は、宗教が「道徳を超越的な力に結びつけること」で権威を確保し、神という「一種の理想」と合一することを基本原則とした。神とわれわれには共通の何者かがあり、「われわれの内部には神の一部」＝「魂」がある（ibid.: 189）。しかし道徳的実在をすべて合理的な言葉で表現すれば、「直接に観察できる経験的存在の概念」としての「社会」が神に置き換わり、個人の内部に集合体の反映を見出すことになる（ibid.: 190）。こうしてデュルケームは「一つの道徳」それも「合理的道徳」を作ることに成功したと考える（ibid.: 193）。つまり国家の理想という「社会の魂」を作ることである。

だがさらにデュルケームは、世俗化された合理的道徳だけに登場する第三の道徳の要素があるという（ibid.: 193）。ここで彼は、「科学」の方向に引き返そうとするように見える。

これまで述べたように、道徳を作っているのはわれわれ自身ではなく、道徳は集合的作品として「他から与えられている」「受動的」なものである。しかし、現在強まりつつある道徳的意識はこれと矛盾する。それは「人間の人格は、この上なく神聖なもの」であり、「あらゆる宗教の信者たちが神に捧げるのにも似た尊敬を受ける権利をもつ」とする原理である。「個人の自律性」を侵すものは、道徳的権威の名によるものでさえ、現代では強制的に押し付けてはならないとされる（ibid.: 194-5）。外部からの強制と自律性の矛盾。

デュルケームはこれを「科学」によって解決しようとする。たとえば自然環境は人間にある強制力を及ぼし、このままで人間は「他律的」にふるまわざるをえない。「自然界の諸法則は、われわれに源を発するものではない」のであって「人間の理性をもって自然界の立法者としてみなす」ことはできない（ibid.: 205）。しかし、自然の法則を知ることができると、外界はわれわれの意識内に表象されることになり、いかに適応するかを知ることができるだろう。「このような相対的解放をもたらしたのは、じつは科学である」（ibid.: 206）。これと同様に、道徳的秩序についても、「個人の理性は、自然界の立法者たりえないのと同様に、道徳界の立法者たりうることも不可能である」。だが、「個人が個人たるかぎりでは、みずからの意志によっては創造しえなかったこの秩序を、個人は科学によってとらえることができる。……一言にしていえば、われわれは道徳の科学を作ることができる」（ibid.: 209）。この科学が完成されたとするならば、われわれは外部にあった道徳を内部に確信することができ、自由意志によってこれを受け容れることができる（ibid.: 210）。規則にわけも知らず盲目的に服従するのではなく、その存在理由を知ってそれを自発的に欲することになり、このとき「受動性は同時に能動性へと転化」し、われわれは「自由」になるといえるだろう（ibid.: 212）。「自分にたいして作用を及ぼすこれらの事物と、その作用自身とを、科学によって自己の理解力のもとに服させる」とき、「われわれは、再び自分自身の主となる」（ibid.: 213）。

こうして第一の「規律の精神」、第二の「社会集団への愛着」に続く道徳性の第三の要素は「道徳を理解する知性」である、とされる。「規則を敬うにせよ、あるいは、集合的理想に献身するにせよ、われわれは自己の行為の理由についてできるかぎり明確で、かつ完全な意識をもたねばならない」。これにより行為への命令を自由意志によって求め、受け容れることが可能になる（ibid.: 214）。この第三の要素は世俗的道徳固有の特性であり、宗教的道徳のうちには存在しえない。神は自然界の外、科学の外にあり、科学を越えた存在であって、神に由来する道徳は理性ではとらえられない。しかしこれまで述べてきたように、道徳にかんする人間科学は存在しえ、道徳は理性に属することができる（ibid.: 216）。この「道徳の合理的な相」を、デュルケームは、こんにち美徳の一条件になりつつあるという（ibid.: 218）。

第二の要素「社会集団への愛着」は「集合的理想への献身」を志向する。第三の要素「道徳を理解する知性」は「科学的理性による自律性」を志向する。ソルボンヌのデュルケームは、ボルドーの彼よりもずっと強く「理想」を語る。しかし、ボルドーでと同様、「科学」の方に自分を引き戻そうとする。ただし、ソルボンヌの彼は次のことを強調する。

彼が目的としたように「道徳の科学」を作ろうとするとき、その客観的態度は「実践の面においては無力」であり、「理想にたいするいかなる視野も開かせない」という非難をあびせられてきた。しかし、彼は、これを根拠のない非難だとして、こう述べる。「じっさいわれわれは、道徳を本質的に理想主義的なものとして把握しているのだ。理想とは、個人の頭上高くに位して、個人の活動を強力に促すところの理念の総体以外の何物でもない。ところで、われわれが道徳的行為の目的とみなした社会は、個人的利益の水準をはるかに越えた実在である。他方、われわれが何物にも増して愛情を寄せ、自己を愛着させるべきは、社会の組織にあらずして、社会の魂である。しかも、私がここに社会の魂と呼ぶところのものは、理念の総体、それも個人の心的能力をはるかに越えていて、単なる一個人によっては決して理解されることがなく、また、もっぱら結合された複数諸個人の力によってのみ形成され、生命を維持していく理念の、総体以外の何物でもない」(ibid.: 218-9)。

「社会の魂」。振り返ってみると、そのモンテスキュー論で、アテネやローマの都市国家のように成員が平等で「全市民が一致した意志」をもちうるところで分有でき、「共和政」を基礎づけるとしたこの「魂」を、彼はフランス第三共和政において作り出そうとする。この「魂」は、愛着の対象としての国家の「理想」に体現される。ここでは、彼自身が「産業を国家によって道徳化する」と定義した「社会主義」をデュルケーム風に応用した「職業集団・同業組合」への期待ではなく、「(産業から切り離すことで)国家を道徳化する」と定義した「共産主義」に近いとも見える「国家」への期待が見出せる。

彼は変わらず「道徳の科学」により自律的・理性的な道徳を作ろうとした。しかし、この『道徳教育論』では、「理想」なしに社会は存続できないとし、「社会の魂」を子どもに注入しようとする。そして、この「理想」と「魂」は「中間集団」ではなく「国家」に求められる。この力点の移動は、最晩年の彼の宗教社会学へとつながっていくだろう。

宗教と「社会の魂」

一九一二年、五四歳のデュルケームは『宗教生活の原初形態』を発表する。第一次世界大戦に従軍した愛息アンドレの戦死の報に一九一六年一月に接したあと、翌年一一月に憔悴して五九歳で死去する五年前のことである。

これまで本章で検討した「社会学講義——開講の言葉」「モンテスキュー論」「社会主義論」『道徳

教育論』と比べてはるかに有名な、彼の主著というべき『宗教生活の原初形態』の主要な内容はわずかに触れるにとどめよう。ただ、その結論部で、「社会の理想」についての彼の最終的な見解を私たちは目にすることができ、これは詳しく検討したい。

周知のように、宗教がそれなしには成立しない「不可欠」で「本質的」なものを発見するために(Durkheim 1912=1941, 42：上25)、「現在知られているうちでもっとも原始的で単純な宗教を研究」しよう（ibid.: 上17）とするデュルケームは、オーストラリアのネイティヴな氏族に見られるトーテミズムを検討することによってこれを果たそうとする。宗教現象は「信念」と「儀礼」から成り立つが（ibid.: 上71）、宗教的信念の特徴は世界を「聖なるもの」と「俗なるもの」に区別すること（ibid.: 上72）であり、儀礼は聖物にどうふるまうべきかを規定した行為の規準であって（ibid.: 上77）、こうした信念と行事によって人々は「教会と呼ばれる同じ道徳的共同社会」へと結合される（ibid.: 上86）。では、これはトーテミズムにおいてどのような姿をとるのだろうか。

その詳細な叙述から、「儀礼」について少しだけ引いておこう。デュルケームは聖なるものを礼拝する儀礼を三つに分ける。第一は「消極的礼拝」であり、聖的存在と俗的存在の混淆と接近を避けて、聖なるものを汚さないようにする儀礼であって、「回避」や「禁忌（タブー）」の形をとる（ibid.: 下118）。こうして聖と俗のあいだに深淵が生まれる（ibid.: 下152）。ただし、消極的礼拝は宗教生活を構成するものではなく、それを「前提」にするものである。そしてその「前提」とは、第二の儀礼「積極的礼拝」である（ibid.: 下165）。

「消極的礼拝」に一章を割いたデュルケームは、「積極的礼拝」に三つの章を充て、これをより詳細かつ生彩に記録する。積極的礼拝とは、信者が聖なるものに直接交通するものであり、氏族のトーテム動植物の繁栄を願って聖なる石を砕いて散乱させたり、若者の血を石の上に流し出させたりする「祝祭」、いったん禁忌を課されたトーテム動植物を神に捧げそれを共食する「供犠」などからなる。ここで、人々のなかにトーテムという「聖なるもの」が生き生きと表象され、活気づけられることになる（ibid.: 下166–87）。

この「祝祭」において重要なことは、人々が直接出会うということである。「俗なる時間」では小集団に散在し狩猟や漁撈などの経済活動をして「物憂くも日常生活を送っている」（ibid.: 上393）人々は、積極的礼拝を行う「聖なる時間」に一箇所に集合する。この間歇的な集団生活において「個人がすべて同じ観念、同じ感情で交通するとき」、聖なる表象は「極大の強さに達する」であろう（ibid.: 下200）。宗教的観念はこの「激昂した社会的環境における、激昂そのものから」生まれる、とデュルケームはいう（ibid.: 上393）。「集中しているということそれ自体が例外的に強力な興奮剤として働くのである。ひとたび諸個人が集中すると、その接近から一種の電力が放たれ、これがただちに彼らを異常な激動の段階へ移す」（ibid.: 上389）。「このような激動の状態に達したら、人はもはや何も知覚しなくなる。……人は、自分自身をいつもとは異なって考えさせ、働かせる一種の外的力能に支配、指導されている、と感じ、当然にもすでに彼自身ではなくなったという感銘を受ける」。この感覚はそのとき着けている装飾や仮面によって増幅され、「彼の仲間もまたみな同じ様式によって変容すると感じ、彼らの感情を叫びや所作や態度によって表示するので、すべてが通常住んでいるのとはまったく違った特別の世界・彼を襲って転生させる例外的に強度な力にみちた環境へと実際に移し変えられたかのようになる」（ibid.: 上393）。

このように「悦ばしい信任の感情」を覚え、歌謡・舞踏・劇的演出のなかで人が自発的に献身するとき、「少数の観念と感情でしか作られていない」この社会での「社会の魂」（！）は、「容易におのおのの個人意識にまったく化身する」（ibid.: 上404）。日常の俗なる経済生活においては「功利的な個人的な配慮」が人々の精神のもっとも大きな場所を占め、氏族・部族のことを放念するが、祝祭においては「共通の信念・共通の伝統・大祖先の追憶・大祖先を権化とする集合的理想」が思考を占める（ibid.: 下206）。社会は意識の前景にあり、世俗的なときより「さらに溌溂とし、さらに活動的……より実在的になる」。社会は「会合することを条件としなければ、自らがもっている感情を再燃させえない」（ibid.: 下207）。儀礼によってトーテムの原理は「個人の意識のうちに分割され……これらの断片のおのおのが一つの霊魂である」（ibid.: 下26-7）。こうして、個人のうちに「神性の小片」、「集合体の魂である偉大な諸理念の小一片」が入り込むことになる（ibid.: 下55）。

第三の儀礼である「贖罪的礼拝」は、喪の「悲しみ」や儀礼上の違反への「激怒」によって生じる「集合的沸騰」であり、ここで人々は「抱擁し合い、絡みつき、能うかぎり互いに身を寄せ合」（ibid.: 下293）い、「泣き、嘆き、自らを傷つけ、または、他者を傷つけるように義務づける」（ibid.: 下314）。しかし、一章が割かれるこの儀礼については、「積極的礼拝」と同様、人々が会合するなかで「道徳的コミュニオン」ができあがることを確認するだけでよいだろう（ibid.: 下314）。このように、デュルケームは「儀礼」によって「社会の魂」が人々に分有されるさまを、トーテミズムを事例に繰り返し描くのである。

『道徳教育論』のデュルケームは、国家の理想という「社会の魂」を合理的道徳教育により児童に抱かせることを構想した。これに対し『宗教生活の原初形態』の彼は、「社会の魂」が、積極的礼拝を中心とする「儀礼」の時間に人々が集合し、「集合的沸騰」のなか個々人に分有されるさまを活写する。この描写から、彼はなにを引き出そうというのだろう。

この大著の「結論」を見ることにしよう。そこで彼は、トーテミズムという一事例から得られた結果がどの範囲まで一般化されうるかと問い（ibid.: 下321）、次のように述べる。

宗教が観念、表象、信念であることはまちがいないが、観念にエネルギーを与えるのは「礼拝を構成する……反復される行動の総体」である（ibid.: 下325）。そしてこの礼拝は社会が作り、社会を作るものだといえるだろう。「社会は、活動しているときにだけ、自らの影響を感じさせるからであり、また、社会は、それを構成している諸個人が集合し、共同で行動していなければ、行動していることにならないからである。社会が自らを意識し、その座につくのは共同的活動によってである。……集合的な観念や感情でさえも、これらを象徴化する外部的運動によってのみ可能である」（ibid.: 下326–7）。宗教上の観念は社会という実在によって支えられ、この社会は共同した行動、つまり礼拝によって存在しうる。

このように「宗教生活の基体をなしている社会」とはそもそもなにか。それは欠陥と不完全に満ちた「現実の社会」ではない。これとは違う、正義と真理とに支配された「完全な社会」は、宗教感情と密接な関係にあることはまちがいないが、「観察できる一定の経験的所与」ではない。これは、「けっして現実には体験しなかった空想であり、夢である」。だが、これへの渇望の根本はわれわれのうちにあり、「われわれの存在の深みからくる」ものである（ibid.: 下330）。宗教は「現実社会の心象」であり、社会のあらゆる部分を（排斥すべき悪を含め）反映し、その実在を拡大し、変形し、理想化する（ibid.: 下331）。この理想化は、人が内在的に持つ天賦の機能で説明できるものではなく、聖性が集合生活によって生まれるのと同様、集合生活のなかで生まれるものである。「集合生活は、一定の強度に達すると、宗教的思考に覚醒を与えるが、それは、集合生活が心的活動の条件を変化させる興奮状態をもたらすからであることを、われわれは見た。生命的エネルギーは激奮し、情熱はより烈しくなり、感覚はより強くなる。また、この瞬間にでなければ生じないものさえある。人は、自分が自分でわからなくなる。変形したように感じ、ひいては、周囲の環境をも変形する。自分の感じるきわめて特殊な印象を説明するため、人は、もっとも直接に関連している事物に、事物のもたない特性、俗的経験の対象がもたない例外的な力能、功徳を付与する。つまり、人は自らの俗的生活が推移する現実の世界の上に他のもう一つの世界を重ね合せる」。その世界が、「理想の世界」である（ibid.: 下333）。

こうして、「理想」は「社会生活の所産」とされる。社会が自らを意識し一定の強度で自らへの感情を維持するには、社会は会合し、集中しなければならない（ibid.: 下333）。この集中は道徳的生活の効用をもたらし、その効用は理想的な概念の総体によって表現され、この理想的な概念は日々の仕事で用いられる概念に付け加えられた心的な力の横溢に対応する。「一つの社会は、それと同時に理想を創造しないでは、自らを創造することも、再創造することもできない」。理想の創造は社会にとって余分な行為ではなく、社会はこの行為によって完成され、周期的に自らを作り、作り変える。「理想社会は現実社会の外にはない。理想社会は現実社会の一部をなしているのである」（ibid.: 下334）。社会は自らを建設しながら、「理想」を建設する。個人でも社会でも「理想化する能力は、何も神秘的なものをもたない」。それは、「無くてすませるような一種の贅沢ではなくて、その生存の条件である」（ibid.: 下335）。社会は「理想」を創造する。「理想」を創造しなければ社会は存続できない。

この例としてデュルケームはフランス革命に触れる。この本の前半部で宗教的信念を論じた部分でも、彼はこう述べていた。「社会が自ら神となる、あるいは神々を創造する傾向を、フランス革命の初年においてほど明らかに見うるところはない」(ibid.: 上385)。彼は、革命時に人々が会合して「犠牲と自己放棄」に走った例をあげ、演説者と群集が「交霊の状態」に入ったという (ibid.: 上379)。このとき、祖国、自由、理性が「聖物」に変換され、「理性と最高の存在との礼拝」が開催されたが、これはわずかのあいだしか成功しなかった (ibid.: 上385)。

そして「結論」では、こう述べる。「フランス革命が、自らの鼓吹された諸原理を、永遠の若さの状態にとどめておくため、どのように一連の祝日を制定したかは、すでに、われわれの見たところである。この制度がたちまち瓦解したのは、革命的信仰が一時的にしか継続しなかったからである」(ibid.: 下343)。現在は「過渡期と道徳的凡庸との段階」にある。「古い神々は、老い、あるいは、死に、しかも、他の神々は生まれていない」(ibid.: 下342)。フランス革命後オーギュスト・コントは人類教という宗教を組織しようとしたが、これは不毛に終わった。しかし、「不確実と激動の状態とは永遠に続きうるものでは」なく、「創造的興奮の時限を、われわれの社会が再び知る日がくるであろう」(ibid.: 下343)。このためには、集合的感情と集合的観念を維持し強固にすることが必要であり、この「道徳的再建」は「集合・会合・教団」を手段としてのみ得られるものであろう (ibid.: 下341)。

宗教が科学へと漸次交代してゆくのは、「思弁的な機能」にかんしては当然であるだろう (ibid.: 下346-7)。しかし、宗教は存在しており、それは一実在であって、科学はその実在を否定できない。信仰とは「行動しようとする飛躍」であり、科学はどれほど推し進めても、つねに行動から離れている。科学は断片的で不完全であり、徐々にしか前進しない。「ところが、生活は、待っていることができない」(ibid.: 下348)。だから、「宗教が行動であるかぎり、人々を生かす手段であるかぎり、科学はそれに代りえないであろう」(ibid.: 下347)。

最後の大著のほぼ末尾に記されているこれらの言葉を見て、どう感じるだろうか。先に、デュルケームが「慎重さと用心深さ」を唯一の態度とする科学（「社会主義論」）から、「瞬時もゆるがせにできない緊迫した生活の必要」に直面する教育学という「技術と科学の中間」に移行した（『道徳教育論』）ことを見た。もちろん、そこで彼は「合理主義的理想」を構想し、「集合的理想への献身」という「社会の魂」に傾きながらも「道徳を理解する知性」という「科学的理性」を維持しようとしていた。だがここでは「待っていることができない」生活のなかで「行動」することの要請のまえにして、「宗教が行動であるかぎり、科学はそれに代りえない」と言明する地点にまでいたる。「社会の理想」を創造し、個々人に分有させることなしには、社会は存立できない。それは「合理的教育」でなく、人々が集合し、共通の信念のもと「集合的沸騰」のなかで儀礼という行動をすることで可能になる。

「社会学者はユートピアを作らざるをえない」とウェルズは述べていた。デュルケームがここで述べていることは、社会は「社会の科学」だけでは存続できず、「社会は、社会の理想（ユートピア）を作らざるをえない」ということであるだろう。ただ、ここで彼自身が、ひとつのユートピアを描いているようにも見える。オーストラリアのトーテミズムという「理想社会」を記述して、それと、フランス革命後の自分が生きる社会という「現存社会」との関係を記述する。もしそうだとすれば、彼のユートピアは、「産業を国家によって道徳化する」という（彼が定義する）社会主義のヴィジョンに近い「中間集団」ではなく、聖なる社会を「産業（俗的世界）から切り離して道徳化する」共産主義に近いものであったろう。もちろん直接会合しうるトーテミズム氏族が作る社会と、フランス近代国家のあいだには大きな条件の相違がある。しかし、「待っていることができない」状況のなかで、この「社会の理想」から現在の社会とその「未来の予定図（プログラム）」を描くことが、ソルボンヌのデユルケームが到達した最終局面だったようにも思われる。

4　おわりに——ふたりのデュルケームのあいだ

一九〇六年ロンドンのウェルズ、一八八七年ボルドーのデュルケーム、一九〇二年パリのデュルケーム。本章は、これらの講演を入り口とした三つの節で、「社会の科学」と「社会の理想」という極をめぐっていくつかの議論を辿ってきた。ボルドーとソルボンヌ、実証主義者と公務員、職業集団と国家、社会主義と共産主義、(いわゆる) 科学とユートピア……。こうしたいくつかの「ふたりのデュルケーム」から、なにを引き出すことができるだろうか。

第1節で紹介したスチュアート・ヒューズは、『意識と社会』で扱った「第一次世界大戦の直前の世代」の思想家たちは「心理的な不安という広汎な経験を共有していた」という。旧来の慣行や制度がもはや社会の現実に適合しなくなってきたという「切迫した破滅感」が見られ、彼らは「決定的なペシミズムと自己疑惑の状態」にいた (Hughes 1958=1965：11)。この世代のもっとも重要な人物として彼は一八五六年生まれのジークムント・フロイト、六四年生まれのマックス・ヴェーバー、六六年生まれのベネデット・クローチェの三名をあげ、第四に五八年生まれのエミール・デュルケームをあげるが (ibid.: 14)、彼らは「意識の問題」を取り上げ、人間の行為は論理的な考慮によって決定的に動かされることはあまりなく、なんらかの「超 (シュープラ) -理性的、ないし下 (インフラ) -理性的な価値」に支配されていると考えるようになったという (ibid.: 12)。彼らはともに、できるかぎり理性主義の遺産を救済しようとしながら、「論理的に計算する動物という以上 (あるいは以下) のなにものかである人間という新しい人間の定義を容れる場所」を作り出していった、というのである（ibid.: 13)。

レイモン・アロンも同様のことを異なる表現で述べている。彼が『社会学的思考の流れ』の第Ⅱ巻で扱うのは一八四八年生まれのヴィルフレート・パレートと、デュルケーム、ヴェーバーであるが、彼ら三人は「ヨーロッパ社会が危機にあるという見解」をもち、その危機の根本的動因であり、彼らの思想の共通の基本的テーマであったのは「宗教と科学との関係」であったという。彼らは同時代の、科学こそ唯一の正確かつ完成された思考モデルであるという考えに従って、ともに「科学者たろうとしていた」。同時に、この科学的思考の発展によって「超越的な秩序のもつ共通の信条、伝統によってねりあげられた信条」が揺さぶられる事態を目にした。そして、「科学的社会学者であったが故に」、「科学の進歩によって侵食されやすい宗教的信条が社会の安定のために必要不可欠であることを認めた」。デュルケームは、社会は合意を必要としており、合意は「絶対的信念によってのみなりたつ」と考えたが、これは「宗教によって基礎づけられた伝統的な諸道徳の回帰」ではなく、「科学によって基礎づけられた道徳」により可能になると考えた（Aron 1967＝1984：2-3)。しかし、ここには「われわれ社会学者における固有の矛盾」が見出されるとアロンはいう。それは「社会の分析を科学的に正確に行いたいという願望」と「科学的命題によっては人々を結び合わせることはできないという抜きがたい判断」との矛盾であり、「それぞれの社会の結合力や秩序はつねに、超（ウルトラ）合理的、合理以下（インフラ）的、合理以前（スープラ）的信念によって維持されているから」、社会学者はこの矛盾に直面する（ibid.: 4-5)。

社会というものに科学や合理性によってどこまで出会うことができ、どこから信念や非合理性によって向き合わざるをえないのか。このふたりのコメントは、「社会の科学」と「社会の理想」という本章の問題設定からは少しずれるが、「ふたりのデュルケーム」の声を聴きながら辿り着いたこの地点では首肯するべきものだろう。だが私は、これらを超えはしないだろうし、本章の出発点に戻るだけかもしれないが、ふたつのことを付け加えたい。

ボルドーのデュルケームは、社会を「自然の事実」と述べていた。その開講講演の言葉でいうならば、それは「誕生し、成長し、その内的必然性によって発達する有機体や植物のような自然の所産」である、と。「社会の科学」はこの法則性をとらえようとする。これに対して、「社会の科学」の成立を妨げてきたのが、社会を人間の「技術と反省の所産」、計画や意図によって作られた「人工的なもの」とする考え方であった。モンテスキューが社会の法則性をとらえようとしながら、「立法者の人間的役割」やその「意志」を重視し、「科学」と「術」や「政治方策」を混同することをデュルケームは批判し、社会主義者たちが「慎重さと用心深さ」を欠いて「未来についての思索」を試みたことを拒絶した。ここで社会は一貫して、「おのずからそのようになったもの」という位相でとらえられる。

だが、ソルボンヌのデュルケームは、社会を「これからこのように作るもの」、なんらかの意志により制作するものという位相で考えようとしているように見える。その開講講演の言葉を引くならば、「教育理想」「教育目的」「指導的観念」「実践の魂」を作ることが社会学の課題である。もちろん彼が繰り返し述べるように、こうした「理想」「目的」「観念」は社会の要求を反映したものであり、われわれは「自然界の立法者」たりえないのと同様に、一からの「道徳界の立法者」あるいは社会の立法者たりえない。しかし、過去および現在におのずからそうなった社会を観察したうえで、彼は「瞬時もゆるがせにできない生活の必要」から「未来を準備」し、「社会の理想」を創造しようとする。『道徳教育論』において、それは合理的・科学的な枠組みに留めようとされたが、『宗教生活の原初形態』では人々が集合することによって明らかに非合理的に生み出される「理想」として描かれる。

おのずからそうなった「自然」として「生成」する社会から、これからこのように「制作」する「人工」としての社会へ。[9]「社会の科学」と「社会の理想」にトートロジカルに重なるのかもしれないが、社会の位相がこのように移行していることを第一に指摘しておこう。このとき社会学者は、「距離化した観察者」から「巻き込まれた参加者」へ、あるいは「過去の解釈者」から「未来の立法者」へとその軸足をずらすことになるだろう。

そして第二に、このときひとつの焦点になるのが「社会の魂」という概念である。ボルドー時代のモンテスキュー論や『社会分業論』では「社会の容積」が大きい場合共有されないと考えられ、『自殺論』では近代社会は「無数のちりぢりの個人」に分解するととらえられたが、こうした個々の「魂」に「社会の魂」を分有させること、あるいは個々人をひとつの「社会の魂」にまとめあげることが、ソルボンヌのデュルケームの課題となる。『自殺論』でもその「実践的結論」とされたのは個人の生きる目的となり欲望を規制する集団の再建であったが、それは「職業集団」という個人の身近な範囲に無数に存在するものに求められた。しかし『道徳教育論』では、これが「国家」に求められる。フランス第三共和政を「ひとつ」にする「魂」を作ることが要請されるのだ。そして『宗教生活の原初形態』では、世俗の経済生活でちりぢりになった人々が、聖なる時間に集合し、集合的沸騰のなかで身体的・感覚的に「理想」へと同一化するという「社会の魂」の姿が描かれる。

ここでもふたつの立場を対比することができるだろう。人々をひとつの「社会の魂」につないでひとつの社会を作るという立場と、ひとつの「社会の魂」につながれない人々がひとつの社会を作るという立場である。たとえば「社会科学と社会政策にかかわる認識の『客観性』」でのヴェーバーの次の言葉を見ればよい。「われわれをもっとも強く揺り動かす最高の理想は、どの時代にも、もっぱら他の理想との闘争をとおして実現されるほかはなく、そのさい、他の理想が他人にとって神聖なのは、われわれの理想がわれわれにとって神聖なのとまったく同等である」（Weber 1904=1998：41）。こうした複数の理想、複数の意志、複数の「魂」をもった人々がいかにひとつの社会を作るかをヴェーバーは問い、「政治」あるいは「政治教育」に力を注ぎ続けた。[10] これに対し、ソルボンヌのデュルケームは、共通のひとつの理想、ひとつの意志、ひとつの「社会の魂」に人々をつなぐことで社会を作るという課題を果たそうとしているように見える。だから彼は、その「魂」の経路として「道徳」や「道徳教育」を選ぶのだろう。あるいは、複数の意志が存在することを前提に社会を構想しようとしたモンテスキューよりも、憐れみや同情を経路にしてひとつの意志（「一般意志」）へと無媒介につながる社会を構想したジャン＝ジャック・ルソーのほうに近づいたといえるのかもしれない。[11]

さて、この蛇足めいた終節を、H・G・ウェルズに再度登場してもらうことで閉じることにしよう。一八六六年生まれで、ヒューズがいう「第一次世界大戦の直前の世代」の思想家たちと同時代人のウェルズは、デュルケームが『宗教生活の原初形態』を刊行した翌年の一九一三年に小説『解放された世界』を完成し、一四年に刊行した。二九歳の出世作『タイム・マシン』（『社会学的方法の規準』と同じ一八九五年刊）では地上人と地底人の二極へと階層化した未来社会の姿を描き（Wells 1895=1978）、『宇宙戦争』（『自殺論』の翌年の一八九八年刊）では火星人の襲来でちりぢりになって逃げ惑う無力な人々を描いた（Wells 1898=2005）彼は、第一次世界大戦前夜のこの作品で、一九五〇年代という近未来を舞台に核戦争とその後の地球についての物語を展開する。『宇宙戦争』での人類は火星人の攻撃になんら組織的な対応ができず、火星人が免疫をもたない地球上の細菌に感染し全滅することで（つまり、「自然」によって）救われるのだったが、[12]『解放された世界』では自分たちが創造した原子爆弾による惨状をまえに「世界国家」を作りあげる（まるでデュルケームがいう「究極理想たる人類社会」のように）。九三人からなる評議会が全地球の出来事を計画し、「戦争と国家」から解放された「最高の、分割できない、世界共和国」（Wells 1914=1997：206）が成立するのだ。

ウェルズはこれ以外にも多くの「ユートピア」を描いているが、ここでそれを論評することはできない。ただ、私たちは、彼がちりぢりの個人の姿とひとつにつながる世界国家を描くのを見て、ここにも「ふたりの（あるいはそれ以上の）ウェルズ」を発見することだろう。一八九〇年代に「科学」と「虚構（フィクション）」を結びつける鮮やかな試みをしたウェルズは、二〇世紀に入って繰り返し「科学」と「理想（ユートピア）」を結びつけようと苦闘した。[13]本章が主題とした「ふたり」の関係は、社会学に固有の謎なのか、ある特定の時代や世代をめぐる謎か、ひとりの思想家の年齢や社会的位置にかかわる謎か、それとも「科学」と「社会」にかかわる者みなが囚われてしまう謎なのか。このことはおそらく、本章よりずっと広く複雑な文脈におくことで、はじめて考えうることなのだろう。

注

（1）この講演は一九〇七年 *Sociological Papers, 3* に掲載されたが（Lepenies 1985=2002：56）、本章では *An Englishman Looks at the World* に収録された版（Wells 1907→1914）を用いる。

（2）この論文は一九六二年のＩＳＡ世界大会（ワシントンＤＣ）で発表され、一九八四年に *Amsterdams Sociologisch Tijdschrift, 11: 1* に掲載された。本章では *The Collected Works of Norbert Elias, Volume 16* に収録された版（Elias 1984→2009）を参照する。

（3）　ウェルズへの言及は「社会学の代用としてのユートピア小説――H・G・ウェルズ」（Lepenies 1985=2002：176-89）。デュルケームとアガトン（ガブリエル・タルドの息子アルフレッド・ド・タルドとアンリ・マシスの筆名）の対立を描いた「アガトンと他の人々――世紀の変わり目のフランスにおける文学と社会学」では、デュルケームのライバルだったタルドが一八九六年に発表したユートピア小説『未来史断片』にウェルズが英語版序文を寄せ、「社会学という職業に対するタルドの嫌悪に賛同の意」を表したとされている（ibid.: 54-6）。

（4）　伝記的事実については、Hughes（1958=1965：188-95）、および作田（1983：69-155）の高沢淳夫執筆による「デュルケームの生涯」を参照した。

（5）　これを編集したマルセル・モースによる「序」（Durkheim 1928=1977：7-12）、および Hughes（1958=1965：52-4）、作田（1983：45-7）を参照。

（6）　弟子のポール・フォコンネによる「緒言」を参照（Durkheim 1925=2010：9-11）。

（7）　Durkheim（1925=2010：62）の訳注による。

（8）　Durkheim（1925=2010：43）の訳注による。

（9）　これは木田元（1995→2000）の、ソクラテス以前の思想家の「自然」（なる・なりゆく）、ソクラテス以来の西洋哲学の「制作」（つくる）、ニーチェによる「自然」の復権（これを木田は「反哲学」と呼ぶ）の対比に基づく。

（10）　デュルケームの開講講演にならって引用するなら、ヴェーバーは一八九五年のフライブルク大学教授就任講演「国民国家と経済政策」で、「わが国民の政治的教育こそ……われわれの科学の究極目的でなければなりません」と述べている（Weber 1895=1973：28）。

（11）　デュルケームは、ボルドー時代にルソー『社会契約論』を講義した遺稿で、モンテスキューは社会の統一が個人的利益の分立を前提すると考えるのに対し、ルソーは個人の意志を共同の意志の敵対者とみなすという「社会観の相違」を指摘している（Durkheim 1918→1953=1975：142）。ルソーは「社会は、一つの不可分の魂によって動かされている」とし（ibid.: 127）、「一般意志が絶対的な支配者である社会しか認めることができない」が、この政府についての理論は「矛盾の中で展開されている」とされる（ibid.: 143）。ルソーの「無媒介性」とアーレントの「媒介性」を論じた本書第1章も参照。

(12)　興味深いことに、この小説は、人類が顕微鏡の下にいる微生物のように（まるで「標本」として）宇宙空間から観察されているという想定から始まる（Wells 1898=2005：10）。また、語り手である「ぼく」は、「文明の進歩にともなう道徳観の発展の可能性」についての論文を執筆していたとき、火星人の襲来に遭遇する（ibid.: 17）。

(13)　ウェルズの生涯については MacKenzie and MacKenzie（1973=1978）を参照。ここで『解放された世界』は「彼の全著書のなかでもっとも奇妙な予言の書」と評されている（ibid.: 441）。なお、この伝記では、本章冒頭の一九〇六年の講演には触れられていない。

第5章　距離のユートピア

——ジンメルにおける悲劇と遊戯

1　はじめに——ジンメルにおけるふたつの問題系

ゲオルク・ジンメルが死の前年の一九一七年に刊行した『社会学の根本問題』を読むと、ある戸惑いを覚える。この小さな本にまったく異なる視点が含まれていると感じるからだ。(1)

周知のように、ジンメルは「社会学の領域」という冒頭の章で「社会」という概念について検討し、実在するのは「個人」だけとする立場、「社会＝集合的主体」が実在するとする立場双方を否定する。「人間存在の或る領域の『近く』へ行くと、各個人が他の個人からハッキリ区別されて見えて来るけれども、観点を遠くへ移せば、個人そのものは消えて、独特の形態及び色彩を帯び、認識及び誤解の可能性を含んで、『社会』というものの姿が浮かび上って来る」(Simmel 1917＝1979 : 18-9)。「個人」も「社会」も、それぞれ異なる距離から観察したときの現象であって、どちらも「『現実』からは距離がある」(ibid.: 20)。

これに対して、ジンメルは「全く別の立場」を提起する。「社会概念を最も広く解すれば、諸個人間の心的相互作用を意味する」。その相互作用が頻度や強度を増すと、国家、家族、ギルド、教会、階級、目的団体など「名のある統一的構成物」へと客体化されるが、こうならないようなさまざまな相互作用も存在するだろう。「人間の社会関係は、絶えず結ばれては解け、解けては再び結ばれるもので、立派な組織体の地位に上ることがなくても、永遠の流動及び脈搏として多くの個人を結び合わせるものである」(ibid.: 21)。「社会」としてすぐ思いつく制度や組織は「すべて個人と個人の間を一瞬の休みもなく永遠に往復する直接の相互作用が……結晶したもの」であって、社会とはもともと「諸個人の能動的及び受動的な活動」のことをさし、だから「社会 (Gesellschaft)」というより「社会化 (Vergesellschaftung)」というべきものなのだ (ibid.: 22)。この「社会化」あるいは「相互作用」を「社会」概念とするという立場こそ、ジンメルが繰り返し主張した彼独自の社会学の視点といえるだろう。

ところが、このあと彼はこう述べる。さらに抽象を進めると、「狭義の社会学的性質を帯びた問題群が浮かび上がって来る」ことになり、それはある事実をそれが「社会集団」の内部で、あるいは「社会集団」を通して生じているという見地から観察することであり (ibid.: 35)、「諸個人の力の条件とは違う、諸集団の力の条件という問題」である (ibid.: 37)。より限定するならば、集団的な行動・行為・思想は諸個人から直接生まれる行動と比較してどちらが価値があるか、「社会現象と個人現象の間には、如何なる水準の差があるか」という問題である (ibid.: 38)。つまり「個人と社会」という問題設定であり、この対概念はこの本の副題ともなっている。だが、考えてみれば、この対比は、さきほど述べたように距離の違いによってそう見える「現象」なのであって、「現実」は (個人対社会ではなく) 相互作用＝社会化がある、ということではなかっただろうか。つまり、「相互作用」そのものを扱う社会学がジンメル固有の問題設定であり、「個人と社会の水準如何」はこの問題設定がすでに乗り越えた（あるいは失効させた）問いのように見える。にもかかわらず、ジンメルはこの「個人と社会」の問題をここに記し、さらにこれにこの本の一章を割いている。

これも周知のこの本の構成を確認しておこう。いま紹介した「社会学の領域」を論ずる第1章に次いで置かれた第2章は「社会の水準と個人の水準」と題され、「一般社会学の例」と付記されている。つまり、「個人と社会」問題が「一般社会学」（社会学が通常扱うとされる問題、といった意味と解するべきか）の一例としてまず取り扱われる（ibid.: 38）。これに対し、第3章は「純粋社会学」を扱うものとされ、社会を「諸個人間の相互作用」という「最も狭い、最も本来の意味に解した場合の、社会学の問題」、すなわち「相互作用の諸形式」「人間を正に社会たらしめる諸形式」が取り扱われる（ibid.: 39）。つまり、「純粋社会学」はジンメル固有の問題領域をさすものといえるだろう。このふたつは明らかに異なる問題領域である。では、これらはどのような関係に置かれているのだろうか。

じっさいにこのふたつの章を見ると、感覚的ではあるがもうひとつの相違を見出すことができる。「一般社会学」を扱う第2章では、「個人と社会」の水準差をめぐって「社会学的悲劇」という言葉が記される（ibid.: 53）。ジンメルの価値判断では、ここには「悲劇」と呼ぶべき事態が発生する、というわけだ。これに対し、「純粋社会学」を扱う第3章は、具体的な対象として「社交」を取り上げ、「この種の研究の一例」を示すとともに、その「全体像の一つのシンボル」を示す（ibid.: 40）。そして、社交は「純粋の『社会』」と表現されるとともに（ibid.: 73）、「社会化の遊戯的形式」（ibid.: 74）、「社会的遊戯」（ibid.: 81）と表現される。ここには、人と人とが遊び戯れる相互作用が発見される、というわけだ。「悲劇」と「遊戯」というこの感覚的な対照を見て、私は別の戸惑いを感じ、この関係についても考えたいと思う。

以下では、『社会学の根本問題』の第2章以降を検討しながら、ジンメルのこのふたつの問題系からなにが引き出せるかを、彼の他の作品や彼以外の社会学者の見解も検討しながら、考えていくことにする。予告するならば、そのキータームは「距離」である。さきほど「個人と社会」の構図を観察者の「近さ」と「遠さ」とに関係づけたジンメルの手つきを見たが、彼は「距離」の社会学者だったといえるだろう。このふたつの異なる問題への回答に、彼の「距離」をめぐる感受性がくっきりと示されていると思うのだ。

次節では、「個人と社会」の問題に照準しながら、『根本問題』の第2章および彼の一九〇八年の作品『社会学』のごく一部に触れる。次いで第3節では、第3章の「社交」についての議論から論じはじめ、一九〇〇年の『貨幣の哲学』のある部分も検討したい。第4節では、まだ紹介していない『根本問題』の最終第4章の内容に触れながら、全体のまとめをする。

2　社会学的悲劇の構図――個人と社会

社会学的悲劇

ジンメルのいう「社会学的悲劇」とはなにか。彼が「個人と社会」問題をどうとらえたかを明確に示すこの論点を、まず検討してみることにしよう。

すでに見たように第1章で「社会現象と個人現象の間には、如何なる水準の差があるか」という問題を扱うと予告された第2章の冒頭近くに、ジンメルはこう記す。「如何なる本質的特徴によって、この社会という主体を、一般に個人生活そのものの本質的特徴から区別するのか」(ibid.: 45)。この「個人と社会」問題を、ジンメルは次のように論じていく。

まず彼は、社会の活動が個人の活動より合目的性が高いという主張を紹介する。個人は相反する感覚、本能、思想によってあちこちへと引き回され、客観的正当性をもって行動を決定できないが、社会集団は活動方針を迷うことなく決定し、断固として実行することができる、という主張である(ibid.: 46)。これはなぜか。それは、社会的な目的が「個人においては根本的に単純且つ原始的なものと見られている目的と同じ」だからである(ibid.: 47)。個人が集団を作るとき、その「全体的精神」に運び込むのは「万人共通の領域」「比較的確実に一切の個人に存在している」要素であり(たとえば生存の確保や所有物の獲得など)、「原始的な要素、優雅や精神という点では低級な要素」「古いもの」である(ibid.: 48)。

これに対し、個人としての自分は「新しいもの、稀なもの、個性的なもの」という「価値が高いもの」を保持している。そしてここに「社会学的悲劇」と呼ぶべき現象が発生するとジンメルはいう。個人が「繊細な、洗練された、申分ない性質」を持っている場合、これは他の人々との類似や一致を困難にするだろう。これに対し、「個人は或る性質や行動様式を他の人々と共有することによって大衆を作っている」が、これらの「他の人々と確実に共有し、それによって他の人々と明らかに一つの大衆を作り得る」要因となるものは、「低級な、原始感覚的な層に還元される」ものだとジンメルは考える(ibid.: 53)。シラーがいうように、「個人として見ると、各人は相当に賢明で分別がある。しかし、団体となると、彼らは忽ち愚物になる」、これが「個人という主体と大衆という主体の間の水準の差異」であり、「これは広く社会生活に亙る重要なもの」だ、というのである(ibid.: 54)。

ジンメルはこうも述べる。精神の発生的・系統的段階があるとすれば、知性より感情のほうが「原始的・基礎的・一般的」だろうが、「知性の発達においては、特に社会的水準が個人的水準に遅れることが見られるが、感情の領域では、その反対が現われることがある」(ibid.: 57-8)、つまり、知性は個人の水準のほうが先に進むのに対して、感情は社会の水準が先に進む。たとえば、「一つの場所に集まっている大衆」において、「感情の放射」が個人と個人のあいだに生じ、やがては「個人からも事柄からも説明のつかぬ昂奮を各人のうちに生み出す」ことがあるだろう(ibid.: 58-9)。「群集に与えられた僅かな刺戟から屢々途方もない結果が生れ、愛や憎しみが一寸刺戟されたところから雪崩のような大波が起り、大衆が客観的には全く理解し難い昂奮に陥って、思考から行為へ無茶苦茶に突進して、個人を手もなく巻き込んでしまう」(ibid.: 58)。ジンメルはこうした「集合によって生じる感情の高揚」の例として、クエーカー教徒の礼拝で何時間も黙って一緒に座っていることで生まれる「共同性」をあげる。「信者の全員が結合して一体になることによって、一人のそういう気持ちが屢々全員に伝わり、抗しがたい効果的な現象が起こる……近くにいる人たちの数が宛《あたか》も各個人の抱く感情の強度の乗数であるかのように、感情の高揚が起ると、この個人の知性を真先に押し流してしまうという事実、これは無数の例が教えるところである」。彼は劇場や集会も例にするが、「こういう社会学的昂奮状態では、分別という批判的抑制ばかりではない、道徳という批判的抑制も簡単に消えてしまう」(ibid.: 60)。

このとき、「社会的水準の成立」は次のように表現できる。「万人の共有するものは、最も貧しい所有者の所有物であるほかはない」(ibid.: 61)。ここでは、低い人々が高められるのではなく、「高い人々が低い人々の地位へ引き下げられること」(ibid.: 61)で社会的水準が生まれる、とジンメルはいう。

それは「平均」ではない。「集団の水準は、最低の人々の水準に甚だ近いところにある」（ibid.: 61-2）。こうして、個人としては知性や個性をもつ人間が、集団としては感情に押し流され、分別や道徳といった批判的抑制を失ってしまう、これが、ジンメルがいう個人の水準と社会の水準のあいだの「社会学的悲劇」の姿である。

個人と社会の構図

「個人と社会」という社会学が繰り返し問うてきた問題について、ジンメルが発見したこの「社会学的悲劇」をどう感じるだろうか。私はこれについて、戸惑いというよりも、かなりの物足りなさを感じる。

たとえばマックス・ヴェーバーが「個人と社会」の水準の相違になにを見出したかを思い出そう。『プロテスタンティズムの倫理と資本主義の精神』で彼は、ピューリタン個々人が神に選ばれていることを確信しようとして行った行為（「世俗内的禁欲」）が、利潤をあげ合理化を生むことで、結果として資本主義の存立を帰結したことを描きだす。さらには、資本主義が巨大な機構となり、この「鉄の檻」のなかで、「天職人たらんと欲した」人々がその行為の帰結として「天職人たらざるをえない」状況に追い込まれ、自由の喪失・意味の喪失を経験することを予言する（Weber 1904-5=1989 : 364）。このように、個人の行為を集積していった果てに、それをいくら集積してもとらえられない「意図せざる結果」として社会的な水準が生み出されることをヴェーバーは描く。この「個人と社会」の構図（まさに「社会学的悲劇」！）に対して、ジンメルが抽出した構図はいかにも物足りないではないか。

あるいはエミール・デュルケームが『自殺論』で「個人と社会」の水準の相違になにを見出したか

を思い出してもよい。個人の行為である個々の自殺を見る「臨床医」の視点ではわからない、各社会の固有の自殺率とその増加傾向をとらえる「社会学者」の視点から、彼は集団の凝集性と自殺率の関係を発見し、社会が個人に及ぼす外在的で強制的な力の存在を証明しようとする（Durkheim 1897=1985：409）。また、『社会分業論』や『社会学的方法の規準』で展開されたその犯罪論で、個人が行った犯罪行為が、それを発見し、逮捕し、処罰することによって社会を統合する機能をもつことを指摘し、犯罪の基準やそもそも犯罪そのものを社会が製造することを主張する。ここにも、個人の行為や意図を超えた独自の「社会の水準」をとらえるオリジナルな構図があるだろう。この構図に対し、やはりジンメルは物足りないように思う。

あまりに単純な指摘かもしれないが、これは「構造」を見出す視点と「過程」を見出す視点の相違に由来すると思われる。ヴェーバーは、個人の行為の集積として「鉄の檻」にも喩えられる社会の「構造」を発見する。デュルケームは個人の行為に外在的な力を及ぼす凝集性を備えた共同体としての社会の「構造」を発見する。彼らにとっての「個人と社会」の問題は、「行為と構造」の構図でとらえられたといえるだろう。これに対して、ジンメルは「構造」を把握するのではなく（社会＝Gesellschaftは遠くから観察したときの「現象」なのだった）、それを発生させる相互作用の「過程」そのもの（つまり社会化＝Vergesellschaftung）に照準する。このとき、その結果としての「個人の水準」と「社会の水準」を対比させようとしても、行為と構造をめぐる対比ではなく、複数の個人のあいだで生じる相互作用のありようと帰結に焦点を見出すものとなるだろう。相互作用と過程に照準する社会学は、次節以降見るように、行為と構造を対比する社会学にはない性能をもつ見事な「顕微鏡」（Simmel 1908=1994：上30）を備えているが、「個人と社会」の水準問題そのものとそのあいだに生じる「悲劇」をとらえる性能は、はるかに限られているように思われる。

しかし、もう一点、ジンメルのこうした「社会学的悲劇」についての叙述には、強く興味を惹かれる点がある。いま触れたデュルケームとの対比である。オーストラリアのトーテミズムを論じた一九一二年の『宗教生活の原初形態』で、デュルケームは俗なる時間には小集団に散在し「物憂くも日常生活を送っている」(Durkheim 1912=1941, 42：上393) 人々が、聖なる時間に一箇所に集合することによって「個人がすべて同じ観念、同じ感情で交通するとき」、その激昂から宗教的観念が生まれるという。「集中しているということそれ自体が例外的に強力な興奮剤として働くのである。ひとたび諸個人が集中すると、その接近から一種の電力が放たれ、これがただちに彼らを異常な激動の段階へ移す」(ibid.: 上389)。このとき、「共通の信念・共通の伝統・大祖先の追憶・大祖先の権化とする集合的理想」(ibid.: 下206) からなる「社会の魂」が、「個人意識にまったく化身する」ことになるだろう (ibid.: 上404)。そして、人々は直接関連している事物に「俗的経験の対象がもたない例外的な力能、功徳」を付与する。俗的生活が推移する現実の世界に重ね合わされたもうひとつの世界が、「理想の世界」であるとデュルケームはいう (ibid.: 下333)。

このデュルケームの描写は、ジンメルが「社会学的悲劇」が発生するとした「一つの場所に集まった大衆」の状況と類似している。そこでは、「感情の放射」が個人と個人のあいだに生じ、「社会学的昂奮状態」が生まれるというのだから。ジンメルはこの「感情の高揚」が個人の知性を押し流し、分別や道徳という批判的抑制を消失させ、人々を「最低の人々の水準」に引き下げると考えた。これに対してデュルケームは、この激昂が「宗教的観念」を生み、個人の意識を「社会の魂」に化身させ、「集合的理想」「理想の世界」を抱かせると考える。ジンメルはこの集合状況を明らかに否定的に評価した。デュルケームはこの状況こそ社会を復活させて「理想」を生むものとし、肯定的に評価する。こうした集中による理想なしには社会は存在しえない。「一つの社会は、それと同時に理想を創造しないでは、自らを創造することも再創造することもできない」(ibid.: 下334)。この理想とは、社会が「無くてすませるような一種の贅沢ではなくて、その生存の条件である」(ibid.: 下335)[(2)]。

どうやら、集合状況、そこでの観念、「個人の水準」と「社会の水準」、どれに対する評価をとってもジンメルとデュルケームとでは正反対に見える。これに「方法論的集合主義」とか「関係主義」といった名前をつけたとしてもあまり意味はないだろう。「社会の水準」の生成を以上のようにとらえ、そこに「悲劇」を見出すジンメルと、そこに「理想」を見出すデュルケームには決定的な相違がある。それはなにに由来すると考えればよいのか。

ここで、これと重なるジンメルの、他の作品での議論をごく簡単に参照しておこう。ジンメル固有の社会への感受性を、さらに確認しておきたいと思うのだ。

空間の社会学

一九〇八年刊行の『社会学』は雑多に見える一〇の章からなるが、その第9章は「空間と社会の空間的秩序」と題されている。ここでジンメルは「空間の社会学」を展開しようとする。そして、そのいくつかの部分は、いま述べた「社会の水準」の叙述と重なる。

二箇所だけ見ることにしよう。空間をめぐるジンメルの考察の焦点のひとつは「境界」に置かれる。そのこちら側とあちら側のあいだの相互作用とともに、囲い込まれた集団の「枠」として境界が機能してその内部の相互作用に影響することをジンメルは指摘し、「本質的なこと」として「枠が狭いか広いか」を指摘する（Simmel 1908=1994：下230）。集合した群衆が「衝動性と熱狂性と感動性」をもつことがあるが、その一部は居住空間よりも広い戸外にいることによる。大きな空間は、「移動の自由の感情、未定のものへの拡張可能の感情、より以上の目標の不確かな設定の感情」を抱かせるというのだ。そして大きな空間でも「相対的に狭すぎる」「混みあっている」ときには、心理学的動揺を増大させる。この動揺によって、「個人を彼の個性の彼方の統一体へ融合させるかの集合感情」は高まり、この集合感情は「津波によるかのように彼を感動させる」とジンメルはいう（ibid.：下231）。

もうひとつの考察は、「近接と距離」にかかわる。ジンメルは、同じ関心で団結している人々が、空間的に接触しているか分離しているかによって性格が異なるといい、どの程度の近接と疎隔によっていかなる形式の社会化が必要となったり可能となったりするかを検討しようとする（ibid.：下242-3）。まず彼は、空間的な近接／分離と「所属」の関係を論じ、意識の抽象能力の低い原始的な段階では、「空間的に分離しているものの共属」と「空間的に接近しているものの非共属」を表象できないという（ibid.：下243）。子どもにおいて自我と周囲は未分化状態にあるが、このとき感覚的な近接が「相互所属の意識」に決定的なものとなる。つまり、近くにいる者は仲間、遠くにいる者は仲間ではない、ととらえられるというわけだ。これは「オーストラリア黒人」（ママ）での「同じトーテム団体への共属」でも同じであり、「この共属はオーストラリア黒人のあいだにおいて、まったく別々に活動している集団の諸個人を緊密な関係へもたらし……原始的な意識にあってはたんに外面的な接触のみが内面的な接触……の担い手であ」る（ibid.：下244）。これに対し、現代の大都市においては人々は抽象に慣れており、「空間的にもっとも近い人びとに対する無関心と、空間的にきわめて遠い人びととの緊密な関係」が存在しうるとジンメルはいう（ibid.：下244）。

この「遠い距離にもとづく関係」は「一定の知的な発展を前提」とし、「場所的な近接」には「より感覚的な性格が示される」。知性は「人間のあいだに距離を置」き、「もっともかけ離れた人びと」との接近と一致、「もっとも近くにいる人びと」を冷たく疎遠化する客観性を可能にするだろう（ibid.: 下245）。逆に、空間的な近接は「きわめて充溢した幸運とともにもっとも耐えがたい圧迫の基礎」となるかもしれない（ibid.: 下246）。それは、「結合の強度の上昇」とともに「直接的な反感」や「理想化の脱落もしくは否認」を生む（ibid.: 下266）。人は接近することで「関係の温かさと誠実さ」が増大することを予想するが、そこでは「反動と冷却が成立し、……さらに愛あるいは友情、関心の共同あるいは精神的な理解といった以前にすでに獲得されていた価値を奪い去る」。また、「この状態は、人間のあいだにはまれではない紛糾のひとつ」でもあるだろう（ibid.: 下267）。こうしてジンメルは、空間的分離と知性が結びつくのに対して空間的近接と感覚が結びつくことを指摘し、後者における反感や紛糾の発生をきわめてネガティブにとらえているといってよいだろう。

この『社会学』での「空間の社会学」についての考察を、『社会学の根本問題』での「個人と社会」をめぐる議論と近づけるなら、以下のようにいえるだろう。「個人の水準」と対比される「社会の水準」にはふたつの違った局面がある。ひとつは、同じ場所に集まって空間的に近接する人々が「感情の放射」によって「社会学的昂奮状態」に陥り、分別や道徳を喪失し「もっとも低い人々」の地位に引き下げられて一体化する「社会の水準」。ここに「社会学的悲劇」が発生するだろう。もうひとつは、空間的に分離した人々が「知性」によって関係を結び、近接にともなう反感や紛糾を防ぎながら「共属」を達成する「社会の水準」。この知性的な距離において、「社会学的悲劇」はおそらく発生しがたいだろう。

繰り返しになるが、このふたつの「社会の水準」の位置づけはデュルケームと正反対に見える。デュルケームにとって分離している俗なる世界は「物憂い日常」であり、人々が一箇所に集合して「その接近から一種の電力が放たれ」る昂奮状態こそ、宗教的観念を生み出し「社会」を再生させるものであった。ここで、「共通の信念」や「集合的理想」が人々に共有されるのであり、これを創造せずには社会は存在しえない。ジンメルにとってこの宗教生活の「原初形態」は、知的な抽象能力を欠いた「原始的な段階」を示すものだった。「オーストラリア黒人」のように（この例が偶然か、意図的に引かれたのかわからないが）、人々は近接していることによって「感覚」に振り回され、「知性」を失い、「理想化」を脱落させる。ジンメルはこれよりも、「遠くにいるものの共属」を可能にする「距離」と「知性」を明らかに評価する。デュルケームが「理想」を見出した近接にジンメルは「悲劇」を見出し、デュルケームが「物憂い日常」を見出した分離にジンメルは「知性」を見出す。

この対比で、ジンメルがとらえた「個人と社会」問題を検討したこの節を閉じることにしよう。これを見て、多くの人は彼の有名な一九〇三年の講演「大都市と精神生活」を連想するだろう。そこで彼は、大都市の「冷淡さ」は、嫌悪・憎悪・闘争や完全な無関心を防ぎ、かすかな反感を孕みながら多様な人々と関係を結ぶことを可能にし、さらには「個人的自由」を生み出す、というのだから(Simmel 1903=1976)。しかし、次の節では別のふたつの作品を見よう。ふたたび『社会学の根本問題』に戻り、「社交」を扱ったその第3章と、これと異なるように見える主題「貨幣」を扱った一九〇〇年刊行の『貨幣の哲学』である。

3　遊戯・距離・ユートピア——社交と貨幣

遊戯としての社交

「社交」とはそもそもどのようなものだろうか。『社会学の根本概念』の第3章「社交（純粋社会学即ち形式社会学の一例）」の叙述を順に辿ってみよう。この章は、相互作用における「内容」と「形式」をめぐるごく抽象的な考察から開始される。

相互作用にはなんらかの内容が（たとえば、「エロティックな本能、物質的利益、宗教的衝動」などの目的が）含まれるだろう（Simmel 1917=1979：67）。生のさまざまな内実を示すこれらは「生命の目的」ともいえるが、これらの目的・内容が相互援助や相互協力や相互対抗といった相互作用の「形式」に入り込み、「社会」をつくることになる。これが「社会化」である（ibid.: 68）。

ところが、この「形式」が「内容」から解放されることがある。形式が「生命の目的に従わせて来たところの対象」に拘泥することなく、「自由自在に自己を目的として遊び戯れ」、そのエネルギーの「独立」が達成されるという事態だ（ibid.: 69）。たとえばもとは生存競争に必要だった認識が「科学」として独自の価値をもち自己完結性をもつ、生命の必要から生まれた空間的大きさやリズムが生命に巻き込まれずに選択・創造されるとき「芸術」が生まれる、生命の手段だった行動様式が「法」としてなんらかの目的への手段であることをやめる、といった例をあげればいいだろう。ジンメルはこれらの例から、「生命の形式が生命の実質によって規定される段階」から「決定的な価値に高められた形式が生命の実質を規定する段階」への移行を抽出し、これを「転回」と名づける。この「転回」がもっとも広く行われるのが「遊戯」においてであり、生命の力・目的が生み出した「形式」は「遊戯のうちで、いや、遊戯として」生命のリアリティに対して独立したものとなる（ibid.: 70-1）。「社交」は、この「内容と形式の分離」という「転回」あるいは「遊戯」が典型的に見られる現象である。社交においては「内容という根から一切解放された活動」が生じ、形式そのもののため、この解放から生まれる刺戟のために活動がなされ、「社会形成そのものの価値を楽しむ感情」が付着する（ibid.: 72）。この意味でジンメルは、社交を「純粋の『社会』」と呼び（ibid.: 73）、「社会化の遊戯的形式」と呼ぶ（ibid.: 74）。社交とリアリティの関係は形式的なものであって「リアリティとの衝突」はなく、社交では「リアリティのうちから生命のシンボリックな戯れ」のみが取り出される（ibid.: 73）。

社交は「社会的遊戯（Gesellschaftsspiel）」である。あらゆる相互作用は「油断ならぬ現実では目的内容に満たされている」が、遊戯は「そのものの魅力だけを基礎として生きて行く」のであり、遊戯の魅力は「活動形式そのものの活気や僥倖」にあるだろう（ibid.: 81）。「純粋な形態における社交は、具体的な目的も内容も持たず、また謂わば社交の瞬間そのものの外部にあるような結果を持たないものであるから、社交はただ人間を基礎とし、この瞬間の満足——もっとも、余韻が残ることはあろうが——だけが得られればよいのである」（ibid.: 74）。目的や内容が社交という相互作用をとりまいているだろうが、それが社交に入りこむとき社交は台なしになる。社交はこれらを排除し隠し続けることで、自身以外に目的を持たない相互作用となり、このとき「『社会』が『遊戯』になる」（ibid.: 81）。

こうして、社交とは、多くの相互作用に含まれ、それを駆動する生命の目的ともいえる「内容・目的」から解放・分離された相互作用、相互作用そのものを目的とした相互作用である。ここで形式は内容から分離される。社交は「内容・目的」を隠した遊戯である。しかし、社交が切り離し隠蔽するのはこれだけではない、とジンメルは指摘する。

それは、参加する人間が所有している「内容」である。たとえばその人が持つ「富や社会的地位、学識や名声、特別の能力や功績」を考えてみると、これらは社交の「外部」にあるのであって、社交に入り込んで役割を果たしてはならないか、「軽いニュアンスとして」でなければならない（これらを社交にもちこみ自慢する人を想像すればよい）。また、「生活、性格、気分、運命」などの個人的な事柄も社交の世界にはふさわしくなく、生活のうえでの気分を社交に持ち込むと「節度を知らぬもの」とされる（これが社交をいかに損なうか想像すればよい）。「個人的なものの排除」は、たとえばマスクを被る（仮面舞踏会など）という事態にもいたる。このとき、人は確かに「彼女自身には相違ない」が「完全に彼女自身ではなく、形式的に作られた集会の単なる一要素」となる（ibid.: 75-6）ここで人は「既に個人としての現実的意義をすべて捨てて、ただ彼の純粋な人間性としての能力、魅力、関心をもって社交形式に入って行く」のであり、「この構成物は、個人の真に主観的なもの及び純粋な内面性の前で停止する」（ibid.: 77）。個人としての現実的な意義や主観性・内面性は社交から切り離されねばならない。そうすることで社交は「平等な人たちの間の相互作用の様式」となり、人々は「客観的内容の多くを捨てて……社交的人間として平等」になる。「社交というのは、すべての人間が平等であるかのように、同時に、すべての人間を特別に尊敬しているかのように、人々が『行う』ところの遊戯である」（ibid.: 80）。

こうしてジンメルが描く「社交」は、相互作用の「形式」から「内容・目的」を分離させ、参加者から個人の客観的内容や内面性を分離する。この分離によって、人々はそれがはじめて可能にする結合の形式（それが遊戯であるが）を経験することができるだろう。

「コケットリ」という例は、この分離／結合を象徴しているように見える。男が女を好きになり（そこにはエロティックな衝動という「内容」があるだろうが）、彼女を求めるが、女は「与えることを仄めかすかと思えば、拒むことを仄めかすことで刺激し、一方、男性を惹きつけはするものの、決心させるところまではいかず、他方、避けはするものの、すべての望みを奪いはしない」。この「イエスとノーの間」（つまり結合と分離）を揺れる遊戯＝ゲームは、「堅い内容や動かぬリアリティの重みをすべて捨てている」。ここで彼女の内面性も、彼の内面性も決して現われてはならず、いつもそこから距離をとっていなくてはならない。このコケットリのゲームに対し、男性が「欲望や欲望への警戒を離れて」魅力を感じるようになったとき、これは「社交」となるだろう。ここにはエロティシズムの実質的・個人的な内容、「全生命を結びつける真実の中心」は入ることはできず、「エロティシズムが相互作用の純粋な形式を実質的或いは全く個人的な内容から解き放した……皮肉な遊戯」でしかありえない（ibid.: 82-3）。コケットリは「エロティシズムの諸形式の遊戯」として社交の典型であり（ibid.: 84）、人々は分離と結合自体を遊ぶことになるのだ。

もうひとつ、「会話」という例も「形式そのものに意義がある」のであって、「結んでは解き、勝っては敗れ、与えては取る」という形式が「人々の間に作り出す関係の遊戯の魅力」に満ちたものであるだろう（ibid.: 84-5）。会話においては、話す内容が目的になってはならず（「議論が実質的になる途端に、もう社交的でなくなる」）、会話すること、相互作用の形式そのものが「自己充足的な目的」となる。話題は目的ではなく、容易かつ迅速に変えられる「可変性」と「偶然性」を帯びたたんなる手段にすぎず、会話は「関係以外のものであろうと欲しないような関係」を実現する（ibid.: 86）。

人々は社交において「相互作用」そのものを楽しみ、その「形式」を楽しみ、そこに含まれる「分離と結合」を、つまり「距離」を楽しむ。目的も内面性も悲劇もそこから切り離される。隠蔽という人と人を遠ざけるものが、遊戯という形で人と人を近づける。ジンメルはこれを「社会的遊戯＝社会ゲーム」と呼んだが、分離と結合のゲーム、あるいは「距離のゲーム」「距離の遊戯」と呼ぶこともできるだろう。コケットリのように「距離を遊ぶ」ことそのものが、社交の喜びであり、存在価値となるのだから。

さて、この「社交」をジンメルはどう評価するだろうか。彼は、「社交は理想的な社会学的世界を創造する」、と言えば言える」と述べる。社交では、「或る人の喜びは、他の人々も喜んでいるということと堅く結ばれている」のだから。ここでは「平等であるかのように」という「お芝居の民主主義」ではあるが、「社交の民主的構造の原理」というものが存在するだろう。「この社交の世界、平等な人々の民主主義が摩擦なしに可能な唯一の世界、これは人工の世界で、実質的なものの重みでバランスを失うことのない、純粋無垢の相互作用をひたすら作り上げようと願う人々から成る世界である」(ibid.: 78-9)。

ジンメルはこうも述べる。社交は、道徳的要求に含まれる「深刻なもの」「悲劇的なもの」を「社交独自の、摩擦のない影の国のシンボリックな遊戯に」変える。「社交においては、結合や分離における自由も理由も、深い内容のある具体的な条件から解放される」。この内容から分離した遊戯の世界をジンメルは次のように高く評価する。「一つの『社会』の中で多くの集団が形成され分裂する姿、社会の中で全く衝動や偶然によって対話が始まり、進み、気が抜け、終わって行く姿、これは、結合の自由とも呼ぶべき社会的理想の縮図である」(ibid.: 87)。ここには「結合の自由」という「理想」がある、とジンメルはいうのだ。おそらく「浅薄」(ibid.: 90) と理解されることが多い社交に、彼は最大限の評価を与える。

ただしそう評価されるためには条件がある。社交の本質は「人々のリアリスティックな相互関係から リアリティを切り離すところ」にある。「自由に動いて、自分の外にもう何の目的も認めない諸関係の形式法則に従って、愉快な国を打ち樹てるところにある」。しかし、この国にエネルギーを与える源泉は形式そのものではなく、「現実の人間の活動」「彼らの感覚や魅力」「深い衝動や信念」のうちにある。「すべての社交は、生命が快い遊戯の流れとして現われるという意味で、生命の一つのシンボルであることにほかならないが、あくまでも生命のシンボルであって、生命の姿は、生命との距離が要求する範囲で変化し得るに過ぎない」(ibid.: 89)。社交は生命から距離をとり、その姿を隠す。しかし、生命があってはじめてそのエネルギーが生み出される。これは芸術がリアリティと距離をとりながら、リアリティとの関係を失うと「空虚な虚偽」になるのと同じだろう。「社交を生活のリアリティと結びつけている糸があって、この糸で社交はリアリティとは全くスタイルの違う織物を紡ぎ出すのであるが、この糸が完全に断ち切られる時、社交は遊戯から空しい形式の悪戯になる。生命がないのみか、生命がないのに居直った紋切型になる」(ibid.: 89-90)。

だから、社交が「全体の生命から完全に切り離されている」とき、それは「型に嵌まった、ナンセンスな、空々しいもの」になるだろう。しかし、「何かが少し変わっただけで、直接のリアリティからの距離は同じなのに、もっとリアリスティックに、何の距離も設けずに把握しようとする試みにも増して、リアリティの最も深い本質を完全に、統一的に、意味通りに示し得ることもある」(ibid.: 90)。このような社交は、「生命に解放されながら、しかも生命を保っているから」、まるで「寄せては返す波」を見ているように「救済と幸福」を与えてくれる(ibid.: 91)。各瞬間に生命の圧力を感じるような真面目な人たちは社交を「人生からの逃避、厳粛な人生の束の間の無視」とみなすだろう。だが、さらに真面目な人間は社交のうちに次のような「解放してくれるもの」を見出すだろう。「人生における一切の問題と一切の重圧とが現われる共同生活及び相互作用、それが社交では謂わば芸術的な遊戯として享受される。それが同時に繊細になり稀薄になりながら、しかも、そこになお現実的内容のある諸力が遠くから聞こえ、しかも、その重圧は蒸発して一つの魅力となる」(ibid.: 92)。

前節末で述べたように、デュルケームと正反対の方向を向くジンメルは、ここに「理想」「救済」「解放」を見出す。デュルケームが近接した集合における昂奮状態に「社会の理想」を発見したのに対して(ジンメルにとってこれは「社会学的悲劇」であった)、彼は生命のリアリティから分離しつつ結びつき、相互作用そのものにおいても知性的に距離を遊ぶ遊戯である社交に「結合の自由」としての「社会的理想」を発見するのだ。この理想をここでは「距離のユートピア」と呼んでおこう。まるで寄せては返す波のように(集合における「津波」ではなく!)、リアリティからの距離、相互作用における距離を調整しながら相互作用する。そこには「純粋」な社会があり、他にはない喜びと救いが存在する。

距離と貨幣

以上のジンメルの社交論を見て、前節末で触れた「大都市と精神生活」における、大都市の人々の知性と距離により分離されつつ結合する姿を連想する人も多いだろう。また、『社会学』の第5章「秘密と秘密結社」における、秘密という「無知」と「隠蔽」によって多くの人との結合が可能になり、相互作用が魅力的であり続けるという議論が思い出されるかもしれない。しかしここでは、この社交論と類似した論理展開をもつ別の議論を検討することで、ジンメルが描く「距離のユートピア」の輪郭をよりはっきりしたものにしておきたい。それは一九〇〇年の大著『貨幣の哲学』である。第1部・分析篇と第2部・綜合篇からなる同書は、前者で「貨幣をその本質とその存在の意味を担う諸条件」から説明することを（つまり貨幣とはなんであるかの解明を）、後者で貨幣を「諸個人の生の感情や、彼ら運命の連鎖や一般的な文化などにたいする作用」において追及することを（つまり貨幣はなにをもたらすかの解明を）試みる（Simmel 1900=1999：8）。さまざまな読み方があるのだろうが、私はこの両方を「距離」をめぐる考察として読めるように思う。以下第1部、第2部を順に検討していきたい。

貨幣とはそもそもなんなのか。これをジンメルは「価値」から説き起こす。そして「価値」を考えるとき鍵になるのが、「距離」との関係である。第1章「価値と貨幣」を見よう。

「価値」を論じるにあたり、ジンメルは主観と客観の区別以前の状態を想定する。「心的な生活はむしろ自我とその客体とが未分化に休らう無差別状態」にはじまり、そこでは意識を満たす印象・表象は客体から分離していない（ibid.: 21）。たとえば音楽に包まれて一体になっているとき、美しい絵のまえでわれを忘れてとりこになっているとき、作品を「われわれに対立するものとは感じない」で「心は完全にそれと融合」するだろう（ibid.: 23）。こうした「純粋な内容享楽」、主観と客観が距離ゼロで一体になっている状態に対して、そこに客体があるという客体の成立、および私がそれを欲するという欲求の成立は「享楽過程の直接の統一を分裂させる分化過程の二つの側面」（ibid.: 24）である。われわれは「まだ所有もせず享楽もしないものを欲求する」。客体は「まだ享楽されないという距離」において私の対象となるのであり、「この距離の主観的な側面が欲求である」。この客体は「主体の欲求が設定するとともに克服しようとする距離」によって特徴づけられ、「この客体をわれわれは価値と呼ぶ」。つまり、主体からの距離により「価値」が生まれる、とジンメルはいう。なにかが価値あると感じられるのは、欲求しても拒絶されたときと失ったときであり、「享楽瞬間の破壊されない統一においては」生じない。主体から分離されその獲得には「距離と妨害と困難の克服が必要」であるときにこそ、価値が生じる（ibid.: 24）。価値は欲求と享楽の中間状態、「事物に対する近接と遠離」によって生じることになる（ibid.: 37）。

では貨幣はこの「価値」とどう関係するのか。他者が所有する価値（距離によって欲求されるもの）を所有するには「交換」が必要となる。これもまた「融合」ではなく「距離」を前提とし、欲求と享楽の中間領域にある他者の所有物をなにかを犠牲にして交換することになり、距離があり交換しなければならないからこそ「価値」が付与されるとジンメルは考える（ibid.: 42）。しかし、では他者のどの所有物を自己のどの所有物とどのような割合で交換すればよいのか。すべての商品はすべての商品と交換可能であって、ある商品の「他の商品の総体とのあいだの交換関係」は「永遠の動揺と均衡」のなかにある相対的なものだろう（ibid.: 95-6）。ジンメルは、貨幣とはこの相対的な動揺と均衡に「商品の総体」を代表する「静止した極」として対立する、と考える。貨幣だけが動かないことで、貨幣は揺れ動く財相互の関係を表示できる、というわけだ。だから貨幣はどのようなものとも交換可能であり、「無性質性あるいは無個性性」という独特の性質をもつことになる（ibid.: 98-100）。無性質で無個性な貨幣は、さまざまな商品の価値を連続的に並べることができ、「客体の経済的な相対性を自らのなかに表現する」という意義をもつ（ibid.: 102, 105）。

「貨幣は交換可能性の純粋な形式」にほかならない、とジンメルは述べる（ibid.: 109）。貨幣は客体の相対性を測る手段に過ぎない。だから決して直接には享楽の対象とはならず、貨幣は「欲求し享楽する自我にたいしてはとり消せない距離をたもち、それが自我と客体とのあいだに介入する不可欠の手段であるかぎりは、それはまた客体をわれわれから距離あるところにおく」。貨幣は主観と客観を根源的な統一から距離あるものへと引き離すが、他方「いつもは到達できないものをわれわれに近づける」（ibid.: 107）。貨幣は人間と事物を遠ざけかつ近づけ、事物を相対性の次元におき、すべてを交換可能なものにする。

欲求と価値は「距離」から生まれ、貨幣はその価値を相対化して、「交換」を可能にする。この距離と貨幣の関係は、第3章「目的系列における貨幣」で別の側面からも確認される。

この章は、「目的‐手段」の系列に貨幣を位置づけることをねらいとする（ヴェーバーの「社会的行為」の四類型を思い起こしながら読むとよいかもしれない）。「目的に導かれた行為」を、ジンメルは次のふたつの行為と対比する。ひとつは「衝動的な行為」。空腹だから食べた、怒ったから殴ったというように、未来の「目的」ではなく衝動という「原因」があって行為したというもので、「原因‐行為」の二項からなる。もうひとつは「神的行為」。神が「世界よ、あれ！」と意志すると、それがその瞬間に実現しているというもので、「意志＝行為」という一項からなる。これらふたつは、「目的」を設定し「手段」を選択するという契機を含まない。これに対し目的に導かれた行為は、「目的‐手段‐行為」の三項を要する。「目的過程は、個人的に意欲する自我とその外部の自然とのあいだの相互作用を意味する……。意志とその満足のあいだにある機構は、一方では自我と自然との結合であるが、しかし他方ではまた両者の分離でもある」（ibid.: 206）。「われわれの行動は橋であり、これをへて心的内容は心的な形式から現実形式へ移行する」（ibid.: 205）。ヴェーバーなら「目的合理的行為」と呼ぶものを、ジンメルは自我と自然の「相互作用」ととらえる。目的が設定されると結合と分離（つまり距離）が生まれ、行為はそれをつなぐ「橋」とされるのだ。

この「橋」にあるもののひとつが「道具」である（ibid.: 208）。人間は、動物のように衝動の機構に拘束されていないが、神のように意志がつねにすでに実現されているわけでもなく、「両者の中間に立つ」存在であり、目的を意欲し、実現のための手段を考え、行為する「間接的な存在」である。だから、「手段とその高められた形式である道具とは、人間という類型の象徴である」（ibid.: 211-2）。そして貨幣は「道具のもっとも純粋な形式」（ibid.: 210）であり、「最大限の価値を獲得した道具」（ibid.: 213）である、とジンメルは考える。貨幣はあらゆるものと交換しうる道具であって、「無限に多様でしかも広範な目的の道具」であり、だからこそ「個々の目的とはいかなる関係ももたない」（ibid.: 210）。道具はより多数の目的に役に立つことができるほど、「より無差別になり、より無色になり、個々のすべての目的に対してより客観的になり、しかも一切の特別な目的内容からはより隔たった距離にあらねばならない」（ibid.: 212）。貨幣はこの条件を完全に満たしており、すべての目的から距離をとって無色・無差別であり、だからどんな目的にとっても道具になる。「貨幣の内的な意義の空虚さはその実用上の意義の充実をひき起こし、……貨幣が示すたんなる形式につねに新しい内容を想像することへと促す」（ibid.: 213）。ジンメルは、貨幣はどんな内容からも切り離された「空虚な形式」だという。しかし（だから）この「形式」はどんな「内容」も容れうる道具となる。

貨幣は「空虚」で「純粋」な道具である。つまり、まったく道具でしかない。たとえば個々の「目的」の果てにある「究極目的」を想定してみるならば、各「目的」はその手段にすぎず、貨幣はさらにそのための道具にすぎないのだから、おそらく（これは貴金属についての表現だが）「純粋に実体としては、世界のうちのもっともどうでもよいもの」といえるだろう（ibid.: 158）。しかし、これは次のような逆転を見せる、とジンメルは指摘する。

われわれの社会では「究極目的」を達成することは「手段のますます高い下部構造が必要」であり、困難になっている。究極目的のためのいまの手段の実現に関心を集中せざるをえない。貨幣は純粋な手段・あらゆる目的への道具としていっそう「無性質」になり「たんなる手段でないすべてのもの」が除去されるが、それはあらゆる事物の性質に対して「等しく強力になる」ことを意味する。貨幣は手段にすぎないが、「手段としての貨幣の価値」が高まるにつれて「手段としての貨幣の価値」も高まり、それが貨幣の価値そのものとなり、目的意識が貨幣において停止するということもおこる。貨幣は、「絶対的な手段」（にもかかわらず、ではなく）であるがゆえに、多くの人間にとって「絶対的な目的」にまで上昇する（ibid.: 238-9, 246）。とくに「究極目的」が力を失った時代においては、絶対的な手段としての貨幣が「あまりにも容易に究極目的としてあらわれ、あまりにも多くの人びとにおいて目的論的な系列を最終的に終結」させるということが生じる（ibid.: 245）。「純粋な道具」だからこそ「究極目的」になる、という逆転がここで生じるとジンメルはいう。

さらに、この「貨幣の究極目的的性格」によって、「吝嗇」や「浪費」、「冷笑主義（シニシズム）」や「倦怠」といった現象が生じるとジンメルはいう。貨幣はなんにでも交換できる「絶対的な手段」であり「享楽の無限の可能性」を意味するが、それをなにかに交換してしまうと「すべての個々の享楽からへだたっている距離」が消失し、失望を引き起こす。だから吝嗇家はなんとでも交換できる可能性＝貨幣を「何らかの享楽の手段として利用することを断念」し、「架橋できない距離」に置くことでこの失望を予防する（ibid.: 250-1）。逆にこの無限の可能性を「実質的な内容や随伴現象への顧慮なく」無意味な商品のために棄ててしまうとき、強烈な「瞬間の享楽」を感じることができるだろう。これが、商品の価値を顧慮しない純粋な（つまり無意味な）消費、すなわち「浪費」である（ibid.: 255）。

このように貨幣を新しい究極価値とする吝嗇や浪費に対し、その裏面として「古いすべての究極価値の蔑視」をするのが「冷笑主義」と「倦怠」である。すべて「貨幣の手段的価値への還元」がなされる世界で、「価値の高さの差異がまったく存在せず」、「平準化」されることになり、「積極的で理想的な道徳上の究極目的」が脱落していく（ibid.: 267）。最高の価値も最低の価値もひとつの価値形式へと還元し、嘲笑と軽薄な情趣をもって受け取って「上から下への価値の運動に生活の刺激を見出す」という「冷笑主義」、「価値感覚一般の差異にたいして無感覚」になり、「手段価値によるすべての特殊な価値の脱色」を経験する「倦怠」、これが、「空虚な道具」である貨幣が「究極目的」となるとき人々を襲うとジンメルは指摘する（ibid.: 268-70）。

ここまで見るとき、ジンメルの貨幣論がその社交論と多くの共通点をもつことに気づくだろう。ひとつには、どちらも人と人との距離を前提とし、人と人との距離を生み出す、という認識である。貨幣は、主体と事物がすでに距離を持っていることに由来する「価値」を基盤にし、そのあいだおよび事物を交換する人と人とを「遠離」させながら「近接」させる働きをする。社交は、各人の属性や気分を相互作用そのものから切り離し、人と人のあいだに距離をもたらすとともに、「分離」と「結合」が往復する遊戯として人に喜びを与える。距離に支えられ／距離をもたらす、という距離との関係が、第一にあげられる貨幣と社交の共通点であろう。

第二に、さらに遡るならば、社交論で強調された「転回」がジンメルが貨幣を論ずるさいにも抽出されているだろう。社交は相互作用の「内容・目的」からその「形式」が分離したところに成立するのだった。「形式が生命の実質を規定する」という「転回」を契機として、「遊戯」としての社交は「リアリティ」から距離をとる。貨幣もまた「交換可能性の純粋な形式」であり、「道具のもっとも純粋な形式」とされる。これはあらゆる「目的内容」に対しても「無差別」かつ「無色」であって、それから切り離された「空虚な形式」であり、だからこそどんな「内容」も容れることができる。そして、この「純粋な道具」は、あたかも「純粋な形式」としての社交がそれ自体求められるようになるのと同じように、「価値」を増し、「究極目的」のように求められるという逆転あるいは「転回」が生じる。

そして第三に、この「転回」は生命のリアリティから完全に切り離されるとき、「空虚な虚偽」「空しい形式の悪戯」「生命がないのに居直った紋切型」になるだろう。いま引用した「社交」の空しさをめぐる表現は、吝嗇・浪費・冷笑主義・倦怠をめぐる描写にも当てはまるように思われる。「空虚な道具」である貨幣が「究極目的」になるときに生じるこれらの現象においては、生命の内容や目的が脱落し、人々は無意味と無感覚に陥るというのだから。ジンメルは、「転回」のネガティブな帰結を社交にも貨幣にも見出している。

しかし、ジンメルがここに見出すのは、もちろんこれだけではない。「距離」と「転回」によって成立する「遊戯としての社交」がそれなしには生まれない可能性を人間の生と社会にもたらしてくれるように、「純粋な形式としての貨幣」もよりポジティブな可能性を生と社会にもたらすことを（例によって両義的に）ジンメルは描き出しもするのだ。すでに社交をめぐるひとつの「社会的理想」の姿は論じた。では、貨幣をめぐってどのような「距離のユートピア」をジンメルは描き出すのか。これを次に見てみよう。

貨幣と自由

貨幣は社会になにをもたらすのか。すぐに答えを述べてしまおう。『貨幣の哲学』第2部・綜合篇のはじめに置かれた第4章「個人的な自由」に明快に記されている答え、それは「自由」である。貨幣は社会に「自由」をもたらす。以下、この章を丁寧に見てみることにしたい。

ジンメルはまず「自由」とはなにかを論ずる。そして、完全な自由などないと彼はいい、これまでの義務が新しい義務に取り換えられる「義務の交替」において、それまでの圧迫が脱落したと感じるとき「自由」が感じられるのではないかという（ibid.: 301）。「個人的自由は、けっして孤立した主体の純粋に内的な性質ではなく、いかなる相手もそこにいなければその意味を失う相関現象である」。自由もまた相互作用のなかに位置づけられる。「人間のあいだのいっさいの関係が、接近の要素と距離の要素から成り立つとすれば、独立とは、距離の要素がなるほど最大になってはいるが、しかし……完全には接近の要素が消滅してしまうことのできない関係である」（ibid.: 319）。このように、「接近と距離」のあいだに「自由」はあり、どちらかが消滅するゼロ点などはない。われわれの状態はあらゆる瞬間に、「ある程度の拘束とある程度の自由から合成される」（ibid.: 320）。

こうして相対化し直された自由と貨幣とはどのようにかかわるのだろうか。ひとつの具体例をあげよう。ジンメルは「公課」つまり納税義務の変遷について、三つの段階を区別する。第一は「義務者の個人的な行為と履行を内容とする」段階、第二は「個人的な労働の直接の結果にかかわる」段階、第三は「一定の客体のみが問題とされ、権利者はその享楽に対して権利をもつが、義務者がそれを調達する方法にたいしてはもはやいかなる影響力をもたない」段階である。そして、これは「義務の履行とともに存在する自由の程度の階梯」でもあるとジンメルはいう（ibid.: 302-3）。これはどういうことか。

第一段階の極端な例は「奴隷」である。なにをどう納めるかではなく、「履行者そのもの」が義務の対象となり、彼の全労働力、いや全人格が主人によって支配される。しかし、「一定の労働時間と体力」ではなく「一定の労働生産物」が要求されるようになると、自由は増大する。これが第二段階であり、領主は土地収穫の何割を納めるか、穀物・家畜・蜂蜜などのなにをどれだけ納めるかにだけ関心を向け、農民がどう働くか、彼の「人格」がどうかなどに関心を向けることはなくなる。ここで「個人的な依存」は「物的な依存」に変化し、「人格そのものの義務関係からの完全な自由と解放」が生まれるのであり、「人格の原理」から「事実性の原理」に移行することが「自由への転換」を意味する（ibid.: 302-3）。

そして第三の段階では、「人格が生産物から現実に分離」し、「要求はもはやけっして人格に及ばなくなる」。その条件は「公課の現物から貨幣への交替」である。第二の段階では、領主が要求する穀物なり家畜なり蜂蜜なりを農民は生産しなければならないだろう。しかし貨幣地代になると、農民はどんな作物を作ってもその額の貨幣を支払えばそれでよい（ibid.: 303-4）。ここで領主と農民の関係は「貨幣支払い以外の他のいかなる要因」にも決定されず、「完全に非人格化」され、「人格の解放」は決定的に進む（ibid.: 304-5）。このように、ジンメルは、「貨幣」が「自由」を生む、と論じるのだ。

この「自由」は貨幣経済にともなういくつかの要素と関連する。第一に、「客観性」である。ジンメルは、人間を「交換する動物である」と定義し、そうであるがゆえの人間の固有性は「客観的な動物である」ことだという（ibid.: 309）。掠奪や闘争によってなにかを奪い取ることと「交換」は決定的に異なる。前者（「贈与」もそうだとジンメルはいうが）は、「主観的な衝動」に発し（ibid.: 310）、どちらかが得たものを他方が失う。しかし「交換」は、相手がこれで釣り合いがとれると思い交換するだろうかという顧慮を必要とし、相互作用そのものを見る視点が成長することになる。この視点、すなわち「客観性」によって主観的な衝動を制御できるようになるとき、人間は自己の衝動からも他者の衝動からもより「自由」になるだろう。「人間を純粋に事実的・心理的により低い動物界から分かつもの、つまりは客観的な観察の能力、純粋な客観性のために衝動と興奮とをともなう自我を度外視する能力――まさにこの能力が歴史過程を助けて、おそらくはもっとも高貴にしてもっとも洗練された出来事を達成させ、闘争と相互の駆逐なしに獲得できる世界の構造を達成させ、一方の価値の獲得と享楽とが他方のそれを排除することなく、むしろ幾度ともなく他方にも同じものへの道を開くにいたった」(ibid.: 310)。客観化できるから交換でき、交換できるから客観化できる。このとき、相手の利益を駆逐することなく双方が獲得することができ、主観的衝動から自由になる。こうして、「客観性」が「自由」を生む。

第二に、「人間一般を特定の人格とする発展」があげられる。少しイメージしにくいが、「人格」とは「相対的な統一」であり、「人格がさまざまな諸規定を統一化することによって」現実的・活動的になる (ibid.: 315)、とジンメルは考える。「彼がこれかあれかであるということではなく、彼がこれでもありあれでもあるということが、人間を代替不可能な人格とする」。「これかあれか」ではなく「これもあれも」という諸属性の交差としての「人格」は、貨幣経済において「完全に分解される」だろう。人は供給者、資金提供者、労働者といった「一面にしたがってのみ」関係にはいり、それ以外の規定は考慮されず、「人格として作用するのではない」。そうすると、人はますます多くの人々の仕事に依存するようになるが、「その背後に存在する人格そのものからはますます独立するように」

なる。つまり、「現代の分業は依存の数を増大させるが、同じようにまたそれは人格を彼らの機能の背後に消滅させる」(ibid.: 316)。分業や交換は貨幣に媒介され、一面ごとの人間を関係づけるが、「人格」を背後に置いておくのだ。「貨幣は、なるほど人間のあいだに関係をつくり出しはするが、しかし人間を外部に放置する」。個人的・人格的なものは関係の外部に放置される。だからここでは「緊密な依存から分化した人格と自由」、つまり依存関係に巻き込まれない「人格」が独立し自由なものとして存在しうるのである (ibid.: 324-5)。

より一般的にこうもいえよう。原初的な状態では「物的なものと個人的なものとの未分離な統一」のなかにあった。たとえば所有や労働は人格と「完全な統一」にあり、「生の個人的な側面と客観的な側面との対立の彼方にあるまったくの無差別」の状態にあった (ibid.: 322)。ここから一方では「事物の客観性」を駆り出す方向が、他方「無差別状態からの人格の発達」の方向が見られ、これが同時に「自由の成立過程」であるとジンメルはいう。心的な要素が統一され、人格と呼ばれる強固な輪郭と代替不可能性をもち、外的なものから独立した自己の法則だけに従う発展をすること、「これをわれわれは自由と呼ぶ」(ibid.: 323)。そして、経済においてもこれと同様であるとジンメルは考える。経済も仕事の個人的側面と客観的側面の「未分離」に始まり、この「無差別」はやがて対立へと分裂し、個人的な要素は生産や販売から後退する。「しかしこの過程が個人的な自由を解き放つ。……個人的な自由は経済的な宇宙の客観化と脱個人化とともに高まる」。そして「貨幣はそのような関係の絶対にふさわしい担い手である」(ibid.: 324)。貨幣は未分離・無差別な物と人、人と人のあいだを分離させ、「客観性」と「人格」をつくり出し、人を「自由」にするのだ。

このあとジンメルは「貨幣の所有」と「自由」の関係を論じる。「存在の所有からの独立と、所有の存在からの独立とは、貨幣が成就したものであり、さしあたりは貨幣の獲得によって示される」(ibid.: 329)。土地や工場、画廊や競馬小屋を所有する者は、当然所有物によって活動や性質に影響を被る。彼らは「存在においてもはや完全に自由ではない」(ibid.: 328-9)。だが貨幣を所有するものは、こうした拘束から自由である。貨幣は純粋な「量」であり、いかなる「質」からも自由なのだから(ibid.: 333)。他の事物はすべて「それだけで何ものかであり、さらにそうあり続け」、それによって所有に「不満」をもたらす。「貨幣の所有は、他のあらゆる所有のこのひそかな反抗から自由である」。事物と結びついた特別な喜びを「断念」して、客体から十分に隔たり、客体の所有の限界に躓かずに、「貨幣のみをわれわれは完全に無条件に所有」できる(ibid.: 355)。とくに土地所有と貨幣所有を対比すると、土地所有者は「解きがたくその祖国と結びついて」いるが、貨幣所有者は危急時にどこに逃げだすこともでき、集団からの自立が可能になる(ibid.: 373-4)。

ここでも「貨幣」と「社交」の類似を見ることができるだろう。貨幣は事物と人間の結合、人間と人間の結合に楔を打ち込み「距離」をつくることで人を「自由」にする。社交においても見られた重要な論点は、「人格」を相互作用の外部に放置する、ということだ。社交において内面性や主観性や個人的な属性・事情は、すべてその背後に隠され、人々はこれとは無関連に関係を結ぶことができる。ここでは人々がその内面性・主観性・人格においていかに異なっていようとも、それを捨て去って「平等であるかのように」お互いにかかわることができるのだ。つまり、異なったまま相互作用に入り、それを続けることができる。貨幣もまた、事物の交換において事物と人格が未分離である場合とは決定的に違う相互作用を可能にする。人格(ある人間の「内容」)は、貨幣という「形式」を介することによって、事物とその交換の外部にとっておくことができる。相互作用に巻き込まれない強固な輪郭をもった人格を貨幣は可能にする。また、交換と客観性によって、人格が「主観的衝動」に巻き込まれないですむという事態も貨幣は可能にするだろう。こうして、人間を事物や存在や質から切り離すことによって、貨幣は人間を「自由」にする。ここでもまた、人々は異なった「人格」をもったまま、交換を続けることができるだろう。

貨幣がもたらすこうした「自由」を、「距離のユートピア」のもうひとつの姿というのは、いささかおおげさかもしれない。しかし、ジンメルが、貨幣も社交と同様に「距離」によって人間を「自由」にすることを鮮明に抽出したことはまちがいない。もちろん「形式」から「内容」を分離する貨幣も社交も、無意味と空虚をもたらす可能性がある。しかし、これは異なった人格同士が異なったまま社会をつくることを可能にもする。彼が社交をめぐって「結合の自由と呼ぶべき社会的理想の縮図」と述べたものと重なる、それなしには実現できない自由な社会の姿が、貨幣によってもたらされることは確かなように思われる。

4　差異の個人主義のために——「自由」のふたつの理想

単一性の個人主義

前節で論じた「距離と自由」という問題系は、第2節で論じた「個人と社会」という問題系とどうかかわるのだろうか。『社会学の根本問題』に戻ろう。これまで検討していない終章・第4章を見ることで、これまでの議論を位置づけ直すことができるように思う。

この章は「一八世紀及び一九世紀の人生観における個人と社会（哲学的社会学の一例）」と題され、

その冒頭にこう記される。「社会の本当の実際的問題は、社会の力や形式と個人の独立的生命との関係にある」。ジンメルは「社交」を論じた第3章を挟んで、ふたたび第2章での「個人と社会」問題に立ち戻る。「社会と個人との間に実際に色々の葛藤があるのを否定するわけには行かないであろう」(Simmel 1917=1979：93)。だが、第2章で描かれた「社会学的悲劇」とは異なる水準に、ここでの「個人と社会」問題の焦点は置かれている。

ジンメルはこう述べる。この葛藤は、「社会が個人に内在しているために生じる」(ibid.: 93-4)。人間には「真実の自分のように」感じる部分とそうではない他の部分があり、このあいだに衝突が生じる。いいかえれば、「自ら社会的存在と感じている」人間が、「社会性によって統御されぬ自己の衝動や関心」と敵対関係に置かれるのであり、「社会と個人の間の葛藤」が「個人の諸部分の間の葛藤」となるのだ。だから、「社会と個人との間の極めて広汎且つ深刻な闘争は、個々の利害という内容の問題ではなく、個人の生命の一般的形式の問題であると思う」。社会はそれがひとつの全体であるために各個人を手足として特殊な役割を果たす存在にしようとするが、個人のほうは自身がもつ「統一体への衝動及び全体性の衝動」によりこれに反抗する。個人に「部分的機能という一面性」を要求する社会と、「自ら一個の全体」たらんとする個人のあいだの抗争は、「原理的に解決し難いものである」とジンメルはいう(ibid.: 94)。

この対立は次のようにも表現できるだろう。社会は個人に「専門家的精神」を要求する。しかし、これはしばしば「普遍人間的」と呼ばれる性質と敵対関係に立つ。この敵対を原理的に明確に感じた最初の人はニーチェではないか、とジンメルはいう。社会は「人類が自らの生命の内容を押し込んだ諸形式の一つ」であるが、生命の内容全体にとって本質的なものではなく、実質的に意義がある「論理的認識や世界の形而上学的ファンタジー、存在の美や芸術におけるその自由奔放な描写、宗教や自然という世界」は「『社会』とは何の関係もないもの」である。こうした「理想的世界」での所有物の多寡によって測られる「人類的価値」「人類の利益」は、「社会的価値」「社会の利益」とは完全な別物である。ニーチェにとって「人間の直接的存在」こそ重要であって、社会制度や社会的存在はその条件ないし結果にすぎない（ibid.: 98）。またジンメルは、社会とは「メンバーの平均化を強制」し、「メンバーが生命の量及び質における個人的特性によって平均を超えることを極度に妨げる」という。こうして、社会のなかで人間は「普遍性」の方向にも、「個別性」の方向にも限界を課されることになり、近代においては、この限界に対して「個人の自由」に対する「抽象的な要求」、「普遍概念」としての「自由」が結晶してくる（ibid.: 101）。

では、「個人と社会」の対立から結晶したものとされる「自由」とはどのようなものか。ジンメルが一八世紀と一九世紀で異なるとするふたつの「自由」を、丁寧に検討してみよう。

一八世紀における「自由」、それは社会が個人を束縛してきた桎梏の廃棄への要求、「自由一般への要求」という形をとる（ibid.: 101）。これは個人的利益の自由競争を自然的秩序ととらえた重農主義者、社会が人間に加える暴行を悪の根源と見たルソー、個人の自由を絶対者に高め労働者の団結さえ禁じたフランス革命、自我の絶対的自律を道徳的価値そのものとしたカントやフィヒテに現われている。社会は「自分たちのエネルギーに加えられた堪え難い拘束」と思われ、これに対する「個人の純粋な自由という理想」が生まれた、というのだ（ibid.: 101-2）。「凡そ自然には束縛というものがなかったのであるから、自由という理想は『自然』状態という理想のように見えた」（ibid.: 102）。この自然を妨げる社会の拘束を廃棄し、人間性一般の「普遍性」に到達すること、これが第一の「自由」である。

だが、この自由への要求は矛盾を孕んでいる。というのは、「この要求は、社会が全く同じ強さの、心身に全く同じ才能を恵まれた諸個人で成り立っていてこそ円滑に実現するものであるから」である。しかし人間の力は「質的にも量的にも、最初から不平等」であるから、この完全な自由を求めると才能に恵まれた人間による不平等の利用という結果が生じ、人間の力量の差異が地位の差異として現われることになる。だから「一般的制度が与える自由は、人間的関係によって再び幻想になる」(ibid.: 103)。端的にいって、「万人の完全の自由は、万人の完全な平等があるところに初めて生まれることが出来る」(ibid.: 104) のだが、ここには「自由と平等との深刻な矛盾」を見出すことができるだろう (ibid.: 105)。

ジンメルによれば、この矛盾を除去するのは「強制」という手段か、「公然たる利他主義」しかない。だからこそ、「本能は、自由及び平等に第三の要求として友愛を加えさせた」(ibid.: 105)。しかし、一八世紀の個人主義は自由に内在する困難に対してまったく盲目であって、「不平等」は歴史的に生み出されたものであり、身分やギルドや教会などの制度が除去されれば不平等は世界から駆逐されると考えていた。じつに素朴にも「自由と平等とは、人類的理想という一つのものの当然調和する二側面のように見えていた」(ibid.: 106) のである。

この底にあるもうひとつの理想が、さきに述べた「自然」であった、とジンメルはいう。一八世紀は一七世紀を引き継いで、「自然法則」を認識することを最高の認識理想としていた。この理想から見れば、個人の「個性、独自性、究極性」は消え、「普遍的な人間、人間一般」に関心が寄せられることになり、どの個人にも「普遍的人間が本質として生きている」ことが認識されることになる。このとき「自由と平等を予め調和させる権利が生まれてくる」(ibid.: 106)。どのように個々の人間が異なっていても、社会的地位や偶然に受けた教育などを剥ぎ取ってみれば「万人共通のもの、人間一般」が本質として各人のうちに姿を現すだろう。つまり「人間が本当の彼自身でない一切のものから解放されるならば、また、人間が自己自身を発見したならば、人間存在の真実の実体として残るのは、人間そのものとなる。万人のうちに生きる人間性になる」(ibid.: 107)。だから「自由」が自己自身が障害なく自己を表現することであるとすれば、それは「すべての人間が本質的に平等であるような人間」「人間性の純粋概念」としての自己であり、「そこから見れば千差万別の個性は外的偶然的なものであるような普遍的なもの」としての自己である(ibid.: 107)。

この普遍的な人間の一般性は、フランス革命、カント、ルソーに見出すことができるだろう。カント哲学において、真理や世界を作り認識する自我は「万人においてつねに平等でなければならぬ」のであり(ibid.: 109)、ルソーにとって個人の相違は表面的なもので、「人間が自分自身の魂へ深く立ち戻れば戻るほど……等しく万人の内部には、善意と幸福との泉が」湧き出るのであって(ibid.: 110)、各人が「ただ自己自身であればあるほど……万人が同一であるから……道徳的価値が増し、愈々同情と善意とが増す」(ibid.: 111)。この普遍的で万人に平等な「自然」はただ「真に存在する」だけでなく、「存在すべきもの、理想」である(ibid.: 111)。真の理想的な自我は「普遍人間的な自我」であり、それに到達することで真の平等が達成される。シラーがいうように「各個人は、純粋な理想的な人間を内蔵しており、……この人間の渝《かわ》ることなき統一性と融け合うことが、個人の生活の大いなる課題である」(ibid.: 112)。

この「理想的な人間」「統一性」を実現するとき、人は「絶対的自由」を獲得するとともに「平等の理想」を実現することができる。カントのいう定言命法、「汝の意志の格率が同時に一般的立法の原理として妥当するように行為せよ」は、私は他人とは違うという「手前勝手な空想」ではなく、「何人たるかを問わぬ」道徳率の前における平等を意味し（ibid.: 113）、これを実現する「道徳的な人間だけが自由」である（ibid.: 114）。ジンメルは、こうした考察から、一八世紀の「個性概念」とは、すべての人間に含まれている真の「人格」はまったく平等であって、人格的自由は平等を排除せずむしろこれを包含するという個性概念である、と主張する（ibid.: 114）。これを彼は、「量的個人主義」「単一性の個人主義」とも呼ぶ（ibid.: 126）。ひとつの「普遍」へと平等に到達する自由を個々人が追求すること、これが一八世紀的な個性であり、個人主義であるというのだ。

だがこの「個性概念」「個人主義」は一九世紀に大きく転換し、これをジンメルは「質的個人主義」「唯一性の個人主義」（ibid.: 126）と呼ぶ。これについて次に検討してみよう。

差異の個人主義

さきに述べた「自由」と「平等」の矛盾を、一八世紀は「普遍性」という理想による「絶対的自由」によって解決しようとした。では、一九世紀はどうだったのだろうか。ジンメルは、一九世紀になると「個性概念は二つの理想に分裂する」という。すなわち、「自由なき平等」と「平等なき自由」というふたつである（ibid.: 114）。

前者は「社会主義」に見られるものであり、これは「平等の理想」を優先するといえるだろう（ibid.: 115）。ジンメルは、社会主義とは「全く普遍的な平等の理想を求める性質の人々」を大部分な支持者としているように見える、という（ibid.: 116）。より詳細に見ると、社会主義においては「相対的平等と自由との関係」という面倒な問題が存在する。一般的に平等化が起ったとして、餓死寸前だった労働者にとってはそれが大きな自由を与えることになるが、企業家、金利生活者、芸術家、学者、指導的人物にとっては著しい自由の制限になるだろう。社会主義思想は平等と自由のこの矛盾に苦しむが、結果としては平等に力点が置かれ、社会主義政党はこのふたつの理想の敵対関係を無視してきた（ibid.: 117）。

さらに次の問題もある。人々には個人間の差異があり、「社会的差異を欲する自由本能」がある。これは、徹底的に社会主義化された制度でも除去できぬ「些細な身の上の差」に対し、「熱望、嫉妬、支配、非圧迫感」などのパッションを燃え立たせるだろう。また、いかなる社会生活も「支配と従属という上下関係」を必要とするが、個人の能力と上下関係における地位が正確に対応するかというと、そんなことは原理的にありえない。個人の能力の分布と社会的な地位の分布は対応しない（ジンメルによれば、高い地位につく能力のある人のほうがその地位の数よりも多い）からだ（ibid.: 118-20）。このとき、どうしても「自由」は制限されていると感じられるのであり、自由と平等の葛藤は社会主義的秩序においても除去することはできない、とジンメルはいう（ibid.: 121）。

これに対してもう一方に、後者の「平等なき自由」の方向、すなわち一八世紀的な自由と平等を解体し、平等よりむしろ不平等を主張する「独自の形態の個人主義」が存在する。これは「人間存在そのものを規定するために」どうしても「自由」を必要とする。一八世紀的自由は自我の平等や普遍性を求め、ギルド・家柄・教会などの鎖からの個人の解放を求めたのだった。これが完了するとこんどは「独立した諸個人が相互に区別されることを欲する」ようになり、「内部から定められた不平等」を求めるようになるのだ。問題は、「もはや、自由な個人という問題ではなく、特別な人間、独自の人間という問題である」（ibid.: 122）。つまり、各個人が「自分の比類なき性質」を個性を測る手段とするのであり、この個性概念は「平等な人格という理想」を超えて「別の理想」へと進む。「その最も深い本質において比較を許さぬ個性、その個性によってのみ果しうべき役割を課せられている個性という理想」である（ibid.: 123）。

この理想は、一八世紀でもレッシング、ヘルダーらに見られるが、ゲーテの『ヴィルヘルム・マイスター』において最初の完成に達した、とジンメルはいう。そこでは諸個人はそれぞれの独自性によって建設・組織され、どれだけ他の人々と接触しようとも「究極の根源において異なっているという意味」は変わらない。この考え方は「自由平等な人格という理想と絶対的に対立する」ものだろう（ibid.: 124）。シュレーゲルは「個性こそ、人間における根源的なものであり、永遠のものである。人格は余り問題ではない」といい、シュライエルマッハは「人間の平等でなく、差異もまた道徳的義務である」という思想を世界観の転回点とした（ibid.: 125）。この「質的個人主義」あるいは「唯一性の個人主義」は、ロマン主義によって「感情や体験」という基礎を与えられることになる（ibid.: 126）。そして、その社会像は以下のようなものとなるだろう。「各個人が他の個人との差異により、また、自己の存在と活動との唯一性により、はじめて自己の生存——個人的にも社会的にも——の意味を見出す、そういう社会像の安定を表現する」（ibid.: 127）。

ジンメルは、一八世紀の個人主義と一九世紀の個人主義を次のようにも対比する。一八世紀の個人主義は「原理的に無差別とされた原子的な諸個人」から出発し、多種多様なメンバーの統一による「有機体としての全体性という観念」には絶対に到達できなかった。これは「自由競争の精神史的基盤」であるだろう。これに対し、一九世紀の個人主義は「相互的補充」を必要とし、協力的な作用・反作用を含む全体的有機体を招き入れる。この個人主義、つまり「差異の個人主義、個性が深められて人間の独自性、課せられた仕事の独自性に至るという個人主義」は「分業の基礎」であり「分業の形而上学」である。そして、ここには具体的な社会の生きた姿がある、とジンメルはいう。「生きた姿は、孤立した平等の諸個人の総和として生れるものではなく、分業的相互作用からのみ生れ、しかも、この相互作用の上に一つの統一体……として聳え立つものである」(ibid.: 128-9)。

一方には「万人の平等だけが社会的理想」とする考え方がある。他方には「人間間の差異や距離こそ、社会的生活形式における究極の、還元すべからざる、その自ら正当な価値」とする考え方がある（ibid.: 115)。ジンメルはこの章（つまり『社会学の根本問題』全体）の末尾に、前者すなわち「全く自由な人格という観念」も、後者すなわち「全く独自な人格という観念」も、個人主義の最後の言葉ではない、と述べる。個人主義にはさらに多数で多様な形態が生じることになるだろう。「幸福な時代が来て、こういう多様性が美しく調和するに至れば、あの活動における衝突や闘争が残っていても、それは人類にとって単に障碍ではなく、却って、人類に呼びかけて新しい力を開発させ、人類を新たなる創造へ導くことになるのであろう」(ibid.: 130)。こう述べて、この著書は結ばれるのである。

もうひとつの「社会の理想」

『社会学の根本問題』の第2章「社会の水準と個人の水準」を検討した第2節末尾で、私はデュルケームとジンメルを対比した。デュルケームにとっては、人々が接近し、昂奮状態のなか「共通の信念」や「集合的理想」が共有されるありさまが、社会を創造し復活させる「社会の理想」の姿であった。この同じ「空間的近接」にジンメルは、「感覚」の優位と「知性」の脱落を見、最も低い水準に人々が引き下げられる「社会学的悲劇」を発見する。このふたりの「距離」をめぐる態度の対比は、いま述べたふたつの「自由」、ふたつの「個人主義」の対比と重なりを見せるように思われる。

たとえば、ジンメルが一八世紀的な個人主義の例証としてあげたフランス革命は、デュルケームにとって重要な参照点であった。『宗教生活の原初形態』で彼はこう述べる。「社会が自ら神となり、あるいは神々を創造する傾向を、フランス革命の初年においてほど明らかに見うるところはない」(Durkheim 1912=1941, 42：上385)。革命時に人々が会合して「犠牲と自己放棄」に走ったさい、演説者と群集は「交霊の状態」に入り、祖国、自由、理性が「聖物」に変換されたとデュルケームはいう(ibid.: 上379)。しかし、彼が目前にしていた現在は「過渡期と道徳的凡庸との段階」にあり、「古い神々は、老い、あるいは、死に、しかも、他の神々は生まれていない」(ibid.: 下342)。これに対してデュルケームは、「道徳的再建」を強く志向する。「創造的興奮の時限を、われわれの社会が再び知る日がくるであろう」(ibid.: 下343)。そのためには集合的感情と集合的観念を強固にする機会が必要であり、これは「集合・会合・教団」を手段にしてのみ得られるだろう(ibid.: 下341)。最晩年のデュルケームは、フランス革命における「創造的興奮」の現在での復活を求め、その参考資料としてオーストラリアのトーテミズムを研究したといえるだろう。

ジンメルの表現をふたたび引くならば、ここで描かれた世界では「万人は同一であるから……道徳的価値が増し、愈々同情と善意とが増す」(Simmel 1917=1979：111) ことだろう。接近した興奮のなかで、人々は「普遍的な人間、人間一般」(ibid.: 106)、「すべての人間が本質的に平等である人間」(ibid.: 107)、「純粋な理想的な人間」となり、「人間の統一性と融け合う」(ibid.: 112)。そして、このとき「自由と平等とは、人類的理想という一つのものの当然調和する二側面のように」見えることだろう(ibid.: 106)。フランス革命も、トーテム礼拝も、人々を「同一」「平等」にし、それまでの桎梏を取り去って「自由」にする。少なくとも『宗教生活の原初形態』でのデュルケームは、ジンメルのいう「単一性の個人主義」をめざしていたに違いない。

この「単一性の個人主義」とその「自由」が「社会学的悲劇」を生む可能性を、ジンメルは見通していたのではないだろうか。それは接近という「距離」に由来するものだけではない。そもそも「最初から不平等」である人間を「万人が同一」という理想に近づけようとするとき、それは「普遍性」に到達することがあるかもしれないが、「万人共通」の「最低の人々の水準」へとみなが引き下げられることによってようやく「同一」になるということがありうるのではないか。そこでは「知性」も「道徳」も失われ、「感情」に押し流されることによる「平等」こそがしばしば帰結するのではないか。そこで求められる「絶対的自由」は、しばしばその反対物へと転化することがあるのではないか。

ジンメルが描くいくつかの「距離のユートピア」は、もうひとつの個人主義、「唯一性の個人主義」あるいは「差異の個人主義」を志向しているように思われる。『社会学の根本問題』第4章そのものでは、これは一九世紀に対応するとしか論じられていないのだが、彼が論じる「自由なき平等」と「平等なき自由」というふたつの理想のうち、後者がより高く評価されていることはまちがいない。「万人の平等」という理想ではなく、「特別な人間、独自の人間」「比較を許さぬ個性」という理想、「差異もまた道徳的義務」であり、「人間間の差異や距離」こそ社会的生活形式の究極の正当な価値であるとする考え方。これを可能にする条件こそ、「距離」であり、「社交」であり、「貨幣」なのではないだろうか。

「社交」は人を自由にする。それは内容と形式を分離して、個人の「内容」を捨て去らせ、「内面性」をその外部に放置する。ここで人々は「社交的人間としては平等」になるが、これはあくまで

「平等であるかのように」なのであって、だからこの外部で人々は差異がある者たちのままでいることができる。「貨幣」は人を自由にする。それは「純粋な道具」としてあらゆる目的から人に距離をとらせることを可能にし、衝動を客観化して自己を制御することを可能にする。このとき「人格」は交換される事物から切り離され、差異のある者たちはそのまま交換へとはいっていくことができる。もちろん「社交」と「貨幣」がもたらす「転回」は、生命のリアリティから切り離された「空虚な虚偽」を帰結する危険も孕んでいる。しかしこの「転回」によって生まれた「形式」によってこそ、人々は差異あるまま自由に生きることができる。ジンメルがいう「結合の自由とも呼ぶべき社会的理想」は、「社交」や「貨幣」や「距離」を媒介に、「差異の個人主義」と結びつく。

このふたつの「個人主義」、ふたつの「自由」、ふたつの「理想」は、じつは社会を考えるときに、じつにしばしば登場するありふれた対比なのかもしれない。多くの人はすぐに他の多くの例を思い出して、本章で論じたことを綺麗に位置づけてくれることだろう(3)。しかしここでは、本章冒頭に戻って、この長すぎる試論を締めくくることにしたい。

ジンメルの死の前年の小さな本『社会学の根本問題』には、ふたつの異なる問題系があった。ひとつは「個人と社会」をめぐる問題であり、もうひとつは「社会化」すなわち「相互作用」に照準するものであって、彼は前者には「悲劇」を、後者には「遊戯」を発見する。これはもちろん、他の多くの社会学者にも見られる「一般社会学」の問題系と、ジンメル固有の「純粋社会学」の問題系の相違であるともいえる。しかし、これは同時に、「距離」をめぐる彼の感受性の表現でもあった。ジンメルは「近接」に社会的水準が孕む「悲劇」を見、「遠離」に自由を確保した「遊戯」を見出す。そして、前者は自由と平等が両立すると考えて「万人の同一」を志向する「単一性の個人主義」に、後者は自由と平等の葛藤を「平等なき自由」の方向で解こうとして「結合の自由」と「独自の個人」という理想を指さす「差異の個人主義」に繋がるだろう。ジンメルが「社交」や「貨幣」を通して描こうとした「距離のユートピア」は、私たちに差異のあるままに他者といる自由をもたらしてくれる、もうひとつの「社会の理想」の姿を示しているように思われる(4)。

注

(1) 本章は、「ジンメルのアンビヴァレンツ」(奥村 2008) で十分論じられなかった『社会学の根本問題』の全体像を検討しようとしたものである。本章で言及する「大都市と精神生活」、「秘密」などについては、そちらを参照いただきたい。
(2) デュルケームが描いた「社会の理想」については、本書第4章を参照されたい。
(3) 本書第1章を参照。なお、そこで扱ったゴフマン、アーレント、およびジンメルがみなユダヤ系であることを付記しておきたい。
(4) 本章脱稿後、長谷正人氏から作田啓一氏によるジンメル論 (作田 1980) の存在を教えられた。この論文は、『社会学の根本問題』の第2・3・4章を辿るもので、たとえば第2章をジンメルによる群衆論ととらえ、デュルケームのそれと正反対であることを強調するなど本章と共通の論点をもちつつ、社交を「脱所属と脱自我」ととらえるなどより鋭利な指摘を行っている。この共通点・相違点からの展開は、今後の課題としたい。長谷氏に深く感謝する。

第6章　亡命者たちの社会学

――ラザースフェルドのアメリカ／アドルノのアメリカ

1　はじめに――亡命者たちとアメリカ

ハンナ・アーレントは、一九四三年の「われら亡命者」という文章で次のように述べている。

われわれは、生まれ故郷を喪失した。これは、日常生活への慣れ親しみを喪失したということである。われわれは、仕事を失った。これは、この世界でなんらかの役に立っているという自信を失ったということである。われわれは、言語を失った。これは、自然な受け応え、無理のないそぶり、感情の気どらない表現を失ったということである。われわれは、親類をポーランドのゲットーに残してきたし、われわれの最良の友人たちは強制収容所で殺された。これは、われわれの私的関係が切り裂かれたということである。（Arendt 1943=1989：10）

ユダヤ人であるアーレントは、故国ドイツをナチスが政権掌握した後の一九三三年秋にパリへと逃れた。だが、一九四〇年五月フランスにとっての「敵国人」として抑留収容所に収容され、パリ陥落後の混乱で収容所から出て、一九四一年一月にフランスを出国、リスボンを経て五月にニューヨークに辿り着く（Young-Bruehl 1982=1999：173-234）。彼女がアメリカ市民権を獲得するのはようやく一九五一年であり、一八年間にわたって彼女は国籍を喪失した「何ら特定の法や政治的協定によって保護されない、生身の人間以外の何者でもないという人間」（Arendt 1943=1989：28）という地点に置かれたことになる。

このような地点から「社会」を見ることは、同じアメリカ社会にいてもアメリカ生まれの人々とは異なる像を結ぶことだろう。それは、たとえばコロラド生まれのプロテスタント・エリートだったタルコット・パーソンズのそれとも、ユダヤ系で南フィラデルフィアの下層階級出身のロバート・マートンのそれとも同じではないと思われる(1)。

ローラ・フェルミ（原子物理学者エンリコ・フェルミの妻、イタリアからの亡命者）の『亡命の現代史』によれば、一九三三年から四四年までの期間にヨーロッパからアメリカに移住した教師を含む知的職業従事者は約二万三〇〇〇〜五〇〇〇人と推定される（Fermi 1968=1972：13）。彼らはヨーロッパにおける独裁の成立とともに政治的理由、信仰や人種差別による迫害を免れるためにアメリカに渡ったが、これは「芸術、学問、科学の領域でこれほど卓越した知的才能の持主が集注して移民したことはかつてなかった」という、それまでとは根本的に違う現象だった（ibid.: 5）。そのうちユダヤ人が大きな割合を占めたことはいうまでもない。当時のドイツで全人口に占めるユダヤ人の比率は〇・九％だが、大学教授は一二％以上がユダヤ人だった（ibid.: 52）。一九三三年四月にヒトラーが出した文官追放令はユダヤ人、ユダヤ混血、左翼主義者・自由主義者をすべての公職から追放するというもので、数多くの大学教授・講師がポストを失った（ibid.: 63）。また、ロシア、ハンガリー、イタリアなどでも独裁の成立とともに、多くの知識人がアメリカに移住することになる。たとえばロシア出身の『ロリータ』で知られる作家ウラジミール・ナボコフ（ibid.: 54）、ハンガリー出身の経済人類学者カール・ポランニー（ibid.: 71）、イタリア出身の指揮者アルトゥーロ・トスカニーニ（ibid.: 9-11）など。ドイツによるオーストリア併合とナチスの法律によってオーストリアを追われた知識人も、一九三八～三九年に大量にアメリカにやってきた（ibid.: 116）。

こうした亡命者たちに対しアメリカの大学は受け入れのために素早く動いた。一九三三年五月には「ドイツ人（のちに外国人すべて）追放学者救援緊急委員会」が大学学長たちによって結成される（ibid.: 93）。これは、アメリカの大学が自由のために強力な戦いができ、ヨーロッパの優れた人材を教授陣に迎えて充実できることを彼らがすぐ理解したことによる（ibid.: 87）。こうした取り組みのなかには、ニューヨークの「ニュー・スクール・フォー・ソーシャル・リサーチ」の創立者アルヴィン・ジョンソン（一九二二年から四五年まで学長）による「亡命者大学」の構想もあった（ここには社会学者アルフレッド・シュッツが在籍した）。ドイツに知己の多かったジョンソンは一九三三年に渡独してその事態を憂慮し、翌年追放学者のリストに「創造的精神をもっているほとんどすべての社会学者の名」を見て、ドイツの学問を守りアメリカの学生にそれを紹介する機関をつくろうと考えた。彼はニュー・スクール内にフランスやベルギーから来た難民たちのために「高等学術自由大学」も創設し、多くの学者、科学者、美術家、音楽家などの難民に仕事を与えた（ibid.: 92）。

フェルミは人名録や伝記などの資料から一九〇〇名の知識人移民のリストをつくり（ibid.: 13-6）、

移動した時代や出身国別に分析を加えているが、ここでは省略しよう。以下では、その四四％を占める最大グループのドイツ人、二〇％を占める第二グループのオーストリア人からひとりずつその後の社会学に重要な影響を与えた人を取り上げ検討したい。ただ、この現象についてもうひとつ付け加えるべきだろう。同じ知識人の亡命を扱った『大変貌』のなかでスチュアート・ヒューズは「亡命者たちの到来がアメリカの知的世界を豊穣にしたことを知っている」と述べたうえでこう記す。「われわれはそれが、ヨーロッパにとっては損失であり、この大陸はそれから回復するのに二、三〇年も要したことも知っている」(Hughes 1975=1978 : 3)。これは社会学にとってもあてはまり、多くの亡命社会学者の知的影響によりアメリカ社会学は発展をとげるが、ヨーロッパの社会学はヒューズの表現が正しければ一九六〇〜七〇年代まで彼らの流出による損失から立ち直ることができなかった。

さて、次節ではまずオーストリア出身のある亡命社会学者を検討したい。彼はポール・ラザースフェルド(Paul F. Lazarsfeld, 1901-76)、ウィーンから亡命してきた社会学者であり、コロンビア大学でマートンと共同研究を行って重要な業績をあげるとともに、アメリカで組織的な社会学的調査研究を創始したとされる人である。

2　ニューヨークのラザースフェルド――民主主義と資本主義のアメリカ

ポール・ラザースフェルド

社会学者エドワード・シルズは、一九三〇年代後半の社会学はアメリカでもヨーロッパでも「乱雑な様相を呈していた」と述べ、「アメリカでは相互に関連性のない個別的な調査がすでに山をなしていたが……なにも共通点がなかったというのが実情」であって、「現在われわれの知っている一貫性のある社会学的な見方は、時たま覆いをかけたままあらわれるだけであった」と述べている。彼は、その稀な社会学者のひとりとしてポール・ラザースフェルドをあげる（Fermi 1968=1972：(2)153-4）。ラザースフェルドは「社会現象の実証的研究の標準的な手続きとなった多くの技術――その大部分が数学的なものであるが――を発展」させる役割を果たし、コロンビア大学に応用社会学部を設立して弟子や助手たちを通じてアメリカ全土の社会学部や研究所のリーダーとなっていった（ibid.: 157-8）。

自身もベルリンからの亡命者で、コロンビア大学で博士号をとった社会学者ルイス・コーザーの『亡命知識人とアメリカ』に、ラザースフェルドの生涯が簡潔に記されている。弁護士の父、精神療法医の母というユダヤ人の両親のもとウィーンで生まれた彼は、母の愛人で社会主義の指導者フリードリヒ・アードラーの影響を受け青年時代に社会主義運動に没頭する。アードラーは理論物理学者でもあって、ラザースフェルドは自然科学や数学にも関心を向け、応用数学で学位をとりギムナジウムで数学と物理学を教える。その後ウィーン大学に新設された「心理学研究所」で統計学を教えるよう依頼されるが、彼の関心は社会主義がなぜオーストリアで成功しないのかを心理学的に解明することに向かい、一九三二年に『マリーエンタールの失業者』という失業者コミュニティの実証研究を発表する。当時の彼の言葉を引くならば、「戦いつつある革命は経済学を必要とし（マルクス）、勝利した革命はエンジニアを必要とし（ロシア）、失敗した革命は心理学を求める（ウィーン）」！（Coser 1984=1988：120-2：Lazarsfeld 1969=1973：186）

この研究で注目されたラザースフェルドは、ロックフェラー財団からアメリカへの研究旅行奨学金を与えられ、一九三三年九月に渡米して多くの社会調査研究所を視察したのち、ニューアーク大学学長の依頼で同大学調査研究センターを発足させる。ここで彼は製品販売のための市場調査とアカデミックな調査の両方を行い、前者で得た外部資金によって後者を実施するというスタイルを確立した。一九三六年、ロックフェラー財団によってプリンストン大学に設立された「ラジオ調査研究室」に招かれるが、中心となったハドレー・キャントリルとの関係が悪くなり、一九三九年に「研究室」をコロンビア大学に移転、一九四〇年には同大学社会学部のテニュアとなって一九六九年の停年退職までそこで教えることになる。一九四四年には「ラジオ調査研究室」が「応用社会調査研究所」と改称され、五〇年代までその所長を務め、ラジオ産業の研究資金や政府委託の資金などを複数の研究計画に融通し合って調査を進める財政運営を行ったという(Coser 1984=1988：123-6)。

コロンビア大学で彼は講義やセミナーで多くの学生に影響を与えるとともに(ジェイムズ・コールマン、マートンの指導学生ピーター・ブラウ、アルヴィン・グールドナーなど)、数十年にわたりマートンと緊密な協力のもと研究を進めた。マートンが理論研究に集中し機能分析によって行動の構造的文脈を解明するのに対し、ラザースフェルドは経験的な調査研究に集中し行動の動機に焦点をおくという補完関係にあり、ふたりはつねにアイデアを交換して、一九四〇年代から六〇年代までコロンビア大学社会学部は「社会学理論と経験的調査研究とを統合する」モデルとなったとコーザーは述べている(ibid.: 129)。

コミュニケーションの二段階の流れ

では、ラザースフェルド自身の問題関心はどこにあったのか。ここでは、一九四四年の『ピープルズ・チョイス――投票者は大統領選挙においてどう意思決定するか』(B・ベレルソン、H・ゴーデットとの共著)、一九五五年の『パーソナル・インフルエンス――マス・コミュニケーションの流れにおける人々の役割』(E・カッツとの共著)を見てみよう。

『ピープルズ・チョイス』は、一九四〇年のアメリカ大統領選挙での人々の投票への意思決定をオハイオ州エリー郡で六〇〇人へのパネル調査により検証しようとする。同年一一月の大統領選は、ヒトラーがオーストリア、ポーランド、チェコを占領し、予備選中にフランスを占領するという緊迫した時期に行われ、民主党候補ローズベルトが共和党候補ウィルキーを破り大統領に再選された選挙だが、その投票行動はなにに影響されたのだろうか。

ラザースフェルドはまず社会経済的地位や宗教などの条件が政党支持にどう影響するかを検討して、社会経済的地位が高く、プロテスタントで、農村部に居住することが共和党支持に、その逆が民主党支持に人々を傾かせる「先有傾向」があるとし(Lazarsfeld et al. 1944=1987 : 80)、この傾向は投票まであまり変わらないとする。政治に高い関心を持つ人々は早くから投票先を決めており、キャンペーンの影響でそれを変えはしない。支持政党を変更する人は八%ほどいるがこれは政治的関心の低い人たちであり、キャンペーンやマスコミの情報にはあまり接しない(ibid.: 124-8)。各陣営のキャンペーンの影響は、政治的関心の高い＝すでに支持を決めている人たちの支持を「補強」し、関心の低い＝まだ支持を決めていない人にはその先有傾向を「顕在化」する(その通りに投票する)効果をもっただけだったとラザースフェルドはいう(ibid.: 165)。

では、支持政党を変更した人たちはなにに影響されたのか。ラザースフェルドは、キャンペーンやマスコミ接触よりも対人接触の効果のほうが大きかったと主張し、とくにどちらが勝つかの期待が他の人々との会話により変更されることで投票先を変えることが多かったという(ibid.: 171)。支持を変更した人たちは政治的関心が低く、マスコミにあまり接触していないのに対し、マスコミへの接触は政治的関心が高く支持を決めている人たちに集中している。つまりキャンペーン・プロパガンダは「もっとも変更しそうにない人びと」に届き、「もっとも変更しそうな人びと」には届かない（ibid.: 193）。しかし、支持を決めているマスコミに接触する人たち＝「オピニオン・リーダー」に、支持を変更する可能性がある関心が低い人たちが接触することで、後者の投票行動が変わることがある。この接触は同じ種類の人たちのあいだで起こることが多く、この「パーソナルな関係」によって同種の人々がつくる「社会集団の政治的同質性」が高められる（ibid.: 220）。ラザースフェルドは、投票行動は「本質的に一種の集団経験である」といい、ともに働き生活し遊ぶ人々は同一の候補者に投票する傾向があると主張する（ibid.: 206）。

ここから「コミュニケーションの二段階の流れ」図式が案出される。「観念はしばしば、ラジオや印刷物からオピニオン・リーダーに流れて、そしてオピニオン・リーダーからより能動性の低い層に流れる」（ibid.: 222）。政治キャンペーンやマスコミが人々に直接影響を与える力は予想ほど強くなく、むしろ人々が集団内で他の人々とパーソナルに接触し、間接的にマスコミのキャンペーンに触れることではじめて効果が生じる。投票を決めていない人や迷っている人を動かすのはマスコミではなくパーソナルな接触、とくにオピニオン・リーダーとの接触ではないか。「結局、人間を動かすことができるのは、なによりも人間である」（ibid.: 231）。ラザースフェルドは大統領選挙を事例に、アメリカ社会で小集団やパーソナル・コミュニケーションのもつ意義を発見した、ともいえるだろう。

この延長上に著された『パーソナル・インフルエンス』は、人口六万人ほどの都市イリノイ州ディケーターを調査地とし、じっさいにだれがオピニオン・リーダーで、いかにしてフォロワーに影響を与えるかを調査したものである。『ピープルズ・チョイス』の結果が示すように、マスメディアは「タウン・ミーティング」のように民主的な世論形成を可能にするのでも、大衆に強力に働きかけて民主的社会を破壊するのでもなく（Katz and Lazarsfeld 1955=1965：3-4）、メディアとマスのあいだには「対人関係という介在変数」がある（ibid.: 7）、このことを直接検証しようとするのだ。具体的には、多様な階層・年齢の女性八〇〇人に買い物、流行、社会・政治的問題、映画観覧について、影響を受けた人、影響を与えた人を質問し、影響者―被影響者関係を追跡する方法をとる（ibid.: 138）。

この調査ではマス・メディア接触と対人関係の効果の比較もされるが、ここではパーソナルな影響の流れそのものに注目しよう。ラザースフェルドは女性たちを生活歴（未婚／既婚、年齢、子どもの数など）、社会経済的地位（家賃と学歴）、社交性（友人数と参加集団数）で分類し、だれがオピニオン・リーダーかを分析する。四つの項目のうち買い物（≠資本主義！）と政治的問題（≠民主主義！）について見ると、買い物行動では生活歴で「大世帯主婦」、社交性で「高」に分類された女性たちがオピニオン・リーダーとなる。こうしたリーダーはどの社会的地位にもほぼ均等に散在し、対人的影響は同じ地位の者同士で交換されることが多く、いわば「水平的な影響の流れ」が存在する（ibid.: 240）。これに対し政治的問題のオピニオン・リーダーは社会的地位が「上」の女性に偏っている。想像がつくように家族内で夫や親に影響されるという場合も多いが、家族外を見ると同一地位の影響は買い物や流行よりも少なく（それでも四四％は同じ地位同士だが）、ホワイトカラーの主婦が実業者や専門職の主婦に助言を求めるといった形でより上の地位の者が下位に影響を与えることが多い（ibid.: 280-2）。これは「垂直的な影響の流れ」ともいえるだろう。また、社交性はオピニオン・リーダーとなる重要な条件だが、生活歴の相違は買い物や流行ほどその出現率に関係をもたない（ibid.: 297-8）。

ただし、いま四四%という数字をあげたように、政治的問題についても影響の流れが「もっぱら上位あるいは威信の高いものから低いものへと下降的に流れる、垂直的な過程である」という仮定はあてはまらないとして、ラザースフェルドはこう強調する。「対人的な影響過程についてのいかなるイメージも、今や、水平的なオピニオン・リーダーシップをも含んだものであるというふうに訂正されなければならない」。オピニオン・リーダーは「コミュニティの全域にわたって、社会経済的な階梯のそれぞれのレヴェルに、普遍的に存在している」(ibid.: 331)。意思決定はマスメディアによって強力に影響されるのではなく、オピニオン・リーダーが中継することによって意思決定に影響を与える。その影響関係も、社会的地位が上のリーダーが下のフォロワーに影響するのではなく、同じ地位の人々のなかにオピニオン・リーダーが生まれ、水平的に影響を与える。

ラザースフェルドは、アメリカ社会にこのような意思決定プロセスが存在することを実証してみせた。この「亡命者による社会学」をどう評価すればよいだろうか。

亡命知識人の類型

コーザーの『亡命知識人とアメリカ』に戻ろう。おそらくコーザー自身の体験を反映したものと思われるが、彼はその「序論」で亡命知識人がアメリカで経験したことを次のように描いている。彼らは故国で社会的経済的にも知的世界でも高い地位と威信を獲得しており、低い階層出身の移民たちとは異なって、渡米後に威信喪失を経験しフラストレーションに陥る。「大学教授」の地位が得られない場合もあり、得られても故国で働いていたような権威ある研究機関でなくカレッジやマイナーな大学だったり、教授への社会的評価が低かったりした。故国ではしなくてすんだ学部教育をせねばならず、負担に感じることもうまくやれず惨めな結果になることも多かった（Coser 1984=1988 : 3, 6–7）。彼らは異邦人として、ヨーロッパとはまったく条件の違うアメリカに適応しなければならなかった。

このときふたつの条件が彼らの適応を大きく左右した。ひとつは、彼らの学問分野がアメリカでどんな状況にあり、受け入れ条件がどうだったか、である。特定言語に縛られないエンジニアや物理学者などの自然科学、数理経済学や科学哲学、記号論理学などは受け入れられる可能性が高い。これに対し、ドイツの歴史学派の経済学者や現象学派の哲学者はアメリカの通常の大学に席を見出すことは困難だった。精神分析はそれまでのアメリカではほとんど注目されなかったが、亡命者たちがこれを持ち込み、新しい世代の精神医学者や知識人たちが熱心に受け入れるという幸福な結果が生まれた。逆にアカデミックな心理学はアメリカで行動主義が支配的だったため、ゲシュタルト心理学の三人の中心人物（ケーラー、コフカ、ヴェルトハイマー）は主要大学での職に就けなかった（ibid.: 5, 7, 9–10）。

もうひとつは、どれだけの亡命者が自分の周りにいたか、裏返しとしてどれほどアメリカの知的ネットワークに参加したか、という条件である。十分な数の亡命者仲間と社会的場を形成できた場合、彼らが影響を発揮する力となるが、数が多すぎると中央ヨーロッパ出身者の閉鎖的集団に閉じこもってしまいアメリカ生まれの知識人と交流を持たない傾向を生む。政治学者のフランツ・ノイマン（ドイツからの亡命者）は、亡命者知識人のうちには「自分の思考構造をあくまで保持しようとし、アメリカ型の思考を革新する使命があると考えたり、軽侮の念をもって自分の孤島にひきこもったりする」という類型があったと指摘する。これに対し、「これまでの知的立場を進んで棄てて、無条件で新しい方向を受け入れた学者たち」、「新しい経験を古い伝統と統合しようとした人たち」もいた（ibid.: 13）。とくに最後の類型は、特定の集団だけで通用する言語は使えないと知り、異なる背景をもつ同僚や仲間との出会いで得られる視野を自分のものにしようとして練り上げた語り口を作っていき、旧世界と新世界の「橋」となっていった（ibid.: 14）。

こうして、アメリカ社会で「周縁的」な存在であった亡命知識人たちは、置かれた条件によって、周縁のローカルな世界に閉じこもったり、ホスト社会に過剰適応したり、周縁性を活かして新しい知を作り上げたりした。それがもっとも生産的になった場合、彼らが受け入れ側の経験を完全に共有していないことによって「距離をとった知の形式」を作り上げ、内部の人間にとって習慣的な行動基準があれば十分なのに対して、それへの「分析的推論」を行わなければならず、それができるようになる（ibid.: 16）。

ではラザースフェルドはどうだったのか。コーザーは、社会心理学という学問がアメリカで未発展だが隆盛に向かう段階だったので、ラザースフェルドは自身が重要な寄与をしただけでなく、多数の学生を教育してこの分野を変える役割を果たした、と述べる（ibid.: 10）。彼はアメリカ社会に見事に適応したといえるだろう。市場調査とアカデミックな調査研究を往復しながら研究組織をリーダーとして運営し、ヨーロッパにもアメリカにもなかった知の形態を開いていく。その成果はアメリカ出身者にとってありふれた経験（「水平的」影響関係など日常的なものだろう）を距離をとって解明するオリジナルなものとなった。

ただ、こうした成功にもかかわらず、彼はずっと自分がアウトサイダーであり完全にはアメリカ社会に帰属していないという感覚をもっていた。ウィーンでの彼は社会主義を支持する聴衆に語りかけ受け入れられたが、アメリカには大きな社会主義運動は存在せず、彼の仕事は（市場調査は別として）大学の仲間、学生、研究者たちのみを聴衆とした。また彼は自分が「ユダヤ人の外見」をもつことを自覚しており、ユダヤ人ではなく「外国人」（オーストリア人）として受け入れられたと感じていた（彼ははっきり中欧の訛りを残しており、コーザーにドイツ訛りを全部なくすべきでないとアドヴァイスしたという）。彼は晩年アメリカ社会学会会長に二回選ばれそこね、三回目に弱小候補と争ってようやく選出される。彼はアメリカ社会で劣等感や疎外感をもち続け、同時にその感覚が、彼に距離をとってアメリカ社会を観察することを可能にしたともいえるだろう（ibid.: 131-2）。

さて、彼以外の亡命社会学者たちはどうだったのか。次にドイツからの亡命者テオドール・アドルノ（Theodor W. Adorno, 1903-1969）をとりあげる。じつは、彼は「ラジオ調査研究室」でラザースフェルドの部下として働いた人物である。おそらくラディカルな思想家でフランクフルト学派の中心人物という位置づけがされる彼が「アメリカ」をどう経験し、そこでどのような社会学を展開したかを、以下2節に分けて論じていきたい。

3　ニューヨークのアドルノ——ラジオとジャズのアメリカ

テオドール・アドルノ

ラザースフェルドは渡米してきたばかりのアドルノについて、プリンストン・ラジオ調査研究室副主任のハドレー・キャントリルとCBS放送の調査部長フランク・スタントンにこう報告している。

彼は貴方がたが想像なさるのと寸分たがわぬ、放心状態にあるドイツ人の教授のように見えます。しかも、彼の一挙手一投足は、あまりにも異様なのでメイフラワー協会の一員であるような感じをうけました。しかしながら彼と話を始めればわかりますが、彼は興味深い考えをおどろくほど豊かにもっていることがわかります。新参者にありがちなことですが、彼も万事を改革しようとします。しかし、彼の言うことに耳を傾ければ、その大半がそれなりに意味をもっていることがわかるでしょう。(Lazarsfeld 1969=1973：220)

アドルノがアメリカに渡ったのは一九三八年二月で、プリンストン・ラジオ調査研究室の音楽研究部門主任研究員のポストを与えられて、つまりラザースフェルドが主任の研究プロジェクトの一員としてのことだった。異様なふるまいをする放心状態にあるドイツ人教授、それなりに意味をもつ改革をしようとする新参者というこの印象は、アメリカにおけるアドルノのことをもしかしたらかなり的確に表現しているのかもしれない。

テオドール・ヴィーゼングルント＝アドルノ(「アドルノ」は歌手だった母親方のイタリア名で、アメリカ亡命後はユダヤ系とすぐわかる父の姓ヴィーゼングルントを名乗らなくなった)は、一九〇三年にフランクフルトでキリスト教に改宗したユダヤ人の裕福な葡萄酒商の息子として生まれた(Jay 1973=1975：25)。『弁証法的想像力』の著者マーティン・ジェイは、アドルノが属したいわゆる「フランクフルト学派」は多くが中産・中産上層のユダヤ人家庭に生まれ(ibid.: 37)、その出自に反発してプロレタリアートとの連帯を熱烈に表明したが、決して「ブルジョワ上層の生活様式」を棄てなかったという(ibid.: 42-3)。

父の商売への興味は引き継がず母の音楽的素養に影響されたアドルノは、作曲をフランクフルトとウィーンで(アルバン・ベルクが師だった)学び、シェーンベルクの無調音楽に影響を受ける。他方一九二四年にはフランクフルトでフッサール現象学についての博士論文を書き上げ、のちにニューヨークで研究所の仲間となるホルクハイマー、ローウェンタール、ポロックなどと親密なサークルを結成する。ジェイによれば、「同じ仲間的結合を好む性向」と「文化的エリート主義」はアドルノの生涯変わらぬ特徴だった（ibid.: 25-7）。彼はキルケゴールの美学にかんする教授資格論文を書き、一九三一年に私講師となる（ibid.: 28）。

一九三三年一月三〇日のナチの権力簒奪後、アドルノはオックスフォード大学で四年ほど研究しつつ過ごす（ibid.: 35）。この間もしばしばドイツに戻っていたが、一九三七年六月にホルクハイマーの招きでニューヨークに数週間滞在し、この秋彼からのラジオ・プロジェクト研究員への誘いを受諾して、一九三八年にアメリカに渡る（Adorno 1969=1973：30）。

フランクフルト学派の拠点「社会研究所（Institut für Sozialforschung）」の成り立ちも簡単に見ておこう。「社会研究所」は一九二三年二月三日に文部省令により公式に創立された。これは、ドイツ生まれでアルゼンチンに移住した穀物商の息子フェリックス・ワイルがフランクフルトで学んだおりに社会主義に傾倒し、このための研究所を構想したことにはじまり、彼の父の金や母の遺産を設立資金とした。当初「マルクス主義研究所」という名称が考えられたが、あまりに刺激的なので「社会研究所」というそっけない名前になり、一九一四年に創立されたフランクフルト大学に正教授として籍を占めるという契約で同大学と提携する形で設立された（Jay 1973=1975：6-10）。この研究所が最大の知的生産性を示したのは、一九三〇年に当時三五歳のマックス・ホルクハイマーが所長に就いてからの時期といわれる（ibid.: 29）。アドルノが研究所と関係を結ぶのは一九三八年以降だが、一九三二年の新しい機関誌『社会研究年誌』創刊号に寄稿しており、社会心理学を重視したホルクハイマーの関心を受けエーリッヒ・フロムなど精神分析家たちも研究所に加わっている（ibid.: 32）。

しかし一九三三年のナチス政権成立後、四月にはホルクハイマーがフランクフルト大学から解任され、ほとんどがユダヤ系（ナチの基準では）で公然とマルクス主義を信奉していた「研究所」はフランクフルトから去らざるをえなくなる（ibid.: 34）。ジュネーヴ、パリ、ロンドンに支部をつくり「研究所」はなんとか維持されたが、安住の地はニューヨークに見出された。ホルクハイマーが一九三四年五月にはじめて渡米したとき、コロンビア大学学長ニコラス・マーレイ・バトラーと会い、同大学の建物のひとつに本拠を置くよう申し出を受ける。「研究所」は一九三一年に基金をオランダに移していて財政的には安定しており（対照的に「ニュー・スクール・フォー・ソーシャル・リサーチ」は資金不足に悩んでいた）、ふたたび集まった研究所メンバーは「ヨーロッパではじめた研究を大した支障もなく再開しえた」（ibid.: 44-9）。彼らはパリのフェリックス・アルカン社からドイツ語の『年誌』を発行しつづけ、「過去を振り捨ててアメリカ人になりきろう」とはしなかった（ibid.: 48）。つまり、前節末で見たような亡命者仲間との「閉鎖的集団」の条件を確保することができた。

一九三八年にニューヨークに渡りこのサークルに加わったアドルノは、その典型といっていい人物かもしれない。では、アドルノにとってアメリカとはどのようなものだったか。彼自身の証言と、彼の作品をいくつか紹介しながら、見ていくことにしよう。

アメリカ・ラジオ・ジャズ

アドルノが晩年記した「アメリカにおけるヨーロッパ系学者の学問的経験」という回想記の冒頭近くで、彼は「私は自分自身のことを徹底してヨーロッパ人だと考えている」と述べている（Adorno 1969=1973：27-8）。「外国ですごした最初の日から最後の日に至るまで、自分自身をヨーロッパ人と考えていたし、それを否定したことは一度もなかった」、逆にいえば「私はアメリカ人ではない」と思い続けていた。その彼にアメリカはどのように見えたのか。「ニューヨークに来て間もないころ、われわれと同様、アメリカへ渡ってきていた一人の家政婦――彼女はいわゆる良家の出の娘だったのであるが――が、私に次のように語ったときのショックを、いまでもよく憶えている。『この町の人たちは以前はよくシンフォニーを聴きに行ったのですが、いまではラジオ・シティを聴くんですよ』。私は決して彼女のようになりたいとは思わなかった。それに、たとえそうなりたいと思ったとしても、私にはそれができなかったであろう」（ibid.: 28）。良家出身の娘が、コンサートで交響曲を聴くのをやめラジオを聴くようになる、これに彼は愕然としてしまう。彼にとってアメリカは、たとえば「ラジオのアメリカ」だった（その調査が彼の仕事だったのだが）。

前衛作曲家アルバン・ベルクの学生だったアドルノは、ラジオから流れる音楽について繰り返し考察する。まず、渡米以前の一九三六年に書かれた論考「ジャズについて」を見よう。この文章でアドルノは救いようのないくらいジャズを貶しており、その焦点はジャズが自発的な音楽に見えながらそれはにせのものだ、という主張にある。

まず彼は、ジャズのリズム原理であるシンコペーションをとりあげる。これはさまざまな変形がされるが、「つねに原形が見透かせるような範囲にとどまっている」。ヴァイオリンやドラムの響きは「突発的に見えながら同時に硬直したところ」がつきまとい、この硬直性をアドルノは何度も批判する（Adorno 1964=1969：109）。そしてその根底には「ジャズは厳密な意味において商品である」ことがある。シンコペーションなどの即興ふうなところは「それ自体が規格化されたもので、規格化された商品性格を糊塗するために、外部からこれにつけ足されたものでしかなく、ただの一瞬も商品性格そのものを制するにはいたらない」。ジャズにまつわる個性や自発性は売れ行きをよくするための意匠であり、自らの商品性格を隠そうとするにすぎない（ibid.: 114）。またジャズはほとんどの階級に浸透し、「隷属的な連中」はそれを受容することで「上流階級の仲間入りしたような気分」になるが、ジャズは「えせ民主的」であり階級差別についても欺いている（ibid.: 116）。それは出版社の資本力、ラジオによる普及、映画の存在が「抗しがたい宣伝機構」として「悪質な流行歌を大衆の脳裡に叩き込む」ものである（ibid.: 117）。

アドルノによれば、頽廃したヨーロッパ音楽がジャズの根源的な力によって再生できるという信仰は「一つのイデオロギー」であり、ジャズがどの程度まで真の黒人音楽とかかわりがあるかも大いに疑問がある（ibid.: 120）。ジャズは「太古の原始的なものの発現」ではなくて「奴隷の音楽」であり、「下女たちのひとり歌いの構造」を連想させる「下層階級」「飼いならした奴隷」に由来するものではないか（ibid.: 122）。ジャズではプレイヤーが演奏のさい作曲の過程に加わるといわれるが、「材料をほんとうに変えることにはならない」のであり、奔放なブレークをしたとしても一定の型にはめられていて「再現者の自由が存在しないことは、芸術音楽の場合と少しも変わらない」（ibid.: 126-7）。「再現は、その非人間性を糊塗するために、楽曲の殺伐な壁を飾り立てるのだが、まさに非人間性がかげで存続することに手を借す結果に終わっている」（ibid.: 127）。ジャズは「とっくに硬直化し、紋切り型であり、使い古しである」（ibid.: 133）。その様式はサロン音楽と行進曲の結合したもので、ジャズ・オーケストラの編成は軍楽隊のそれと等しく、「だからこそジャズは、お誂えむきにファシズムに利用されようとしているのだ」（ibid.: 134-5）。ジャズのねらいとは、「無力な主体がまさにその無力によって、さらに言えばその無力にたいして報いられなければならぬとでもいうように、集団に適応させられるところにある」（ibid.: 144-5）。

このジャズ批判をどう評価すればよいか。アドルノ自身は、これを収めた一九六三年の『楽興の時』の序文で、この論文の執筆当時「ジャズの特殊アメリカ的な様相」に知識が不足しており、「社会制度的なメカニズムを無視して、あまりに直接的に社会心理的な解釈がほどこされているのを、認めるのに吝かではない」（ibid.: 10）と述べている。確かにこの論文で、なにを証拠にし、なにを基準にしてこうした批判をしているのか、疑問に思われる。とくに、批判の基準たる「自発的な音楽」とはどんなものなのか。

アドルノは渡米以降、プリンストン・ラジオ調査研究室での研究から「ラジオ音楽の社会的批判」、「ポピュラー音楽について」、「ラジオ・シンフォニー」といった論文を執筆するが（Adorno 1969=1973：47-8）、そのひとつ一九三八年の論文「音楽における物神的性格と聴取の退化」は「ジャズについて」で見抜けなかった点を補ったもの（Adorno 1964=1969：10）とされる。アドルノがアメリカで暮らしながら書いたこの論考を、次に見てみたい。

ここでアドルノは、一方でアメリカの大衆をとりまく音楽、とくに「娯楽音楽」を問題にする。ラジオから流れてくるのは「規格化された音楽商品」であり、それは娯楽が約束するはずのものを「与えると見せて、実は与えてくれない」。他方これを聴く人々は、「ラジオを聴きながら、耳から入って来るものに注意を払わない」でたんなるＢＧＭとして聴き、趣味をもった個人として音楽を選択することができない（Adorno 1956=1998：18-20）。かつて音楽は「反神話」「反権威」の要素をもったが、資本主義のもと「市場における成功という権威の証人」となり（ibid.: 24）、一方で月並みから逃避する「本格派の作品」の売れ行きは皆無に近づき、他方で「成功の規格化」による人真似ばかりが流行することになって、中間の第三の選択をする余地は残されていない（ibid.: 30）。こうしてアドルノは、まず市場による音楽の規格化を問題にする。

これに対応して、「スターの原理はいまや全面的になった」と彼はいう。聴衆は音楽の実質に反応するのではなく、その音楽が成功していることに反応する。トスカニーニ（ムッソリーニに反抗してイタリアから亡命してきた彼は、NBC放送局により「電波の元帥」となっていた）、ガーシュウィン、シベリウス、チャイコフスキー、シューベルトの未完成交響曲、これらが「ベスト・セラーのパンテオン」となり、著名な作品だから繰り返し演奏され、だからさらに著名になる（ibid.: 31-2）。「つつがなく広大な音楽生活の王国は、物神（フェティッシュ）の国である」（ibid.: 31）。スターや歌手の声やストラディヴァリの楽器といった感覚的な刺戟要素が「物神化」され崇拝されて（ibid.: 35）、音楽そのものの「使用価値」ではなく「交換価値」（≒市場での成功）が快楽の対象となる（ibid.: 36-9）。

この物神化のもとで、音楽作品は本質的な変化をとげその価値は下落する。強調や反復などで楽想の部分部分が聴衆の耳に叩き込まれることになり、音楽の全体の組織は解体されていく（その先駆はワーグナーであり、「音楽は物象化されるにつれて、疎外された耳にますますロマンチックにひびく」（ibid.: 42））。また、そうした楽想が「同化しよいもの」に編曲されていく（ibid.: 45）。この編曲の慣習はサロン音楽に由来するとアドルノはいうが、これによって「文化財」は「流行歌と似た娯楽の材料」になってしまう（ibid.: 48）。

では、聴き手の側はどうか。アドルノは「音楽大衆の意識は、物神化された音楽相応のものである」と述べる（ibid.: 52）。人々は型通りの聴き方しかできず、提供されたものに抵抗できずに「聴き方の退化」が進む。つまり退化した人間＝幼児段階で発達が止まった人間の聴き方をしており、音楽を選択する自由や責任、音楽の意識的な認識を失って、「現にあるものとちがったもの」を認識する可能性を認めようとしない（気づかない、あるいはできれば根絶やしにしたがっている）（ibid.: 54–5）。彼らは自分たちに押し売りされているものを進んで要求する（ibid.: 58）。彼らは注意を集中して聴く能力を失っており、その緊張に耐えられないため「あんまり正確に聴かないからこそなじめるもの」に諦めて身を委ねる。流行の「商業ジャズ」はこの「注意分散」の態度で聴かれるからこそ、その機能を発揮できる（ibid.: 60）。こうした音楽は「認可ずみ」の、「安全無難という証明のお札」がついたもので（ibid.: 62）、彼らの「小児的なきき方」にとって「もっとも安易な、すらすらと解けるような解決」として求められるのだ（ibid.: 66）。

このとき、「買い手のつく芸術音楽」はその代償として密度を落とさなければならない。逆に技法的に首尾一貫した大衆音楽は一変して芸術音楽となり、大衆の基盤を失うだろう。「市場を信奉する芸術家」によるものも、「大衆を信奉する芸術教育者」によるものも、このあいだの「橋渡しの試みのすべてが空しい」（ibid.: 79）。音楽のこの両分野の緊張が増大したために、「物神化した大衆音楽が物神化した文化財を脅かしている」（ibid.: 80）。そして、「音楽を磨き立てると同時に過度に露出するラジオ」が、こうした音楽からの疎外を助長している、こうアドルノは主張する（ibid.: 81）。

おそらくこのアドルノの「物神性」批判は、さきのジャズ批判よりは受け入れやすいもののように思う。確かに、アメリカに渡ってアメリカを見ながらアドルノはこの文章を書いた。だが次の疑問も感じられるだろう。アメリカでのいかなる証拠に基づいてこの主張を組み立てたのか。ラジオ調査プロジェクトのどんなデータがこれに活かされているのか。

アドルノ自身「証拠がどこにあるのか」という反論を気にしていた（Adorno 1969=1973 : 31）。「アメリカにおけるヨーロッパ系学者の学問的経験」で彼は、ジャズが「合理化や規格化」を受け、「計算され、操作された疑似自発性」「二番煎じの自発性」によることがアメリカでの経験で次第に明らかになった（ibid.: 31）とし、「物神性」論文はアメリカで得た音楽社会学上の新しい経験を概念化するための構図を描き、以後の研究のための準拠枠組を素描する意図があったと述べている（ibid.: 33）。しかし彼がラザースフェルドに案内されたラジオ調査研究室では「好き嫌い」や「番組のあたりはずれ」を調査しようとしており、「マス・メディアの分野における企画担当部門にとって役立つと思われるようなデータの収集に関心を持っている」ことだけはよくわかったと述懐している（ibid.: 34）。

プリンストン・プロジェクトはロックフェラー財団がスポンサーだったが、その研究綱領には「現代合衆国で実施中の商業ラジオ放送制度の枠内で行うべし」と明記され（ibid.: 35）、この枠内で被験者の反応を究極的な根拠とする研究がなされていた。アドルノにとってこれは皮相で誤ったものに見え、放送制度そのもの、その文化・社会的な結果、社会・経済的な前提を分析することが必要であって、対象者の主観的な反応が「実際にはどの程度まで被験者が想定するほど自発的で直接的なものであるのか」、それに「包括的な社会構造」や「全体としての社会」がどこまで影響を及ぼしているかこそ調査すべき問題と思われた（ibid.: 35-6）。たとえば被験者がある条件にきわめて強く影響を受けて反応した場合、その条件に気づくことはできず、（なんの影響も受けてないときと同様）「自分は自発的に反応した」と答えることになるだろう。とすれば、「自発性」はどう測定すればよいのだろうか（ibid.: 37）。あるいは、「もはや自発的な経験がほとんどできなくなってしまっている、物象化され、その大部分が操作可能なものとなってしまった意識」（ibid.: 40）は、いかにして測定できるのだろうか。

アドルノは、この「自発性」の問題、「物象化された意識」の問題はアメリカに限られることではないが、アメリカではじめて気づいたと述べる。そして次の堂々めぐりに直面する。「一般的に用いられていた経験的社会学の規準にしたがって文化面での物象化現象を把握するには、物象化された方法を利用することしかない」。つまり、「科学とは測定することだ」という原則こそ物象化された意識ではないか。彼は「文化を測定せよ」と要請されたとき、文化とは「それを測定しうるような精神を排斥する条件そのもの」だと考えたという（ibid.: 41）。アドルノが出会ったアメリカは、「実証されないものに対する懐疑主義」が「思考を拒否するという態度に転化しうる」世界だった（ibid.: 44）。ここにアドルノは、アメリカ的な「熟練したテクニシャン」あるいは「専門家」と、ヨーロッパ的な「知識人」すなわち「教養人」との対立を見出し（ibid.: 46）、前者を拒否し徹底的に批判する。

ラザースフェルドの手紙

以上のことを、ラザースフェルドの側から見てみよう。

ホルクハイマーがアドルノを呼び寄せたのは、ラザースフェルドの申し出によるものだった。彼は「アドルノを説いて、彼の思想を経験的調査に結びつけることができるか」試すのも価値があると考えて、心理学博士号をもつジャズ・ミュージシャンのガーハード・ウィーベとアドルノを協働させることで「ヨーロッパの理論とアメリカの経験主義の一体化」ができると期待した（Lazarsfeld 1969=1973：250-1）。しかし結果は期待を完全に裏切るもので、ふたりの協力は困難になり、ラジオ業界の人々にアドルノは大きな不信を生んでいた（この節冒頭の報告はこうした局面で送られた）。

ラザースフェルドは事態の改善のためにアドルノに研究構想を覚書にすることを求めたが、その膨大な覚書は「物神」という概念が中心的役割を果たす難解なもので、ラザースフェルトには逆効果に思えるものだった（ibid.: 251）。彼はアドルノと話し、もっと明瞭に区別できる類型化をして質問紙によって音楽聴取者の諸類型の分布を定量的に把握できるようにすることで合意したが、この類型の指標は結局開発されなかった。なぜなら、「アドルノが打ち出した指示を経験的用語に翻訳することはまず不可能だったから」（ibid.: 253）。一九三九年秋にロックフェラー財団の研究費が更新されたが、音楽プロジェクトの予算継続は承認されず（ibid.: 254）、この不成功だったプロジェクトでのアドルノとラザースフェルドの協力関係は終わる。

一九三九年夏ラザースフェルドはアドルノに、次の厳しい言葉を記した手紙を送っている。

　きみは、他の人たちをノイローゼにかかっており物神崇拝者だといって攻撃して自惚れているが、そういう攻撃にきみ自身もどれだけ当てはまるかを思ってみようともしない。……きみが著作のいたるところでラテン語を使うやり方が、完全な物神崇拝だと思いませんか？……きみの書いたものは、きみが仮説的前提に対する経験的チェックの仕方を知らないのではないかと疑わせるが、そうなると、きみが自分の考えとちがったありうべき諸々の考え方を尊重しない態度は、いっそう腹立たしいものになります。（Jay 1973=1975 : 326）

しかし、その後もラザースフェルドは「社会研究所」とのかかわりを続ける。第二次世界大戦後「研究所」をコロンビア大学内に存続させるよう働きかけがあったが、それはラジオ調査研究室をコロンビア大学の「応用社会研究調査室」に移行させていたラザースフェルドによるもので、彼は「研究所」を調査室に統合しようと考えていた。彼はロバート・マートンなど学部メンバーにあてた一九四六年二月の手紙で、「研究所」の達成を称揚し、学部は「研究所」を誤解していたがそれは次のような事情による、と述べている。

不首尾のすべては「研究所」のグループの頑迷のせいなのです。わたしは、かれらにもう何年も、ドイツ語で発表することはかれらを駄目にすることになるぞ、と言っていました。しかしかれらは、アメリカに対する自分たちの貢献は、かれらがこの国でドイツ文化の最後の砦になればいっそう大きくなるだろうという固定観念をもっていたのです。このことは、とくにかれらの『*Zeitschrift*』（年誌）についてそうでした。わたしは前の編集長であるローウェンタールに、この国で刊行された年誌一〇巻の簡単な内容分析をするように求めてあります。誰でも、そこにどれだけ価値多いものが埋められているかに驚かされるでしょう。（ibid.: 322）

社会学部はラザースフェルドの推薦に従って「研究所」を招聘したが、カリフォルニアにいた所長ホルクハイマーが健康上の理由（心臓病）をあげてついに実現しなかった。

コロンビア大学という「アメリカ」に地歩を築いたラザースフェルドと、これ以降ホルクハイマーとともに亡命者の「閉鎖的集団」に生き続けたアドルノ。アメリカに民主主義的な「水平的な影響の流れ」を見出したラザースフェルドと、資本主義によって規格化された音楽の「物神性」を見たアドルノ。――さてアドルノに戻ろう。一九三〇年代にラジオとジャズのアメリカに見出したものを、その後彼がどう展開したかを次節で見ることにする。

4　ロサンゼルスのアドルノ――塞がれた耳と縛られた身体

「文化産業」への批判

アドルノの回想によると、ラジオ調査計画での仕事が終わり、一九四一年に彼と妻はカリフォルニアに移住した。病気を抱えていたホルクハイマーが温暖なこの地に移っており、ロサンゼルスで彼らは共同研究に没頭する。それが、一九四四年に完成し四七年にオランダの出版社からドイツ語で刊行された（だからなかなか読まれなかった）『啓蒙の弁証法』である。「哲学的断想」と副題がつけられたこの本はきわめて難解だが、まずこれまで述べたことと直接つながる「Ⅳ　文化産業――大衆欺瞞としての啓蒙」を検討したい。

この章でアドルノとホルクハイマーは、ラジオとジャズのアメリカに「文化産業」という名を与える。映画・ラジオ・雑誌などはひとつのシステムを構成して、「鋼鉄のようなリズム」を謳歌し、個人は全体的な資本の力に服従しつつある（Horkheimer and Adorno 1947=1990：185）。このシステムは人々に「文化のモデル」を伝え、それによる大衆文化は独占態勢のもと、同一で「金儲け目当てにつくられたガラクタ」である（ibid.: 186）。聴衆の側を見ると、彼らはラジオによって「民主主義的に一律に聴衆と化し」、平均化された番組を受け入れてこれを支え、操作する側と聴衆の側の要求が循環して緊密なシステムをつくっている（ibid.: 186-8）。有力な放送会社は電機産業に、映画会社は銀行に依存しており、文化産業の領域での統一化が政治の領域での統一化を反映して進む（ibid.: 189）。紋切型の批判にも見えるが、彼らの目に映った「文化産業」はこうしたものだった。

具体的な論点として第一にあげられるのは、文化産業がある意図のもとに統一的規格を押しつけているという批判である。文化産業の企業、プロダクション、プロデューサーがねらった図式主義は「意図的性格」をもち、すべてが「レディメードの紋切型」となる。流行歌は「胸にジンと来るような効果を持つ短い音程の連なり」、映画やドラマは「結局誰が誉められて、誰が罰を受けるか」がすぐわかるプロットによって成り立ち、技術的な細部による効果を優先させる（ibid.: 191-3）。その結果、「全世界が文化産業のフィルターをつうじて統率される」（ibid.: 194）。たとえばトーキー映画が日常を人工的に製造することで「観客たちが想像や思考を働かせる余地」を奪い、文化消費者の想像力や自発性を委縮させて彼らを型通りの人間にする（ibid.: 194-5）。ジャズのアレンジャーは即興的な不協和音を排除し、図式の枠にはめこんでしまう（たとえば、モーツァルトをジャズ化する！）（ibid.: 196）。文化産業はこうした「《様式の統一》と呼んでもさしつかえない非文化の体系」（ニーチェ『反時代的考察』の引用）を生むと彼らはいう（ibid.: 198）。

次に、彼らは文化産業による「娯楽」に批判を加える。「市民的・啓蒙的原理としての、娯楽の原理」とは「浮かれている」ことで、「現状を承認」するという本質をもつ。社会全体の動きに目を塞ぎ、「苦しみがあっても、それは忘れよう」とする自己愚化と無力さを生み、「娯楽が約束する解放とは、思想からの解放であり、また否定からの解放」だという（ibid.: 221-2）。大衆文化には悲劇も導入されるが「すでに勘定に入れられ肯定された世界の要素」にされており、「検閲済みの幸福の味気なさを興味深いものに」するだけである（ibid.: 232）。文化産業は、野蛮な本能や革命的な本能を抑制するのに寄与してきた「文化」の仕上げをして、「苛酷な生活をとにかくなんとか続けてゆける条件」を人々に教え込む（ibid.: 233-4）。ここでは「個人」が消滅する。スカウトに探し出され売り出されるタレントは「独立性を欠く新中間層の理想形」であり、「すべて任意の誰かと取り換えることのできるもの」でしかない（ibid.: 222-3）。「個人が容認されるのは、一般的なものとあますところなく同一化している」かぎりであり、ジャズの規格化された即興演奏（またジャズ！）から個性派映画スターまで「疑似個性」だけが生まれる（ibid.: 236）。

そして、文化産業は広告と結びつく。文化産業が提供する商品はすべて取り換えがきくもので、「ラジオや映画の大部分がなかったとしても、おそらく消費者がたいして困ることはまずない」（ibid.: 213）。これが価値をもつのは使用価値としてではなく、人々がその作品のランクと誤解している社会的評価に由来する（ibid.: 242）。だから広告によって他より人気があるとランキングされたものがより多く要求され、ラジオ業者が求める広告料を支払える者だけが商品を流通させることができる（ibid.: 247）。アメリカではラジオは聴衆から料金を徴収せず、「特定の利害や党派を超えた構成という欺瞞的形式」を獲得する。ここからアドルノたちはこう述べる。「それはファシズムにとっても同じくおあつらえ向きのものだ。そこではラジオは総統があまねく呼びかける口となる。……国家社会主義者たち自身、ラジオは、宗教改革にとっての印刷機同様、彼らの仕事に形を与えるものだということをわきまえていた」（ibid.: 243）。トスカニーニの慈善演奏中継にとってどの交響曲かはどうでもいいのと同じように、総統演説も内容はどうでもよく、重要なことはラジオによってどこへでも彼の声が押し入っていくことであり、ラジオは打ってつけの媒体である（ibid.: 243）。粉石鹸の広告を流すのと同じように、「総統はもっと近代的に、遠慮会釈なく、ガラクタを処理するように、あっさりホロコーストの命令を下す」（ibid.: 244）。ここで、アメリカでのトスカニーニのラジオ演奏とドイツでのヒトラーのラジオ演説がほぼ同じものとみなされ、文化産業は「ファシズム」を生み出すと彼らはいう。

文化産業とくにラジオからの言葉は、啓蒙過程による「言語の非神話化」をへた言葉を「魔術」へと逆転させ、記号から呪文へと変化する（ibid.: 250-1）。ポピュラー・ソングがあっという間に広がるのと同様に、ファシストの「忍びがたい」という叫びは翌日には民族全体に広がり、商品の名を連呼して売れ行きを高めるのと同じように「特定の言葉をひたすら目まぐるしく繰り返して広く流すことによって、宣伝と全体主義的スローガンが結びつく」（ibid.: 252）。ナチのアナウンサーが「こちらヒトラー・ユーゲント」と呼びかける抑揚は数百万人の発音の手本となり、一語一語が「もうまるごと全体主義的なものになってしまった」（ibid.: 253）。ここには「文化商品に対する、消費者の強制されたミメーシス」が見られる。人々の言葉づかいやふるまいに自由はなく、ニュアンスにいたるまで「文化産業のシェーマによって、前よりいっそう強力に貫かれることになる」（ibid.: 254）。

さて、カリフォルニアで執筆されたこの「文化産業」への診断をどう評価すればいいのだろうか。これを、ニューヨークにいたラザースフェルドが読んだらどう思うかを想像してみよう。おそらく彼はこの批判にどんな実証的根拠があるのか、と首を傾げるだろう。そして同時に、アメリカの文化産業とドイツでのナチによる宣伝を同じに見てよいのだろうか、という疑問をもつのではないだろうか。ラザースフェルドが実証したのは、ラジオがどんな商品広告や政治キャンペーンを流したとしても直接人々を動かすことはできず、人々の関係によりはじめて効果をもつ、しかもその関係は「垂直的」であるより「水平的」である、ということだった。しかし、アドルノたちはラジオが人々に圧倒的な効果をもち、それによって彼らは規格化、愚鈍化、欺瞞されると考え、それはアメリカでもドイツでも同じだ、と受け取れる叙述をする。そして、このように「個人」が消え失せ、人々が扇動されるのは、「啓蒙」そのものが孕む傾向なのだとさえ考える。

遡って『啓蒙の弁証法』序文と「Ⅰ　啓蒙の概念」というより抽象度の高い部分を見てみると、この主張が明確にわかるだろう。さらに難解なこのテクストを、次に検討しよう。

塞がれた耳と縛られた身体

『啓蒙の弁証法』序文でアドルノたちはこう述べる。この本のねらいは、なぜ人類は「真に人間的な状態に踏み入っていく代りに、一種の新しい野蛮状態へ落ち込んでいくのか」を認識することである（ibid.: ix）。いまやわれわれは「啓蒙の自己崩壊」（ibid.: xii）、「啓蒙が神話へと逆行していく」（ibid.: xiii）事態に直面している。その原因は、「真理に直面する恐怖に立ちすくんでいる啓蒙そのもの」に求められなければならない（ibid.: xiii）。啓蒙的思想はその概念自体に「今日いたるところで生起しているあの退行への萌芽を含んでいる」（ibid.: xii）。これを認識することが求められる、すなわち「啓蒙は自己自身について省察を加えなければならない」（ibid.: xv）。だが学問の伝統は「実証主義を奉じる清掃業者の手によって、無用のガラクタとして忘却に引き渡され」ており（ラザースフェルドのことか?）、学問の意義自体が疑わしくなっている（ibid.: ix-x）。なされるべきは「虚偽の明晰さ」を拒否し、「物象化の否定」という精神の真の関心事を回復することだ（ibid.: xvi）。

このねらいは十分に理解できるものだろう。では、「啓蒙」という概念をそもそもどのようなものととらえればいいのか。「Ⅰ　啓蒙の概念」に移ろう。

古来「進歩的思想」という最広義での啓蒙が追求してきた目標は「人間から恐怖を除き、人間を支配者の地位につける」ことであり、そのプログラムはマックス・ヴェーバーがいうように「世界を呪術から解放すること」、神話を解体し知識に置き換えることだった（ibid.: 3）。印刷機、大砲、羅針盤、洗練された印刷機としてのラジオ（またラジオ！）、高性能の大砲としての爆撃機、高精度の羅針盤としての無線は自然と人間を支配するための道具となる。これらを使うとき、「真理」を手にすることよりも「操作」することが重要となる（ibid.: 4-5）。

「世界の呪術からの解放」とはアニミズムを根絶することであり（ibid.: 5）、神話の基礎である「自然を人間になぞらえる見方（Antropomorphismus）」を清算することである（ibid.: 7）。啓蒙の理想は「すべての個々のものが導き出される体系」（ibid.: 8）であり、外れたものは「神話」として犠牲にされる（ibid.: 9）。こうして「神話は啓蒙に移行し、自然はたんなる客体となる」。啓蒙が事物に対する態度は、独裁者が人間に対する態度と同じであり、独裁者は人間を「操作」しようとし、啓蒙は事物を「製作」しようとする。このために認識された「同一性」は、そこからはみ出る「質の充実の放棄」を代償として自然を統一することになるだろう（ibid.: 10-1）。たとえば神話時代の犠牲における身代わり（女児の身代わりに牝鹿、男児の身代わりに子羊）は「選ばれた者としての一回性」「神聖性」によって「さし代えようにもさし代えのきかないもの」とされたが（これが「質」）、科学にとってはただの獣にすぎず、「普遍的な代替可能性」に転化する（ibid.: 12）。啓蒙は「通約しきれないものを切り捨てる」。質的なものが消去され、人間も画一化されて他者と同質的な自己となって、「個々人の否定」（ibid.: 15）、「すべてが水平化され、結局解放された人々自体が、啓蒙の成果としてヘーゲルが指摘したあの『群』」になるという事態が生じる。アドルノたちは、「マナ」という宗教的原理を「あらゆる見知らぬもの、異様なもの、つまり経験の範囲を超えているもの、これまで知られていた事物のあり方を超えているものの総称」（ibid.: 17-8）とするが、これは啓蒙にとってあってはならないとされるのだ。

たとえばカントの『純粋理性批判』は、「自然支配が画する圏の中へ……思考を封じこめた」と彼らは指摘する。カントにとって科学によって究め尽くせない存在はこの世にはない、ということは、「理性がすでに対象のうちに見込んでおいたものが、再認されるだけ」ではないか（ibid.: 33）。「数学的形式主義」は数で表すことができる直接的なもの・事実的なものに思考を繋ぎとめ、認識はこの反復に極限され、思考はたんなるトートロジーになるのではないか（ibid.: 34）。だから、「啓蒙は神話に対して神話的恐怖を抱いて」おり、「あらゆる自然的な痕跡」を神話的なものとして方法的に消し去り、認めることができない（ibid.: 37）。「動物的であれ、植物的であれ、純粋に自然的な存在」は文明にとって絶対的な危険となり、「ミメーシス的、神話的、形而上学的な態度行動様式」への後戻りは「自然そのままへ」引き戻される恐怖を呼び起こす（ibid.: 39-40）。「啓蒙された精神は、あらゆる非合理的なものに、破滅を導くものとして烙印を押し、その烙印をもって、火あぶりと車裂きの刑にとって代えた」（ibid.: 40）。啓蒙は非合理的なものにただ恐怖するだけで、扱うすべをもたないのではないかとアドルノたちはいう。

彼らはこのことをより明確に伝えるために、ホメーロス『オデュッセイア』のセイレーンたちの誘いの場面をとりあげる。オデュッセウスたちの帰路の航海のさい、セイレーンたちの歌が誘惑する（また音楽！）。芸術は「実践と手を切る」ことで「社会の実生活から寛容にあつかわれる」ようになるが、セイレーンの歌は「まだそういう芸術になるほど無力化されてはいない」、だから「その歌声を聞く者は誰一人として逃れることはできない」（ibid.: 42-3）。つまりこの歌は「自然」「非合理的なもの」に人を引き戻す力をもつ。

この誘惑に対し、オデュッセウスはふたつの脱出法をとる。ひとつは、彼の同行者（部下）たちに耳を蝋で塞ぐよう命じ、彼らは渾身の力で船を漕ぐ。「生き残ろうと欲する者は、取り返しのつかないものの誘惑に耳をかしてはならないし、耳をかさないようにするためには、誘惑の歌が聞こえないようにしなければならない。……労働する者たちは、生き生きと脇目もふらずに前方を見つめ、傍に何が起ろうとも構ってはならない」(ibid.: 44)。

もうひとつ、オデュッセウス自身はセイレーンの歌を聞くが、自らを帆柱に縛りつけ動けなくする。こうすることで彼は「他人を労働させる領主」の社会的役割から脱出できなくなり、誘惑の歌を聞いてもなにか結果が生まれるのではなく、ただ瞑想の対象である「芸術」としてそれを聞くだけとなる。「縛りつけられている者は、いわば演奏会の席に座っている。後代の演奏会の聴衆のように、身じろぎもせずにじっと耳を澄ませながら」(ibid.: 44-5)。ここには「支配と自己制御の機構」としての精神しか存在しない(ibid.: 47)。塞がれた耳(労働者)と縛られた身体(支配者)。ここで世界の質(セイレーンの歌)は消え、すべてが機能へと換算され合理化された労働の対象となる。「今日の大衆の退歩は、自分の耳をもって聞こえがたいものを聞き、自分の手をもって把えがたいものに触れることができない無能さのうちに現われる」(ibid.: 47)。この漕ぎ手たちも、「工場や映画館やコルホーズでの近代の労働者」もみな「同じ拍子につれて動くように拘束されている」(ibid.: 48)。

自然を支配しようとして道具をつくる。このことは同時に、「すべての人を手中に収めようとする支配の道具」、言語、武器、機械などが自立性を獲得し合理化されることを意味する(ibid.: 48)。自然も客体となり、人間も客体となる。「人間を自然の暴力から連れ出す一歩ごとに、人間に対する体制の暴力が増大していくという状況の不条理さは、理性的社会の理性を、陳腐なものにすぎないとして告発する」(ibid.: 50)。人間は自然を支配しようとして自然から距離をとるべく概念という「観念的な道具」を用いるが、そこで主体と客体は分裂してしまう。自然は「マナとして、直接に呼びかけられる」のではなく、「盲目のもの、不具にされたもの」（ママ）としてのみ呼びかけられる（ibid.: 51-2）。
　啓蒙は「啓蒙の実証主義的契機を押し進めることに夢中に」なり、「ただプロトコール命題」（直接に観察でき検証できる命題）だけを検証することになる（ibid.: 53）。こうして思考そのものの内部にまで支配が及び、思考は「数字、機械、組織といった物象化した形」をとることになるが、これは思考を放棄するに等しく、このとき啓蒙は自己自身の実現を断念することになる。「啓蒙はすべての個別的なものを自己の制御下に置くことによって、事物に対する支配として逆に人間の存在や意識にはねかえってくる自由を、概念的には捉えがたい全体の手に譲りわたしてしまった。社会は人の意識を喪失させることによって思考の硬化をもたらす」（ibid.: 54）。啓蒙は「盲目の支配の原理をあえて止揚する」ときに、自己を実現することができ、「支配の解消へと移行すること」ができる。しかし、いま啓蒙は、その可能性があるにもかかわらず「現代に奉仕して、大衆に対する全体的な欺瞞へと転身する」という事態に陥っている（ibid.: 55）。

反ユダヤ主義と権威主義的パーソナリティ

問いを確認しよう。ここでは、なぜ人類は「真に人間的な状態に踏み入っていく代りに、一種の新しい野蛮状態へ落ち込んでいくのか」、「啓蒙の自己崩壊」、「啓蒙が神話へと逆行していく」という事態がなぜ生じるのか、が問われたのだった。以上で示された答えの焦点は、人間が自然を支配することで合理性によってしか自然を把握できなくなり、その非合理性に対処できなくなったこと、自然を支配するべく組織された社会において人が人を支配するために理性が利用され、これを思考する概念をもちえていないことにあるだろう。理性によってとらええない支配されざる自然や人間をとらえるのが精神あるいは広義の「啓蒙」の役割だが、啓蒙は支配の相でしか自然も人間も認識できない。これが「啓蒙の自己崩壊」の要因ではないか、という主張である。

一方でこれは、強い説得力をもつ主張だと思われる。たとえばオデュッセウスの物語に託した「塞がれた耳」と「縛られた身体」の対比は、おそらくアドルノにとって彼が直面する問題の根本的な構図を抽出したものではなかっただろうか。自然の呼び声を感じる「耳」を塞がれて、道具によって自然に働きかけることしかできない生産主体としての労働者。自然の呼び声を聞くことはできるが、それに働きかける身体を喪失して、ただ囲い込まれた「芸術」としてしかそれを実現できない支配者。ここには、ラジオとジャズのアメリカに対する省察のひとつの到達点が見られると感じられる。

しかし他方、この文章を読んでである失望も感じるだろう。確かにこれは「啓蒙」に対するじつに根源的な批判である。だが、ラディカルであればあるほど、これは啓蒙や文明や理性すべてにあてはまるように見える。啓蒙それ自体を問いの対象としているのだから、そこではアメリカとドイツと古代ギリシャの差異は小さなものになってしまう。でもそれでよいのだろうか。アメリカはなぜこのような民主主義社会であり、ドイツはなぜあのような全体主義社会になったか、仮にどちらでも啓蒙が自己崩壊するとしてそれがどう違った「自己崩壊」なのか、これを知る必要があるのではないか。

おそらく、「文化産業」、たとえばラジオの力によってファシズムが発生した、というのはあまりにも表層的な命題だろう。他方、「啓蒙の自己崩壊」としてファシズムが誕生した、というのはあまりにラディカルで、逆になにも説明しない命題に見えてしまう。ラザースフェルドならこう尋ねるだろう。アドルノよ、この仮説をどう実証するのか。またこうも尋ねたくなる。アドルノよ、この主張が正しいとして私たちはどうしたらいいのか。問われるべきは「ラジオ」と「啓蒙」のあいだ、これらを媒介する水準にあるのではないだろうか。この水準に照準することなしには、一九四四年のカリフォルニアがなぜ安全な場所であり、フランクフルトがなぜ危険だったかを解明することはできないのではないか。

この疑問と不満は、この媒介する水準を埋めようとしたと思われる彼のふたつの作品を読んでも解消されない。すなわち、彼の回想での表現によれば「人種主義的偏見の客観的側面」に注目した『啓蒙の弁証法』の「V　反ユダヤ主義の要素――啓蒙の限界」と、「ファシズム一般を、純粋に主観的な基盤から解明する」ことをねらいとしたと「誤解」されがちな共同研究『権威主義的パーソナリティ』である（Adorno 1969=1973：54-5）。

『啓蒙の弁証法』の「反ユダヤ主義の要素」の章で、アドルノとホルクハイマーは「民衆運動レベルの反ユダヤ主義」（民衆の無力と憤怒の感情がユダヤ人へと向けられる）、「市民社会の反ユダヤ主義」（労働者たちや農民の憎悪が流通領域にいるユダヤ人へと向けられる）、「宗教的敵意」（救済知に硬化したキリスト教が「自然」の要素を残しているユダヤ教に敵意を抱く）を区別する。このうち、「塞がれた耳と縛られた身体」と一貫する次の論旨だけ引いておこう。キリスト教の精神は世界に対して「概念による整序」を行う。文明は他者と私が有機的にまじってしまうような「本来のミメーシス的行為」を廃止して、これをまず「ミメーシスの組織的操作」に、次いで「合理的実践つまり労働」に置き換え、「コントロールできないミメーシス」を追放する（Horkheimer and Adorno 1947=1990：282-4）。ところがユダヤ人はミメーシス的性向・自然的契機をいまも保存している。ユダヤ教は「脱魔術化」を、魔術をすべてなくすのではなく「礼拝という形」で、つまり「魔術自体の力によって」「魔術から力を奪うことに成功した」ように見え、「自然への同化」を根絶するのではなく「儀礼の純化された義務」のうちに止揚し、「キリスト教が果たそうとして果たせなかったものを達成した」ように見える（ibid.: 292-3）。だからキリスト教徒は「ユダヤ人を我慢することはできない」（ibid.: 288）。自然から切り離された者が、自らのなかに抑えつけている自然への憧れをユダヤ人が実現していることに対し（それを認めると自分のなかの憧れに気づいてしまうかもしれないので、それをさらに抑圧するために）ユダヤ人に激怒する。こうした「誤れる投影作用（Projektion）」が反ユダヤ主義である（ibid.: 291）。

マーティン・ジェイは『弁証法的想像力』で、端的にこう要約する。「ユダヤ人はひそかに羨望されているがゆえに憎悪されている、とホルクハイマーとアドルノは論じた」（Jay 1973=1975 : 338）。ここでは、「キリスト教」「文明」と「自然」「ミメーシス」の関係をとらえる一貫した構図のなかに、「反ユダヤ主義」が位置づけられている。これは疑いなく、オデュッセウスの挿話の考察を引き継いだ他にはない優れた達成である。だがこの「啓蒙」へのラディカルな批判は、ここでもまたラディカルであればあるほど、なぜ一九三〇年代以降のドイツがユダヤ人を大量殺戮する「社会」となり、アメリカがそのような「社会」にならなかったかを説明できない。

一九五〇年にアドルノとアメリカ生まれの社会心理学者たちが刊行した『権威主義的パーソナリティ』は、「潜在的にファシスト的な個人」「反民主主義的な宣伝にとくに動かされやすい精神構造をもっている個人」（Adorno et al. 1950=1980 : 10）がどのように形成されるのかを、二〇〇〇人以上への質問紙調査と追加のインタビュー調査によって実証的に解明しようとしたものである。「Fスケール（ファシズム尺度）」という指標（ラザースフェルドがアドルノの考えを「経験的用語に翻訳することはまず不可能」と揶揄したのに反して！）で有名なこの研究については、公平を欠くかもしれないが、不満を述べるにとどめよう。アドルノが執筆した章「類型と症候群」で、彼はインタビューから抽出した数種類のパーソナリティ類型を検討し、「権威主義的」症候群を問題にする。一方で権威を盲信してそれに同一化し（マゾヒズム）、他方で外集団や社会的に弱い犠牲者を攻撃する（サディズム）というパーソナリティをもったこの人々は、「外的な社会的抑圧」が「衝動の内面における抑圧」と結びつくことで「服従と従属」を喜びとするようになる。つまり、父親に厳しくしつけられた子どもは父親への憎悪を抱くが、それを父親に向けることはできず、それが他に向けられる。そして、「ユダヤ人は頻繁に憎悪された父親の代用物に」なり、反抗したい父親がもつ「冷たく、横暴で、性的なライバル」という資質がユダヤ人に投影される（ibid.: 455-6）。

結論ではこう述べられる。いま触れた「権威主義的パーソナリティ」は、「基本的に階統的で権威主義的で利己的な親子の依存関係」から生まれる。他方、「個人的な自立と独立の強い感覚」をもち、率直に意見を表明し、他者をステレオタイプ（たとえば「ユダヤ人」）ではなく個人として見る「真のリベラル」という類型は、「基本的には平等主義的で、かつまた寛大な対人関係によっておもに特徴づけられるパターン」によって生まれる（ibid.: 493）。こうして、本研究は「偏見や寛容を確立する場合に親‐子関係が重要であることをつきとめ、われわれは説明の方向へ一歩を踏み出した」（ibid.: 494）とアドルノは述べる。

だが、この研究もまた、「社会」の水準での相違を説明しない。「ファシズム」がなぜ成功するか↓「潜在的にファシスト的な個人」がいるからだ↓その成立には「親‐子関係」が重要である！　これは正しい認識だろうが、問題はある社会でなぜ「潜在的にファシスト的な個人」が多く発生し、ある社会では少ないか、あるいは、どの社会にもある割合で「潜在的なファシスト」と「真のリベラル」に近い人々が存在するが、なぜある社会は全体主義となり、別のある社会は民主主義であるか、にある。

しかしこの問いにこの研究は答ええないだろう。そもそもこの調査は「アメリカ」でなされ、調査対象者は、カリフォルニア大学、オレゴン大学の学生、精神分析治療患者、刑務所の囚人、復員軍人、労働者階級の男女、中産階級の男女であって（ibid.: 35-40）、ジェイの表現では「白人の、この国生まれの、非ユダヤ人で、中産階級のアメリカ人」（Jay 1973=1975 : 350）がほとんどだった(3)。

アドルノは、「啓蒙」「文明」そのものの水準に「啓蒙の自己崩壊」の契機を発見する。それと同様に、「アメリカ」のなかに「潜在的なファシスト的な個人」を発見し、その成立理由として「親-子関係」の水準をあげる。このいずれもがアメリカにもドイツにも（そして他の多くの近代社会にも）発見されうるものだろう。この発見は、すべての文明に通底する根源的な批判を可能にする。しかし、これは「ラジオ」と「啓蒙」のあいだを媒介できず、「カリフォルニア」と「フランクフルト」とを比較できない(4)。

5　おわりに——アドルノのアメリカ

アドルノは一九四九年の晩秋ドイツに帰国し、フランクフルト大学での教授活動と社会研究所の再建に追われる。その後アメリカには、一九五一年の短期間と、五二年の約一年間ビヴァリーヒルズのハッカー財団に研究主任として滞在しただけだった（Adorno 1969=1973 : 67）。

フランクフルトへの帰還は同市がホルクハイマーに行った招請に応えたものだったが、彼に同行して帰国することを熱望したのはアドルノただひとりだったという（Jay 1973=1975 : 414）。アドルノは後年、その客観的理由として言語をあげ、ドイツ語が「哲学に……特別な親和力をもっているから」

と述べる（ibid.: 414）。第3節冒頭で見たように「自分自身のことを徹底的にヨーロッパ人」とみなしたアドルノは（Adorno 1969=1973 : 28）、「亡命している間中……片時も帰国の望みを捨てなかった」（Jay 1973=1975 : 435）。

アドルノにとってアメリカとはなんだったのか。マーティン・ジェイの論文「アメリカにおけるアドルノ」は、一九六九年の死亡当時彼は「アメリカでは、ほとんど『権威主義的パーソナリティ』の表紙の筆頭著者としてしか知られていなかった」という（Jay 1986=1989 : 210）。アメリカ社会に受け入れられないからドイツ語の集団に閉じこもり、閉じこもるからさらに受け入れられなくなるという悪循環を彼は経験したのだろう。彼は「アメリカ文化にまったく愛情をもっていなかった」のであり、渡米前のジャズ論に記された「偏見を本当に克服することはできない」（Jay 1984=1992 : 43）ままアメリカを去ったともいえる。

アドルノ自身はその回想でこう述べている。「私がアメリカで学んだと思われる事柄」といえば、第一に「ものごとを自明視」しなくなり、文化への素朴な信仰から解放されて「文化を外側から眺める能力を身に付けた」ことである（Adorno 1969=1973 : 70）。ただ、さらに根本的で幸運だったのは、「民主主義的諸形式の実質的内容を経験できたこと」だと彼はいう。ドイツではゲームの形式的規則以上ではなかった「民主主義的形式」が、アメリカでは生活の全領域に浸透しており、「古いヨーロッパではめったにお目にかかれない真の寛大さなるものの潜在的基盤」をなしている。これは「一九三三年から一九四五年にかけてドイツで爆発した、鬱積した怨恨や嫉妬とは鋭い対照を見せている」（ibid.: 71）。「アメリカにおけるファシズム的な潮流に対する抵抗力は、おそらくヨーロッパのいかなる国におけるよりもはるかに強力だといってよい」、ただしイギリスという例外を除けば（ibid.: 72）。

だが、彼はこうもいう。「だからといって、私はなにもアメリカが全体主義的な支配形態の方向にひっくり返る危険性から完全に免れている、などというつもりはない。というのも、こうした危険性は現代社会そのものの傾向に固有のものだからである」（ibid.: 72）。とくにアメリカは「資本主義をほとんどその完全な純粋性の状態で示しており、資本主義以前の遺物はなんらそこには見当らない」、だから「現代文化における文化自らが招いた過ち」（ibid.: 73）、すなわち「文化が社会的現実のなかで自らを実現化するのではなく、精神という孤絶した領域のなかに自らを閉じこめてきたことによって招いた罪」に対する自己懲罰が生じるのではないか。資本主義のもとでヨーロッパもアメリカも第三世界も、その空港をみればわかるように、質的差異がなくなっている。これが徹底的に進んでいるのがアメリカであり、そこでは「区別の欠如と平均値の絶対化の危険性」をともなう「量的思考法」が支配している。その帰結がどうなるかを、アメリカの経験は考えさせる。もちろんこの罪の帰結はじっさいは「アメリカにおいても起りはしなかった」ので、明示できない。しかし「こうした事態の現実化の可能性は、ヨーロッパにおけるほど遮られてはいない」（ibid.: 74）。「現代の文化」がもつ帰結――それは『啓蒙の弁証法』で「啓蒙の自己崩壊」として描かれたものとほぼ等しいだろう――がアメリカでもっとも純粋に発現するのではないか。ヨーロッパとは別の「民主主義」を実現しているアメリカが、同時に「啓蒙」や「文明」の（病理的な）帰結にもっとも近いのではないか。この回想は、こうした屈折したアメリカへの診断によって閉じられる。

ドイツ語を捨てずに中欧出身者の集団に閉じこもり、アメリカにほとんど影響を与えなかったドイツからの亡命者アドルノは、「資本主義のアメリカ」をラジオ音楽の物神性をめぐって徹底的に批判し、「民主主義のアメリカ」を評価しつつ啓蒙の逆説的帰結が潜在することを発見して、あらゆる「啓蒙」や「文明」をラディカルに批判した。これは、中欧訛りを残した英語でアメリカに適応し、その社会学に強い影響を与えたオーストリアからの亡命者ラザースフェルドが、「資本主義」も「民主主義」もアメリカでは水平的な集団によって媒介されるととらえたのとは対照的といえるだろう。振り返るならば、彼らは故国でともに社会主義者だった。そして、故国の全体主義を逃れてアメリカに亡命後、その「資本主義」と「民主主義」への評価はこれほど異なるものとなった。これを彼らがアメリカで置かれた境遇によって説明するのはもちろん明らかに乱暴だろう。ただ、彼らが展開した社会学が、アーレントのいう「生まれ故郷を喪失」し、「生身の人間以外の何者でもない」地点にいたことに強く影響されていることは、やはりまちがいないように思われる。

注

（1）本章は『社会学の歴史I——社会という謎の系譜』（奥村 2014c）の草稿の一部を論文化したものである。同書には、本章を大幅に短縮し、フロム、マンハイム、エリアスについての記述を加える形で「第8章　亡命者たちの社会学——ナチズムという謎」を収めた。

（2）キャントリルは『火星からの侵入』の著者だが、その「序」にプリンストン・ラジオ・プロジェクトについて記している（Cantril 1940=1971：iv）。

（3）社会研究所はドイツなどヨーロッパ諸国での調査（エーリッヒ・フロムが中心で、アドルノは不参加）に基づき一九三六年に『権威と家族に関する研究』を刊行したが、ここでは「権威主義的、革命的、両価的」という三つの心理類型を抽出している（Jay 1973=1975：184-5）。これに対し、『権威主義的パーソナリティ』では、「権威主義」の対極に「真のリベラル」つまり民主主義的パーソナリティが置かれ、革命的パーソナリティを志向した前者と相違を見せている。ジェイによれば、エドワード・シルズは「権威主義的パーソナリティ」がなぜ「ファシズム」とだけ結びついて（「Fスケール」）、「コミュニズム」（いわば「Cスケール」?）と結びつかないかわからない、と批判したという（ibid.: 357）。

（4）エーリッヒ・フロムは『自由からの逃走』で、ファシズムを生んだ「孤独と無力」はプロテスタンティズムを源泉としていると述べ（Fromm 1941=1951：82）、ルターは「権威主義的性格」の典型的な人間であり（ibid.: 74-5）、ルターとカルヴァンという歴史上の宗教指導者のうち「もっとも憎しみにとらえられた人物」の「敵意にいろどられた教義」が人々を孤独に突き落としたと述べている（ibid.: 103）。彼は、なぜドイツでナチズムが勝利したかという問いに、ワイマール時代の下層中産階級の社会心理とともに、「マックス・ヴェーバー的近代」に答えを求めたといえるだろう。なお、出口剛司によれば、フロムは一九三三年のアメリカ亡命後間もなく英語による臨床治療や講義を始め、一九三八年以降ドイツ語を放棄して英語での執筆活動を開始している（出口 2002：213）。コーザーは、フロムが同時代の他の精神分析家にもまして専門外の多くの聴衆を得、「一九四〇年代と一九五〇年代のアメリカ文化に重要な影響を与えた」と述べており（Coser 1984=1988：76）、この点でもアドルノとフロムは対照的である。奥村（2014c）の第8章も参照のこと。

III

いくつもの声が響き合う

第7章　もしも世界がみんな構築主義者だったら
——構築主義社会における構築主義社会学

1　構築主義社会と構築主義社会学

Wくんの問いかけ

シンポジウム「構築主義批判・以後[1]」でコメンテーターの機会を与えられ、報告者から報告資料が事前に送られてきてコメントを準備していたとき、あるエピソードを伝えたいと思い立った。それは、報告者に野口裕二先生がおられるから思い浮かんだことなのだが、一〇年以上前の出来事なのにその後ずっと抱え続けたことである。

一九九五年の早春と記憶するが、その年度東京学芸大学で非常勤講師として講義を担当した私は社会学研究室主催の慰労会に招待された。研究室の先生方との食事会で歓談したあと数名の先生方と二次会に移ったが、とくに社会学の教育の話題で盛り上がり、当時在籍していた千葉大学での取り組みを紹介したり学芸大学の教育についての話を聞いたりした。そのときふと、直前に卒業論文を書いた学生との会話が頭に浮かび、そのことに触れてみた。

その学生Wくんは軽度の視覚障害をもった学生だったが、「視覚障害者」がいかに関係のなかで構築されるかをテーマに、自分の経験を踏まえながらインタビュー調査を行って優れた卒論を作成した。完成前の相談のさい彼はこんなことを問いかけてきた。先生（奥村）や社会学研究室の先生たち（当時の千葉大学文学部社会学講座には大澤真幸さん、長谷正人さん、立岩真也さんがいた）から、社会学によってあたりまえって疑えるんだ、作られたものなんだと学んだのはほんとによかった。とても楽で自由になったし、きっと人生の幅が広がった。でも先生、もしすべての人がこの考え方を身につけたらどうなっちゃうんでしょう。そのとき社会って成り立つんですかね？　社会学って必要なんでしょうか？

私は虚をつかれてすぐに答えられなかったが、彼はこう続けた。みんなが社会学を身につけたら、やっぱり社会は成り立たないんじゃないかな。あたりまえをこんなふうに疑う人たちばっかりになったら。だとしたら、先生はそれが広がったら社会がうまくいかないようなことを教えてるってことですよね？　それに、自由にはなるかもしれないけど、なんか不幸になる人も多いんじゃないかな（ぼくは楽になったほうが多いですけど）。あと、みんなが社会学の考え方を身につけたら、社会学者なんていりませんよね（こっちは確実ですよね）。先生は、みんなが身につけたら失業するようなことを教えてるってことですよね？

私は慌てながらこう答えたように記憶している。Wくんのいうことはわかるけど、でもそんなことはありえないから。やっぱりみんなあたりまえに縛られ続けるし、みんなが社会学を身につけるなんてありえないよ。だから社会は成り立つし、社会学も必要だと思う。――こう答えながら、私はわれながらうまくない答えだと感じていた。これは、社会学が社会に広がらないことが社会学の存立条件だというなにか情けない（だが、すべての学問ないし知に共通する）答えであり、同時に「社会が成り立つ」のは社会学が広がらないことによるという答えであって、彼の疑問にほとんどなにも答えないのだから。

この会話からおそらくそう時間が経っていない機会だったので、私はこのエピソードを野口先生はじめ学芸大学のスタッフに話してみて、この問いかけにどう答えればいいか、ヒントをもらおうとしたのだろう。だがこの私の話は、うーんどうしたらよいのだろう、というそこにいる全員がなにか深刻に考え込む結果となったと記憶している。いくつかのやりとりがあったが決定的な解決はなく、その夜でおそらくいちばんきまずいこの話題をしばらく考え合ったあと、話題は調査実習など他の教育のことに移っていったように思う。

もしも世界がみんな社会学者だったら。このWくんの反実仮想と同じように、こんな空想をしてみることもできるだろう。もしも世界がみんな構築主義者だったら。先ほど述べたように、Wくんの問いかけの焦点は、おそらく、彼が学んだ社会学が、あたりまえが構築されていることを問い直す（広い意味での）「構築主義社会学」(2)であったことにあるのだろう。そうでなければ、そのとき社会は存立するのか、という彼の疑いは、それほど深刻なものではなかったかもしれない。そして、私はといえば、この問いにうまく答えられないまま一〇数年を過ごし、久しぶりに野口先生と同席するシンポジウムで、それをあらためて問いかけてみようと考えた。

構築主義的不安？

この問いかけは、しかし、その後の私にとって現実味を帯びたものになってきた。一九九七年に

「あたりまえ」を問い直すことを軸にした入門書『社会学になにができるか』（奥村編 1997）を編集刊行し、執筆した序章の表現でいえば「なめらかな世界」を相対化して描くことを試みた。その後もこうした「脱常識の社会学」を、自分の文章でも、学生を前に話し学生が文章を書くのを助ける場面でも続けてきたといえるだろう。だが、そうした作業にある違和を感じるようになってきたのだ。三つの位相に分けて記そう。

　第一に、すでに二〇〇四年の論文「没頭を喪失した社会[3]」で述べたが、「あたりまえ」は「構築されたものだ」と伝えたとしても、学生は「そんなこと、もう知っている」という反応を示すようになった、ということだ。ジェンダーは社会的に作られた、恋愛はメディアによって作られていると話しても、学生は、それはもう知っている、そのうえで私はジェンダー化された態度やメディアに従った恋愛を選び取っている（あるいは、選び取っていない）と応じる。問題は、構築されたことを知らないことではなく、構築されたことを知ってしまっていることにある。こうした「構築主義的なもの」を織り込んだ、いわば「スレた」態度が社会に薄く広く浸透し、「構築主義社会学」はすでに先取りされているのではないか。学生の反応にこの移行を感じ始めた私は、Wくんたちに自信をもって提示した社会学を、すでに陳腐な認識なのではないかと感じつつ話すようになっていった。

　第二に、この「スレた」態度、常識を相対化する視線を身につけた態度とは逆に、そもそも「あたりまえ」、「なめらかな世界」を身につける手前の学生が増えていることも感じ始めた。あなたが身につけていて見えなくなっている「あたりまえ」をあらためて見てみよう、たとえば相互行為儀礼という「あたりまえ」（『社会学になにができるか』第2章）、勤勉に努力するという「あたりまえ」（同第7章）を。だが学生たちは、礼儀正しいふるまいも努力するハビトゥスも身につけておらず、「規律訓練」

を相対化しようといってもそもそも「規律訓練」されていないようなのだ。こうして「あたりまえ」が磨り減って痩せ細り、「あたりまえ」によって「主体化」された人間を問い直すという社会学の条件そのものが崩れつつあるのではないか（人間が「動物化」しつつあるのではないか、といってもよい）。すでに「あたりまえ」をメタ化する視線を獲得している学生と、「あたりまえ」をそもそも獲得していない「あたりまえ」以前の場所にいる学生が増加しているとき（おそらくこのふたつは関係するのだろうが）、「構築主義社会学」はなにをすることになるのだろうか。

このふたつの感覚をもちはじめたのは千葉大学を二〇〇三年春に辞める前の一〜二年ではないかと思うが、印象的に記憶しているのは二〇〇二年度前期に一般教育科目で「社会学」の授業を担当したときのことである。さまざまな学部の学生が受講する半期の講義を『社会学になにができるか』の内容で組み立て、いまひとつ手応えを感じられずにいたが、最終回に数名の学生から熱い内容のリアクション・ペーパーをもらった。それはそろって医学部の学生からだった。おそらくもっとも規律訓練されており、同時にそれを問い直す言葉を獲得していない彼らは、九〇年代半ばに文学部で授業をしたときに返ってきたのと同じ鋭敏さで、「構築主義社会学」に反応する。だがそれ以外の学生は（あたりまえ以前か、あたりまえをすでに相対化しているかわからないが）、それだけの反応を示さない。そして、この感覚は、立教大学社会学部に異動してより強くなっていった。

異動後に覚えた第三の感覚は、すべては構築されたもので他でもありうるという認識が、学生たちにある不安（構築主義的不安とも、相対主義的不安とも呼べるだろう）を生み出しているのではないか、というものだ。すべては無根拠で不確かなものであり、「私」も構築されたもの、他でもありうるものにすぎず、信頼できないのではないかという不安。二〇〇七年の春に三年ゼミで『脱アイデンティティ』（上野編 2005）から数章を講読したときの学生の反応もこうしたものだった。「アイデンティティ強迫」を指摘し、「多元的アイデンティティ」の可能性を説く文章を読みながら（私はアイデンティティからの自由について話し合おうと目論んでいたが）、学生たちは「この人たち、脱アイデンティティなんていえるくらいアイデンティティが確立できてていいよね。こっちはどうそれを統合したらいいかわからなくて苦しんでいるのに！」「一貫性のある自分がないのが苦しい。やっぱりそれが欲しい！」と口々に述べた。すでに「私」は構築されたと知っているからか、まだ一貫した自己を獲得するような主体化を経験していないからか、この論集の執筆者たちや一九九五年のWくんと私自身が「アイデンティティからの自由」をもたらすと考えた「私」への構築主義的認識が、二〇〇七年の学生たちには「脱（奪？）アイデンティティの不安」をもたらしてしまう。

この三つの感覚を前にして、構築主義的な認識、あるいは構築主義的な社会学はなにをすることになるのか。一九九五年の千葉大学において二〇〇七年の立教大学においてとでは、構築主義はまるで正反対の位置にあったともいえるだろう。以上のエピソードは私が経験した「大学」というごく限られた場所でのものにすぎないが、「社会」がこれに象徴されるような変化をいくぶんかでも経験してきたとするならば、同じ認識が大きく異なる効果をもつこと、そこでなにをするべきか再考が必要であることは、まちがいないだろう。

構築主義社会における構築主義社会学

構築主義的な態度が広がった社会を、仮に「構築主義社会」と呼んでみよう。資本主義社会とか民主主義社会とかと同じように。そこで人々の活動が資本主義の原理や民主主義の原理につねに晒されるのと同様に、この社会では人々のあらゆる営みが構築主義の原理に晒される。つまりその営みは「構築されたもの」ではないかという目を向けられ、構築のされ方が吟味され、他の構築のされ方の可能性が提示されるのだ。これはいったいどんな社会なのだろう。そこで「構築主義社会学」はなにをすることになるのだろうか。

もちろん、このような社会が（社会全域で）いま実現しているとはいえないだろう。ただ上記のように、社会のある場所で構築主義的態度が広がって、それによる相対化が陳腐化し、構築主義的に相対化するべき常識そのものが磨り減り、構築主義的な相対化が自由よりも不安を生んでいることは確かだろう。おそらく「あたりまえを問う」というふるまいは、その「あたりまえ」がある強度で共有されつつ、同時に問いを立てうる脆弱さを見せる臨界点で最大の効果をもつのであって、あまりにも強固な段階でも（問いを立てる余地がないか、ごく少数の先駆者以外には問いが共有されない）、あまりにも脆弱な段階でも（問いを立てるまでもないし、構築されたという事実を大多数の人が共有している）意義を失うだろう。構築主義的態度が共有され常識が磨り減ったという「構築主義社会」の想定は極端なものだが、ここから「構築主義」がいま置かれている位置（「社会学」のなかではなく、「社会」のなかでの）を考えることができるのではないか。そして、それが直面する（ないし帰結する）もっとも切実な課題のひとつを考えることができるのではないか。

だがここで私に、この「構築主義社会における構築主義社会学」という問題設定を展開する十分な準備があるわけではない。以下、シンポジウムでの報告をふたつの節に分けて検討し、それ以外の議論も経由しながら、いくつかの考えるヒントを辿ることにしよう。というのも、このシンポジウムでの報告は、どれもが構築主義社会学が「構築主義的相対化」とは別のなにかをめざすべきだという論点に照準したものだと思われるからである。

2　相対化とは別の場所へ——「構築主義批判・以後」報告をめぐって

「感情」と「構築」

シンポジウム「構築主義批判・以後」での岡原正幸氏の報告「感情社会学における《構築性》について」は、これまでの感情社会学が見た「構築性」はすでに陳腐になり力を失っているのではないか、と指摘する。一九六〇年代の文化変容や社会運動のなかで主題化された「感情」に、感情社会学はそれを歴史化して「相対化するまなざし」を送り、その自然性を積極的に否定して「文化的な構築物という主張」を行った。これに岡原はふたつの不満を表明する。第一に、感情を「文化的な構築物」として相対化するという感情社会学の主張は、身体・生理（＝「自然」）を認めないのではなく、むしろこの一次性を前提にしていた。後者の水準は問いの対象にならず（「自然＝本質」という発想を捨てられず）、「文化」の水準のみ構築され変容・変革しうるとする。つまり自然／文化の二元論に常識的に乗っかっており、「構築性議論の水準」として不徹底ではないか、という不満である。

第二は、こうして「生や根拠として個人に生きられる感情を相対化」することは「個人を文化の代理店としてしか見ないから」であり、「個々人に生きられる感情という戦場からの撤退」ではないか、という不満である。「個人に生きられる感情、これに対し感情社会学は、『構築されたもの』を巻頭語にして、冷ややかな相対視を送っただけではないか」。ここには感情社会学の「感情嫌悪」がある、と岡原はいう。「文化による構築」によって感情を相対化し、「個人に生きられる感情」を見ないこと、これが帰結する「脱自明化作業さえあればという安泰」は、感情社会学の衰退を意味すると彼はいうのだ。

「脱自明化」作業が陳腐化し力を失っているということの指摘は、前節で述べた私の感覚と近いものだろう。では、そこで終わらないとして、どちらに踏み出せるのだろうか。

岡原がここからの出口として論じるのは、以下の二点である。報告の末尾の節「社会的な物語の書き換えと感情公共性」において彼は、まず、「構築ゆえの強さ、構築ゆえの真摯さ、構築ゆえのリアルさ」を、「相対性の主張」と不等号で結んでいる。構築されたものは可塑的で脆い（だから構築されたと気づく＝相対化することが不安を生む）というのとは反対に、構築されたものこそ「強い」というのだ。たとえば「感情は自然である、けれども人為的に変化させられる」という態度において「選択」されたものは、「強い」。

だが、私はいまひとつわからない。構築のもつ「強さ」と「脆さ」とはなにに由来するのだろう。根拠としての感情を構築する営みと感情を相対化する営みがあるとして、ではある構築が「強く」、ある構築が「脆い」とはなにを分水嶺とするのか（「自然の構築」なら強いのか）。構築すること（およびそれに気づくこと）は、つねに「強さ」と「脆さ」、自分で選択した確かさと根拠のなさを孕むのではないか。いかに「構築ゆえに強い」根拠だと感じたとしても、それはつねに相対化とその不安に晒される位置にあるのではないか。

岡原はこの議論に次いで、もうひとつのことを述べる。「感情社会学のありたい場の一例」として、「感情公共性への参与や立ち上げを考えたり、社会空間から感情を排さない工夫」を記すのだ。彼は、野口裕二が論じるナラティヴ・セラピーを参照し、「障害者の自立生活運動に集う仲間たちはピアカウンセリングやミーティングや相談を通じてそれぞれの個人的現実を変更しあう」という例をあげる。「構築ゆえの強さ」を支えるのは個人的現実の選択や変更が「社会的」に行われるということであると、この叙述は示唆するように思われる。「感情公共性とは個々の人々の感情をめぐる物語や感情をめぐる物語を語り、聴き、場合によってはその物語が変更されるような場である」。だれかほかの人がいて、その人たちとともに物語を書き換えるとき、それは強く、真摯で、リアルである。こう岡原は論じている。

だがここでも気になってしまう。そのように「社会的」に書き換えられたものこそが「社会構築主義」によって相対化に晒されたのだった。ある「社会的なもの」は感情を根拠として支え、別の「社会的なもの」は無根拠で書き換えうるものとされるということになるのだろうか。いま根拠として強くリアルに思われる「社会的なもの」が、時間がたつと陳腐に見え、疑いの対象となることはないのだろうか。根拠としての「社会的なもの」と相対化の対象としての「社会的なもの」を分ける基準・条件はいったいなんなのだろうか。

「物語」と「他者」

岡原氏の報告をはさんでなされた鈴木智之氏の報告「他者の語り――構築と応答のあいだで」と野口裕二氏の報告「物語の可変性と多様性をめぐって」も、以上述べた、相対化とは別の「構築性」を探す試みとしてとらえることができるだろう。そして、いま指摘したふたつの論点を、異なる比重で論じようとしている。報告タイトルにあるように、鈴木報告は物語の外にある「他者」（つまり「社会的なもの」）に重心を置くのに対し、野口報告は物語の可変性・多様性（つまり「構築そのもの」）に照準するのだから。そしてその比重の相違に対応して、各論点についての見解もずれを見せるように思われる。ここでは、それぞれが書いた既発表の文章も参照しながら、この距離を遠めに拡げて対比してみよう。

物語の構築から見ることにしよう。野口は、報告タイトル通り、物語が可変性と多様性をもって「変更」されることを重視する。「私たちは物語を必要としている」、「新しい物語、または、物語の新たな展開を必要としている」。重要なことは、出来事の選び方・組み合わせ方を変更してドミナント・ストーリーからオルタナティヴ・ストーリーへと物語を組み換えうること、それを援助しうることである。野口は岡原のように「強さ」といった表現はとらないが、こうして書き換えられた物語こそが私を支えるものになるだろう。

これに対し鈴木が見る物語は、そうすっきり書き換えられるものではなく、むしろその書き換えられなさに注意が向けられる。報告で鈴木が「自分にとってのお守り」と語ったA・W・フランクの著書『傷ついた物語の語り手』の、鈴木による「訳者あとがき」を先に見よう。そこでフランクを引きつつ強調されるように、病の物語は「傷ついた身体を通して」語られ、言葉はしばしばその身体をとらえきることができず、「その声ははっきり分節できるわけではない」。このフランクの立場を、鈴木は「『病を語りによる構築物とみなす発想』とは、まったく異質の現実感から発せられている」という（鈴木 2002：272）。言葉は病を包摂することに失敗し、身体は「縫いあわせることのできない、病に穿たれた穴」として経験される。このとき語り手は経験を「意味あるものとして再組織化」することができず、「混沌の語り」、「反-物語」として語る（ibid.: 273-4）。この混沌や反-物語を「探求の物語」に回収することは、むしろ「『修復＝定着させることのできない人々』に『居場所』を残さない、近代的秩序の暴力に加担することに等しい」とされ（ibid.:282）、この混沌、あるいは「他者の生の偶発性」を「他の何ものかに還元することなく、受け取ること」がめざされる（ibid.: 283）。

こうして同じ「物語」を論じながら、可変性と多様性を強調する野口と、再組織化できない混沌ないし反-物語に居場所を与えることを強調する鈴木には大きな相違がある。そして、これはもうひとつの論点、「社会的なもの」ないし「他者」の扱いの相違と重なるだろう。

鈴木はシンポジウム報告で〈構築〉と〈応答〉を対比する。前者は「語られたことを解釈し、これを一つの意味世界に包摂すること」、「『私』が『他者』を理解すること」とされ、後者は「『私』が、私にとって了解可能な世界の外へ連れ出されたまま、〈他者〉へと向っていくこと」とされる。この報告を支えるレヴィナスの言葉を引いて、前者では「主題としての〈他者〉」、後者では「対話者としての〈他者〉」が志向されるといってもいい。レヴィナスはフッサールやハイデガーの自己による他者の意味付与（言語的構築）という問題構成を批判して、それに先行する〈他者〉の顕現を主張したが、こうした〈他者〉が私の物語を「聴く」ことこそなにかを変える。この他者が〈応答〉することなしには（他者が構築の内側にしか存在しないとすれば）、私の物語は宛て先を失う。この他者との「交通」が「物語」の前提となり、鈴木はむしろ「交通」の成立（「出遭い」とも呼ばれる）を「物語」の構築よりも重視しているように見える。

これに対し、野口は報告において他者の問題にはほとんど触れない。唯一あるとすれば、物語の可変性・多様性と「それを支える諸条件の関係という研究課題」という文言だけだろう。ここで他者は、物語構築の「条件」と位置づけられる。もちろん野口が他者問題を無視しているわけではまったくない。著書『ナラティヴの臨床社会学』においても、ナラティヴ・セラピーの前提のひとつとして、「現実は他者との交流という社会過程を通して構成される」（野口 2005：23）とし、自己は語り直すことによって再構成されるが、それは独り言であってはならず、「会話というかたちをとって社会的に承認され共有される必要がある」（ibid.: 45）と論じている。では、その他者との交流、社会的承認・共有とはどのようなものか。アンダーソンとグーリシャンの著書から、野口はあるナラティヴ・セラピストとの面接を終えたクライエントの言葉を引く。「僕のいうことをセラピストは信じてくれたよ」（ibid.: 63）。ここから、野口は、それまでのセラピストが専門知や理論を信じクライエントの言葉を信じていなかったのに対し、ナラティヴ・セラピストは「無知」の立場で聴くことでクライエントの言葉をこそ信じ、そこからクライエントにとって「自分の現実は自分ひとりの現実ではなくなる」という経験がはじまる、と述べる（ibid.: 64）。

だから、野口も鈴木と同様、他者が「聴く」ことによって物語が可能になることを重視しているといえるだろう。ただ少なくともシンポジウムでの報告においては、鈴木が他者との〈応答〉を焦点にするのに対し、野口は物語の〈構築〉を前面に据え、それを聴く他者はその「条件」に位置づけられる。あるいは、鈴木がそうした他者や他者が聴くことを「構築という言葉には尽くせない出来事」として把握することを強調するのに対し、野口は「構築されざるもの」「語りえないもの」の実在については「否定も肯定もしない」という（明らかにそっけない、問いの外に置こうとする）対応をする。ここには、聴く「他者」に対する基本的な態度の相違があるように、私には感じられてしまう。

「根」と「翼」

この三つの報告を報告資料をもとに整理しながら、私は以前読んだふたつの本を思い出した。どちらも一九七〇年代（岡原がいう「文化変容」の時代、あるいは「構築主義・以前」の時代？）に刊行された「自明性」をめぐる著作であり、それぞれ精神医学と文化人類学に足場を置きながら「自明性」が根源的な水準で揺らいだ世界を描いている。

精神病理学者W・ブランケンブルクの『自明性の喪失』は、統合失調症者アンネ・ラウを事例に、そのような世界を描く。「私に欠けているのは何なんでしょう。ほんのちょっとしたこと……それがなければ生きていけないようなこと」、「私に欠けているのは、きっと自然な自明さということなのでしょう」（Blankenburg1 971=1978：73-4）。世界にはルールがあること（ibid.: 132）、過去から連続して時間が流れること（ibid.: 150-2）、私がいること（ibid.: 156）、他者がいること（ibid.: 173）。こうした「自明さ」が「育ってくれれば、それだけ自立的になれる」が（ibid.: 162）、それが失われた世界は、もっとも簡単なことを行うのさえ「すっかりくたびれる」ような労力を要するものとして経験される（ibid.: 77）。

ブランケンブルクはこれを「分裂病者の現存在の生活世界における根のおろしかたの問題」とする（ibid.: 38）。「根をおろすこと（Verankerung）」について彼はこういう。その一契機が「自明性」であるが、「人間には、もともと自明性と非自明性のあいだの弁証法的な運動がそなわって」おり、「自然な自明性」は静的なものではない。自明性が「疑問をもつ」という作用（＝非自明性）により「部分的に止揚される」ことが現存在を統合する契機であり（ibid.: 2-3）、「自明性の止揚がつねにそのつど新たな自明性によってとって替わられる」という「弁証法的な関係性」が自明性と非自明性の「動的な均衡」を作り出す。この弁証法的関係の破綻は人間学的「不均衡」を生む。これは自明性が動かなくなるときもだが、疑問をもつことが過度になり現存在の基盤を脅かすときも生起し、「自然な自明性の喪失」は自明性と非自明性の弁証法が後者に引き寄せられた事態とされる（ibid.: 109-10）。

また、彼は「自明なもの」を分析しながら、次の二種類の契機を区別する。ひとつは「あらかじめ与えられた根拠（vorgegebener Grund）」「根拠を受け取ること（Grund-empfängen）」、もうひとつは「根拠づけること（Begründen）」「根拠を与えること（Grund-geben）」であり、前者が「自明な現存在」に、後者が「自我の自立」に対応する、と彼はいう（ibid.: 129）。

ここでブランケンブルクは「自然な自明性」を喪失した世界、「自明性」に疑問をもつ契機しか存在しない世界を、均衡を欠いたほとんど生きられないものとして描き出す。「自明性」を部分的に疑うことなしには人は囚れてしまうが、その疑いは「根をおろすこと」との均衡や弁証法のなかに存在せねばならない。そして「根をおろすこと」は、「あらかじめ与えられた」根拠を「受け取る」局面と、自ら「根拠を与える」局面をもつ。

この「根をおろすこと」という表現から、私は自明性をめぐるもうひとつの著作を連想した。真木悠介の『気流の鳴る音』である。ここで真木は人類学者カルロス・カスタネダに依拠して、呪術師ドン・ファンが「別の見方で世界を見る」ことを教える経験を記す。呪術師の世界は「『ふつうの人の世界』の自明性をくずし、そこへの埋没からわれわれを解き放ってくれる翼」である（真木 1977：66）。この著作の「結」で真木は、「人間の根源的な二つの欲求は、翼をもつことの欲求と、根をもつことの欲求だ」という。ドン・ファンの生き方は「すばらしい翼を与えてくれる」ことでわれわれを魅了し、「それが自分の根を断ってしまうように思われる」からわれわれを不安にする（ibid.: 138）。

このふたつの欲求の関係を、真木はこう述べる。根を「部分的なもの、局限的なもの」の中におろそうとするとき「根をもつことと翼をもつことは必ずどこかで矛盾する」。局限されたものを超えて翼をもつことは「根こぎの孤独と不安」にわれわれを晒すからだ。「しかしもしこの存在それ自体という、最もたしかな実在の大地にわれわれが根をおろすならば、根をもつことと翼をもつことは矛盾しない」（ibid.: 143）。「〈根をもつことと翼をもつこと〉をひとつのものとする道はある。それは全世界をふるさととすることだ」（ibid.: 141）。

さて、シンポジウムでの三報告は、このふたつの著作が述べる「根」のことを考えようとしているように思われる（たとえば岡原が「根拠」という言葉を用いるように）。おそらく構築主義社会学は、自明性からの自由という「翼」を与えてくれるのだろう。では「根をもつこと」「根をおろすこと」について（またそれと「翼をもつこと」との関係について）、どう考え、なにをいいうるのだろうか。ブランケンブルクが「人間学的均衡」が必要と考え、真木が「人間の根源的な欲求」のひとつとした「根」をもつことについて。

私は、ふたつの著作から三つほどの異なる立場を抽き出しうるように思う。第一に、「根」をもつことではなく、「翼」をどこまでも追求することで自由かつ不安のない世界を獲得できるだろうという立場（「翼」こそ「根」？）。第二に、「根」をもつことはやはり必要であるとし、それは自己がなにかを構築することによって（ブランケンブルクのいう「根拠づける」、「根拠を与える」ことで）可能であるとする立場。第三に、根をもつことは「構築されざるもの」を支えとする（「あらかじめ与えられる」、「根拠を受け取る」）とする立場。

野口は、物語の「多様性と可変性」、つまり物語をめぐる「翼」の獲得を強調しているように見える（第一の立場）。あるいは与えられた「根」（ドミナント・ストーリー）から新たに構築した「根」（オルタナティヴ・ストーリー）へと移りうることを主張している（第二の立場）といえるかもしれない。ただこの多様性と可変性を支えるもの、「僕のいうことをセラピストは信じてくれたよ」という「根」が構築とどう関係するか、報告では論じない。

岡原は、ブランケンブルクのいう「根拠づける」「根拠を与える」という局面を、「構築ゆえの強さ」という言葉で表現しようとしているのだろう（第二の立場）。「あらかじめ与えられた根拠」を「受け取る」のではなく、「根」を「選択」する。この選択・構築した「根」を支える「社会的なもの」が感情公共性として想定され、これを新たに構築しようとする。

この二者に対して、鈴木は語られた物語を「聴く」他者の存在とそれとの〈応答〉を「根をおろすこと」を考える議論の焦点としており、その他者が構築の内部ではとらえられないということを重視している。ここで他者という「根」は、第三の立場に近づくもののように私には見える。比喩にすぎないかもしれないが、ここには軽やかな「翼」への志向はあまりなく、ためらいながら「根」をおろす先を探す語り手のおずおずとした（また「根」をおろすことを受け入れる聴き手の側のおずおずとした）営みの姿が記される。

Wくんは社会学によって自由になったと述べた。つまり、「翼」を得た、と。だが、社会学は彼に「根」を与えなかったのかもしれない。あるいは「根」は社会学とは別のところから（「あたりまえ」や「なめらかな世界」から）しか「与えられ」ず、それを前提に「翼」を身につけたのではないかという疑問が、彼に私への問いかけをさせたのかもしれない。社会学者は「根」をだれかに任せておいて、「翼」ばかり追求しているのではないですか。生きるために必要な「根」はどこかで（社会学や構築主義とは別の営みによって）こっそり確保して、そうしているのではないですか。そもそも社会学や構築主義は「根」を作りうるのですか。——構築主義社会において「根」とはなにか、構築主義社会学は「根」を作りうるか。Wくんの問いはこのようにパラフレーズできるだろう。そして、三つの報告はそれに別々のヒントを与えてくれるが、私はまだこのような比喩による整理しかできない。

3　構築主義が作る社会——共同性から公共性へ？

構築主義による「社会」

前節で、「根をもつこと」の重要な契機として「社会的なもの」が報告者たちによって異なる姿で描かれるのを見た。本節ではこれにあらためて接近してみよう。Wくんは、もしも世界がみんな社会学者だったら社会は成り立つか、と問うたが、この疑問を他の議論も参照しながら考えてみたいのだ。Wくんの予想は、構築主義社会学を身につけ「あたりまえ」を疑い続ける人々ばかりでは社会は成り立たないだろう、というものだった。もしも世界がみんな構築主義者だったら社会は成立しうるのか。そして、それはどんな社会なのだろうか。

まず、三人のシンポジストが描く「社会」を再度確認しておこう（ここでは報告から彼らが既発表の文章に重心を移して）。野口が具体的に「社会」に論及する例を、『ナラティヴの臨床社会学』の第8章「被害と克服へのナラティヴ・アプローチ」に描かれた「ナラティヴ・コミュニティ」に見ることができる。これは、報告でいう「物語の可変性と多様性を支える条件」としての社会といえるものだろう。ここでは「被害の外在化」の物語が、「新しい現実を共有してくれるひとびとの存在」に支えられてはじめて安定したものになるとされ、それを理解・評価する「好意的な聴衆（appreciative audience）」が必要とされるという（野口 2005：181）。この聴衆を制度的に保障するのがセルフヘルプ・グループのような空間であり、どんな語りも許容され耳を傾けてくれる空間において新たな物語（オルタナティヴ・ストーリー）が生まれる。これを野口はケネス・プラマーの「解釈コミュニティ」をいいかえて「ナラティヴ・コミュニティ」と呼ぶ。このコミュニティによって「単に世間の常識に対抗したり相対化したりするだけではなく」自分の経験に基づく自分の言葉で語ることができ、強力なドミナント・ストーリーに対抗することができる（ibid.: 182-5）。

新たに構築した物語を尊重する「社会」が、相対化を超えた「根をもつこと」を可能にする。この議論は、物語の可変性と多様性の条件としてよく理解できるものだ。しかし、私はここで次のことを考えてしまう。たとえばこの「被害の語り」を支えるコミュニティの隣に、「加害の語り」を支えるコミュニティがあったとしよう。そこにはやはり加害をめぐる「ドミナント・ストーリー」に対して、加害者たちがその苦しみから逃れうる「オルタナティヴ・ストーリー」が語られ（加害を外在化するような）、「好意的な聴衆」に受け入れられる。では、このふたつの語り、ふたつのコミュニティの関係はどうなるのだろうか。たとえば加害者たちのオルタナティヴ・ストーリーを聴いた瞬間、被害者たちは激怒したり侮辱されたと感じたりすることがありうるだろう。「ナラティヴ・コミュニティ」同士のあいだの空間にある「社会」は、どのようなものとして成立するのだろうか[4]。

野口は、「加害者の物語」がいまは欠落しているが、これについても「時代のドミナント・ストーリーに抗い、オルタナティヴ・ストーリーを生み出す」ナラティヴ・コミュニティが生まれうると論じている（「被害者物語の過剰と加害者物語の過少」という非対称性こそ現代の特徴だとしながら）（ibid.: 188）。しかしこのふたつの「ナラティヴ・コミュニティ」の関係については触れていない。ある物語に「好意的な聴衆」と別の物語に「好意的な聴衆」のあいだにある「社会」を、「物語の構築」はどう扱うことになるのか。

岡原が論じる「社会」は、「好意的な聴衆」からそうではない聴衆へと踏み出そうとしているように見える。彼は、シンポジウム報告で提起した「感情公共性」を、すでに著書『ホモ・アフェクトス』で、一九八〇年代以降ドイツで展開された「アルタナティーフ運動」を引きながらイメージしようとしている。管理された感情・主観性に対して、オーセンティックな経験・感情・主観性を表現し、「相互に承認することを通じてはじめて、構築され確認されていく経験」（岡原 1998：197）を体現した公共性が「アルタナティーフ」である、と彼はいう。このような公共性の「第一歩」として、岡原は「好き」「嫌い」「苦しい」「嬉しい」などのストレートな主観性の表明を置き、これが「文明化した世界」では難しいことを指摘する。文明化した世界には「感情を伝えることへの絶望」がある。これに対し、一方ではセルフヘルプ・グループにおける「自己信頼プログラム」に見られるように、「自分らの感情を伝え合い、語り合い、検討し合う場」を作ることが（当事者同士で）めざされ（ibid.: 191-3）、もう一方ではそれぞれの経験が「みんなで公の場で議論されて、一般的なものにしうる」（ibid.: 194）ことがめざされる。つまり、承認し合う空間（野口的にいえば「コミュニティ」）を作ることと、最初承認し合わない空間で感情を表明できる（これは「コミュニティ」の外である）ようにすることの両方がここでは描かれている。

鈴木は他者の〈応答〉を焦点に、「社会」が成立する地点そのものを見据えようとする。語る人と、彼による構築の外にいる「他者」がそれを聴き、応答する場面。そこでは、いま私が単純に「コミュニティ」の内と外と述べてしまった差異が、関係自体につねに両義的に随伴することになるだろう。ここには「好意的な聴衆」だけがいるわけではない。『傷ついた物語の語り手』の「訳者あとがき」で、著者フランクが開こうとする「他者の生の偶発性」を受け取り「混沌」にかかわりあう関係は、

「物語の共有」にもとづく『単一の共同体』を追求していないこと、すなわち自己と他者との『全面的な分かち合い』の可能性を想定していない」ことに留意せねばならないと鈴木はいう（鈴木 2002：283）。「物語を介しての共同性を実現する」ことは語りの条件かつ目的とされるが、「病む人は完全に個人的」であり、「私の痛みは私一人のものである」（ibid.: 283-4）。病の語りは「個別の経験」でしかなく、聴き手は「他者の物語」として受け取らねばならない（ibid.: 285）。鈴木とフランクが描く「社会」は、関係自体に共同性と他者性を同時に含みこんだものとして成立する。

野口が志向する「ナラティヴ・コミュニティ」の姿が、構築主義者が作る「社会」の第一の姿であろう。同じ物語を語る人・聴く人の好意的なオルタナティヴ・コミュニティ。しかし、これはコミュニティのあいだをどう繋いで「社会」を作るか、という問いを残すのではないか。岡原は「感情公共性」が相互承認の空間を作り、それが「公共性」へと広がることを志向する。鈴木は「ナラティヴ・コミュニティ」に見えたものがつねに他者性をくりこみ、「単一の共同体」になりえないと述べる。だが、これらの議論はどこまで「共同性」と「共同性」のあいだに作られる社会の水準をとらえたことになるのだろうか。

この第二の水準の「社会」をめぐって、次にまったく別の議論を参照することにしよう。

意図せざる結果

私は、第1節末で仮に提起した「構築主義社会」が、現実の存在に近づいたありさまを描く論考を目にしたことがある。それらは「相対化」でも「オルタナティヴ」でもなく、おそらく構築主義の「意図せざる結果」ともいうべき社会の姿を映し出す。ここで紹介するふたつの論考が、二〇〇〇年代に（つまり、「構築主義・以後」に）執筆された博士論文であるのは偶然ではないのだろう。

ひとつは塩原良和『ネオ・リベラリズムの時代の多文化主義――オーストラリアン・マルチカルチュラリズムの変容』である（二〇〇三年度に慶應義塾大学に提出された博士論文を加筆修正して刊行したもの）。ここで塩原は「反‐本質主義的多文化主義」（ここでいう「反‐本質主義」が「構築主義」とほぼ重なるのは、内容を見れば明らかだろう）がいかなる帰結を生むかを、オーストラリアを事例に論じる。「多文化主義」はエスニック・マイノリティ集団の権利要求運動から発展し、エスニシティの権利や文化の要求・承認をともなうものだが、エスニシティを不変で超歴史的な「本質」とみなし、そのなかの相違や多数性を見ないという側面をもつ。この「本質主義」は、マイノリティ文化と支配的文化との境界を固定し、マイノリティ内の多様性を抑圧するだろう。だが、エスニシティも「本質」ではなく（構築されたものであり）、その文化は相互作用のなかで生まれたものとも考えられる。こう考える「反‐本質主義的多文化主義」は、マジョリティが抱く「本質主義的」文化観からの解放をもたらす重要性をもつと評価できる（塩原 2005：23-5）。

しかし、これは次のような「意図せざる結果」を生む。反‐本質主義は「多くの場合、提唱者の意図に反して」、エスニック・マイノリティが「集団」として抵抗や異議申し立てを行う根拠を奪い、彼らのエンパワーメントを阻害してしまう危険性をもつのだ（ibid.: 26）。彼らはエスニシティという「本質」を脱構築され、「エスニシティからも解放された個人」、「文化的に多様な個人」へと「個人化」されてしまうことになる（ibid.: 30, 94）。塩原が例にとるオーストラリアでは、一九九〇年代から二〇〇〇年代にかけて、アカデミズムにおける反‐本質主義的多文化主義が政府の政策言説に組み込まれ、非英語系移民への福祉サービス削減や難民・家族移民排斥を正当化する論理へと流用されて、ネオ・リベラリズムを呼び寄せる結果となった（ibid.: 31）。たとえばニューサウスウェールズ州で「エスニック問題」委員会が（「エスニック」は英国系が「われわれ」を「彼ら」と区別するための言葉だから）「コミュニティ問題」委員会と改称されたように（「エスニック問題」など存在しない！）、「本来は既存の体制を批判する論理である反-本質主義が、政府側の論理として利用されている」（ibid.: 178）。反-本質主義はエスニック・マイノリティのディスパワーメントを帰結し、「ネオ・リベラリズム化した多文化主義」に利用される（ibid.: 206）。

このような構築主義の「意図せざる結果」は、もうひとつの論考にも見られる。杉浦浩美『働く女性とマタニティ・ハラスメント――「労働する身体」と「産む身体」を生きる』（二〇〇七年度に立教大学に提出された博士論文を加筆修正して刊行したもの）は、働く女性が妊娠したときその身体が職場でどのような扱いを経験するかを質問紙調査・インタビュー調査に基づいて再構成しようとしたものである。論文の前半で杉浦は、「妊娠した身体」へのこのような研究が欠落してきたことを指摘し、このテーマの語りにくさの背景に「構築主義的身体観」があるという。ジュディス・バトラーの『ジェンダー・トラブル』以降「身体的性差も虚構である」という主張がなされ、そこで「女性＝産む性である身体」を前提に議論をすると「本質主義」として批判に晒されるだろう（杉浦 2009：7）。だが、労働する女性が妊娠することはもちろん起きる。そこで生じる「労働する身体」と「産む身体」とのあいだの矛盾は、問われないまま取り残されてしまう。

杉浦は日本の雇用労働における「母性保護」をめぐる議論の変遷を追うが、一九七〇年代以降「性差より個人差」という議論が力をもつようになり（女性労働者自身からも提起され）、「女性の身体性」を保護する制度的措置は縮小されていく。男女雇用機会均等法施行後、「妊娠・出産保護」以外は男女同一の労働者保護の枠組みが用いられ、男女の身体性の差異は最小化された地点で制度化された。だが、構築主義的な立場からは妊娠・出産ですら「性差」とはいえなくなり、「産む身体」であることは決定的な差異でなく多様な差異のひとつとされ、「個人の問題」へ還元されるのではないか（女性には産む女性も産まない女性もいる）、と杉浦はいう。「性差の解体」は「差異の個人化」を意味することになる（ibid.: 57）。

この状況において働く女性が妊娠することはどのような経験なのか。杉浦は「平等化戦略」を体現した総合職・専門職女性の声を引きながら、彼女たちが「平等」（女性として特別扱いされたくない）を維持しようとして、母体を危険に晒す経験をしたことを描き出す。妊娠は「女性の身体性」ではなく、「個人の選択」「本人の責任」となる。男性職員を含む職場が「性差ではなく個人差」（男か女かは関係ない）と考えるとき、妊娠した女性を特別扱いすることは本質主義的な「差別」と思われ、これを保護する対応ができないのだ（もちろんたんなる無理解による不適切な対応もあるが、平等化を前提にするからこそ対応できない）。いや、女性労働者本人が、「平等」「個人差」「本人の責任」を体現し、「産む身体」ではなく「労働する身体」に過剰適応して、能力ある労働者であり続けようとしてしまう。ここで「女性性」は構築されたものであり、個人差であり、虚構であるとされる。だから妊娠しても「母性保護」を要求することはできない。彼女たちは平等化戦略のなか、「労働する身体」に自分の身体を進んで過剰適応させてしまう（ibid.: 176–82）。

こうして、ここでも構築主義はネオ・リベラリズムと接近する。いわば「弱者」の抵抗の拠点となるはずだった構築主義が、「弱者」を個人として投げ出してしまうのだ。ここで構築主義は「コミュニティ」を作るのではなく、「コミュニティ」を解体する。「エスニシティ」や「女性」がマジョリティにより抑圧的カテゴリーとして構築されたものだと批判するとき、同時に「エスニシティ」や「女性」というカテゴリーを拠点に人々が連帯すること・抵抗することは難しくなる。それぞれの個人は、「苦しい」とか「痛い」とか主張する拠点を失って、自己の責任において現実を調整する主体とならなければいけなくなる（構築主義ないし反-本質主義がいわばこのような主体化の装置として機能する）。もしも世界がみんな構築主義者だったら、そこにはオルタナティヴな物語を語り共有するコミュニティができるかもしれないが、コミュニティを成り立たせるカテゴリーが構築されたものとされて根拠を失い、そのカテゴリーを拠点にして公共空間に発せられようとする声は力を失うかもしれない。人々は個人へと分断され、構築主義によって自己責任的な主体へと（オルタナティヴを主張するトラブルメイカーではなく、自己責任で優等生的にトラブルを処理する主体へと）主体化されるかもしれない。

複数の声が響き合う空間

もしも世界がみんな構築主義者だったらそこに社会は成立するのか、それはどのような社会なのか。あたりまえを疑う人たちばかりいる世界を念頭においたWくんの問いと私の答えで想定された社会は、「相対化する構築主義者たち」の姿であっただろう。他者が生きる現実を「構築されたもの」として相対化する（＝批判する）。自己が生きる現実を「構築されたもの」として相対化する（＝反省する）。この批判と反省の態度（の片方ないし両方）だけを身につけた人々によって「社会」は成り立つか。これがWくんの（私も共有した）疑問であった。前節末で「根をもつこと」をめぐって述べたように、この人々は「社会を作ること」はだれかに任せておいて、それを疑うことばかりしているのではないか。もちろん「疑う」こと、「相対化する」こと、「批判する」こと、「反省する」ことは、「社会を作る」

のに決定的に重要な要素だ（社会の「動的な均衡」のために！）。だがそれとは逆の「社会を作る」ベクトルをだれがどう担うことになるのか。

三人の報告者は、相対化とは別の「社会を作る」ベクトルに接近しようとしたといえるだろう。野口が描く「ナラティヴ・コミュニティ」、岡原の「感情公共性」、鈴木の「〈応答〉」は、いずれも他者の構築を聴く人々によって成り立つ、いわば「承認し合う構築主義者たち」の社会の姿を示す。声を聴き合う「共同性」がここにある（それぞれのイメージに相違はあるし、「承認し合う」だけではないのだが）。だが、この第一の水準の次に問うべきは、「コミュニティ」のあいだ、別の物語を共有し・他の物語を聴く気がない「共同性」間の関係を（「公共性」と呼ぶべき第二の水準の「社会」を）どう作るか、にある。

岡原の「感情公共性」のヴィジョンは、承認なき空間に「主張」を投げかけ、コンフリクトを辞さないものであるといえよう。「好き」「嫌い」「苦しい」「痛い」などと「主張し合う構築主義者たち」がここにいる。その主張が他者を「声を聴く」他者、「承認する」他者に変えることもありうるだろう。ところが、その「主張」が「構築されたもの」にすぎないという相対化に晒されることも容易に予想できる（「苦しい」とか「痛い」とかはあなたが構築した現実にすぎない！）。塩原と杉浦が事例をもとに示した社会の姿はこうした主張が相対化・個人化され声の力が失われる空間であり、「構築主義社会」こそがその声の力を奪うのであった。ここで構築主義者たちが作る公共空間は、ネオ・リベラリズムに構築主義が流用され、主張すべき声を失った「個人化する構築主義者たち」の姿である。

「共同性」を超えた第二の水準の社会をどう作るか。こうした想像の最後に、もうひとつの社会の姿を、構築主義の立場をとるある論者と彼が参照する別の論者から抽出してみたい。ここで、鈴木によるフランク『傷ついた物語の語り手』の「訳者あとがき」の言葉を踏み台にしてみよう。鈴木は、フランクが他者の声を聴くことが全面的に分かち合われるものではなく「単一の共同体」を追求していないとしたうえで、フランクの議論をこう引き受けよう、という。「単一の視点から『整理をつけてしまう』ことのできない『本当の現実』に拮抗しうる『多声的』な理論の構成がここには追い求められている」（鈴木 2002：286-7）。ここに記された「多声的」という言葉を、構築主義を謳う興味深い著作にも発見することができる。

ケネス・ガーゲンの入門書『あなたへの社会構成主義』は、前半では構築主義（翻訳では社会構成主義）の基本的な考え方が記されるが、後半は学問世界を超えてどのような「実践」がなされるべきか（Gergen 1999=2004：211）を論じようとする（彼によれば、「ただ反省したり検討したりするだけでなく、代替案を生み出していかなければならない」（ibid.: 173））。ここでガーゲンは「対話」を強調し、「対話」は「変化や発展」を生み出すと述べる。第一に意見の不一致を調整する対話（議論、取引、交渉、調停）、第二に対話の倫理にもとづくアプローチを挙げながら、ガーゲンはこれらを「豊かであると同時に、限界もある伝統」とし、第三の対話を探ろうとする（ibid.: 222）。第二のアプローチであるハーバーマスの「平和で、民主的で、公正な審議を行うための合理的な基盤」によって「人々は必ず同意に達するはず」という議論（ibid.: 225）を検討しながら、ガーゲンはこう述べる。「なぜ私たちは同意を追求しなければならないのでしょうか。……たとえ合意に達することができなかったとしても、そして、たとえそれぞれが自らの生き方が優れていると考えていたとしても、『たくさんの花が咲き乱れるがままにしておく』ことによって世界は豊かなものになるのではないでしょうか。社会構成主義は、むしろ、このような考え方を支持します。特定の共同体を超えて、普遍的にあてはまるような『唯一の正しい答え』などないのです。それなのにどうして、人々が同意することを望まなければならないのでしょうか」(ibid.: 226-7)。

ガーゲンは「パブリック・カンヴァセーション・プロジェクト」というプロジェクトで、対立する主張をもつ人々が「変化力のある対話」を可能にしたことを例に引く。そこでは他者を非難する対話が「壁」を作るのとは正反対に、自分自身が「疑問に感じていることについても語り」、人々はそれを聴いて「反対の立場にいる人々も確信をもてないでいることを知って驚」く(ibid.: 230-1)。それぞれの現実や意味は関係の中でしか生まれないことが自覚され、互いに他者を肯定することと自己内省とが生じる。これは「相手を変化させようとするのではなく、自らの立場を疑問視する試み」であり、「異なる声を受け入れること」でもある。この「多声性」が変化の可能性を生む、と彼はいう(ibid.: 240)。

同書で、ガーゲンはミハイル・バフチンを高く評価する。バフチンは、モノローグの抑圧性(「ある巨大な権威の声が、意味を独占し、競合するすべての声を排除すること」)に抵抗し、「対話主義」の理論を提唱した(ibid.: 194)。バフチンの『ドストエフスキーの詩学』を引くならば、彼はドストエフスキーの小説の特徴を「それぞれに独立して互いに融け合うことのないあまたの声と意識、それぞれがれっきとした価値を持つ声たちによる真のポリフォニー」にあるとする。作品が単一の作者の意識による単一の世界で展開されるのではなく、「それぞれの世界を持った複数の対等な意識が、各自の独立性をまとったまま」ひとつの事件に織り込まれる(Bakhtin 1963=1995 : 15)。モノローグ的世界では「思想は肯定されるか否定されるかのいずれかしかない」が、ポリフォニー的・対話的世界では「思想が肯定と否定の彼岸」に置かれうる(ibid.: 165)。こうした声は矛盾し多義的だが、それは「弁証法的な関係」をなすものでも、「時間軸にそった生成の過程としての運動」(ハーバーマスの同意をめざす対話を想定すればよいのだろう）に組み込まれるものではない。そうではなくて、両義性・多義性が「一つの平面上に併置または対置」され、「融け合うことのない声同士のハーモニーとして、あるいはやむことを知らぬ無限の論争として」展開される（ibid.: 61）。ここには「モノローグ的に体系化」された完結性はない（ibid.: 63）。テーマは「多くの多種多様な声」「取り消し無効の多声性」（ibid.: 559）によって展開され、ガーゲンの言葉に戻るならば「たくさんの花が咲き乱れるがまま」にされるのである。

バフチンはこのドストエフスキーのポリフォニー小説の根源を古代の「真面目な笑話」の分野に遡らせ、「カーニバル的フォークロア」との深いかかわりを指摘する。「一面的な弁論術的生真面目さ、分別臭さ、一義性と教条主義」ではなく「カーニバル的世界感覚の陽気な相対性」が、複数の声によって「世界を活性化し変貌させる力」をもつ（ibid.: 221-2）。この分野の最重要例に、彼は「ソクラテスの対話」をあげる。これは「自らが出来合いの真実を所有していると思っている公的社会のモノローグ主義」に対立し、真理は一人一人の頭のなかではなく「ともに真理をめざす人間同士が対話的に交流する過程において、人々の間に生まれてくる」とするものであり、ソクラテスは自らを「仲介者」ないし「産婆」と呼んだ（ibid.: 226）。また、中世のカーニバル空間は奴隷や道化を戴冠して彼らから奪冠し、神聖なものを冒瀆・格下げして不謹慎に笑い合う（ibid.: 251-62）。そうすることでさまざまな声が（嘲笑と歓喜が）響き合う空間ができる、というのだ（ibid.: 255）。

ガーゲンからバフチンへ遡ってみたとき（ガーゲンはカーニバルについては触れないが）、構築主義者が作る社会は次のイメージに変化する。対話し合う構築主義者たちの社会。すべては構築されたものだから自分の意見の確信のなさも伝え、他者の意見の限界も可能性も許してその声を空間に存在させ、陽気に笑い合うような社会。これが、構築主義者たちが構築主義者だからこそ開きうる対話だと

（ハーバーマスが想定するような同意をめざす対話とは異なって）、ガーゲンは考えるのだろう。この議論は、きっと岡原の「感情公共性」や鈴木の「〈応答〉」とも重なりを見せる、その具体的な像といえるのかもしれない。また、「多文化主義」の基本的態度とも近く、だからこの空間は塩原の見たような、どの意見もネオ・リベラリズムに飲み込まれて声が失われた社会に変貌してしまう危険もあるだろう。しかしながらこの社会像は、「相対化する社会」とも「承認し合う社会」とも「主張し合う社会」とも「個人化する社会」とも、なにかが違うように思う。相対化するのだけれど、それは「不安」ではなく「陽気さ」を生む（根拠がないのではないかという不安ではなく、相対的だとすれば話してしまっていいという陽気さ）。このイメージは、この項の最初に述べた、他者を批判し自らを反省する道具として「構築主義」を手にしている人々が作る社会とどこかに決定的な分水嶺があって、「構築主義」という道具によって話し合い笑い合う人々が社会を作る姿が描かれているように思う。それが野口の描く「コミュニティ」内ではなく、「コミュニティ」と「コミュニティ」のあいだに開かれる。

だが、この社会の姿もまた、どのようにしてそれが可能なのか、という問いにすぐ晒されるのだろう（被害の共同体と加害の共同体のあいだにこのような空間ができるなど、やはり夢ではないか?）。ただ、「構築主義社会」というまったく仮の社会像に、どうやらさまざまに異なるイメージがありそうなことを、ここでは確認しておくことにしよう。では私たちがそのイメージのどこに着地するか、その条件はなにか、私にはまだわからない。

4　もうひとつの問いかけ

本章は、シンポジウムという複数の声が響き合う空間に、学芸大学での歓談の声を伝えることから始まった。そのあと一九九五年のWくんの声を通奏低音に、二〇〇七年の立教大学のゼミ生たちの声、三人のシンポジストの声、精神医学と人類学をふまえた一九七〇年代の「構築主義・以前」の声、二〇〇〇年代の社会学を反映した「構築主義・以後」の声、ある構築主義者と彼が依拠する文学者の声を伝えてきた（おそらく、私という著者のコントロールがほとんど破綻した形で…）。もしガーゲンがいう「たくさんの花が咲き乱れるがまま」にすることが構築主義の可能性であるとするならば、私はこうした声を読み手にポリフォニー的に提示して、読み手からの声を待つことをするべきなのかもしれない。ただ、それが「構築主義社会」における「構築主義社会学」のあるべき姿なのか（この社会学はどんな文体で書かれるべきか?）、私に十分な確信があるわけではない。

Wくんの問いかけに答えようとした本章の試みは、きっと一九九五年より少しは進んだけれど、どうみても不十分なものだ。それを反省しながら、私は本章を書く作業の終盤に思い出した、もうひとつの声を伝えることで本章を閉じることにしたい。

一九九五・九六年度の二年間、私は慶應義塾大学文学部で非常勤講師として講義し、二年目は昼休みに一〇名ほどの学部生・大学院生とともに自主ゼミのようなことをした。翌九七年に『社会学になにができるか』を刊行してから、そのゼミ生のひとりNさんに連絡をもらい会う機会をもった。この本の感想を伝えたいという彼女は、まず自分にとってとてもおもしろかったと述べたあと、こう語った。この本は、でもごく一部の人にしか伝わらないと思います。私のような大学生にはよく伝わると思います。でも大学生なんてごく一部です。私がいまかかわっている若者たち（彼女は社会に適応できない若者たちへの支援活動をしていた）には届かないです。彼らには先生の本はなにをいっているか全然わからないし、なんの助けにもならない。そういう人にも届く社会学の本があってほしいです。

Wくんの声と違い、Nさんの声は私のなかでずっと眠っていて、本章を書くなかで掘り起こされたものだ。いま私はそのときの打ちのめされた感覚をはっきりと思い出す。どのような認識もそれが置かれた文脈によって意味がまったく異なる。どこかでなにかをなしうる道具だったものが、別の場所では意味がなかったり、逆の効果を生んだりする。

本章は「構築主義社会における構築主義社会学」という問題設定を掲げながら、準備不足と能力不足で、それには十分答えずに終わることになる。ただ、構築主義というある認識の道具を、それを生み出す社会的条件とそれが生み出す社会的帰結、つまり「社会」という文脈に置き直して考えようとする問題提起ではあった。その先には、構築主義社会学が（そして「社会学」が）どのような社会の、だれに対して、どのような語り方で、なにを届けるか、という問いがあるのだろう。本章は、WくんやNさんのこのような問いかけにどれだけ答ええたのだろうか。ただ、この問いかけの声を何人かの読み手に届けることができたとしたら、それだけで本章はなにかの役割を果したのかもしれない。

注

（1）　三田社会学会二〇〇七年度大会シンポジウム（二〇〇七年七月一四日、慶應義塾大学三田キャンパス）。企画担当の浜日出夫氏によるシンポジウムの紹介と、報告者の鈴木智之氏、岡原正幸氏、野口裕二氏、コメンテーターの浦野茂氏、奥村による論考が、『三田社会学』第一三号（二〇〇八年七月刊）に「特集：構築主義批判・以後」として掲載された。浜氏をはじめとする同シンポジウム・特集の関係者に深く感謝する。

（2）しばしば引用されるバーの『社会的構築主義への招待』で、「社会的構築主義」の「家族的類似性」として第一に挙げられるのは「自明の知識への批判的スタンス」であり（Burr 1995=1997：4）、まず扱われるのが「本質主義の拒否と、人間を理解する常識的な仕方への問題提起」である（ibid.：22）。本章は、こうした広義の「構築主義」概念に依拠しており、以下も「構築主義」とされる議論の厳密な検討に基づくものではない。

（3）本書第2章に収録。

（4）本書第1章「社会を剥ぎ取られた地点」における、「ルソーA」の周囲の透明な共同体と「ルソーB」の周囲の透明な共同体とのあいだの関係を想起されたい。

第8章　「スポーツする身体」と「教える／学ぶ身体」の交わるところ

——スポーツと体罰をめぐるふたつの問題系

1　はじめに——ふたつの身体と暴力

「スポーツと体罰」というテーマが、二〇一二年一二月の大阪・桜宮高校におけるバスケットボール部員の自殺や女子柔道日本代表チームでの選手からの訴えをきっかけに、深刻な問題としてさまざまな場所で論じられるようになった。このシンポジウムは「学校運動部における体罰」をテーマとする(1)。しかし、私は運動部に所属したこともスポーツを指導したこともなく、このテーマについての経験もデータももっていない。スポーツやその研究（たとえばスポーツ社会学）について十分な知識があるわけでなく、小学生時代の体育の成績はずっと5段階評価の2（！）というスポーツと縁遠い人間である。

だから私はこのテーマへの答えを見出すことはできない。だが、こうした距離があるからこそ、このテーマをいかなる問題ととらえうるかを考えること、なんらかの問いを立てることはできるかもしれない。このテーマを冗長に換言すれば、「スポーツを教える／学ぶ空間」における「スポーツを教える身体」から「スポーツを学ぶ身体」への暴力、といえるだろう。ここには「スポーツする身体」と暴力という問題系と、「教える／学ぶ身体」と暴力という問題系が重層すると思われる。これをいったん切り離して考え、その後結びつけることで、いくらか有効な問いを立てうるのではないだろうか。

本章は、以下三つのパートからなる。まず、「スポーツする身体」と暴力について、以前詳細に検討したことがあるノルベルト・エリアスによる「文明化」理論に基づく議論を参照し、スポーツと暴力との基本的な関係を確認する。次いで、「教える／学ぶ身体」と暴力について、むしろスポーツとは別の領域に事例を求めるとともに、グレゴリー・ベイトソンによる「学習」と「ダブル・バインド」についての理論を導入する。最後に、このふたつの問題系を往復して考えることで、このテーマについてのいくつかの問題提起を試みる。

2　「スポーツする身体」と暴力——エリアスの問題系

「文明化の過程」とスポーツ

ノルベルト・エリアスは、一九八六年のエリック・ダニングとの共著『興奮の探求（*Quest for Excitement: Sport and Leisure in the Civilising Process*）』で、「スポーツには暴力が行使される暗い領域がある」と述べている。しかし、「スポーツ」と「スポーツでないもの」を区別するのは「暴力の行使を規制する規則が考案されている」ことにあり、彼は規則による暴力の制御こそ「スポーツ化（sportization)」のメルクマールであるとする（Elias and Dunning 1986=1995：28）。[2]

このエリアスによるスポーツの定義は、彼の「文明化の過程」論に由来する。一九三〇年代、ナチス政権下の母国からロンドンに逃れたユダヤ系ドイツ人のエリアスは、大英図書館で礼儀作法書を渉猟し、歴史的に行動の基準がより礼儀正しいものに変化してきたことを発見する。一九三九年に刊行された『文明化の過程』において（翌年父が故郷ブレスラウで、その翌年には母がアウシュビッツで死去するのだが）彼は、テーブルマナーや生理的欲求（排泄や性）への感受性も、感情や暴力の発露も、不快を感じる基準がどんどん繊細になり、「以前は許されたことが、いまは非難される」（一五世紀末のカクストン『礼儀作法書』より、Elias 1939=1977：189）ことを描き出す。かつて人と人のあいだに投げ出されれ「外的強制」によって処理されたものが、舞台裏に閉じ込められ「自己抑制」されるようになるこの傾向を、彼は「文明化」と呼ぶ。そして、この変化は、中央集権的国家が成立して、国家が領土内での暴力を独占することを重要な条件とし、ここでは人々の身体は暴力をふるうことができず（国家の暴力により取り締まられる）、暴力をふるわずに平穏に生きられるようになる（他者の暴力に備えなくてもすむ）と彼は考える。

一九五〇年代にイギリス・レスター大学で彼が弟子のダニングとはじめたスポーツ研究は、「文明化された世界」においてこそ「スポーツ」が可能になり、必要とされるととらえるものだった。ダニングによれば、「あらゆるスポーツは本質的に競争的であり、それゆえ攻撃性と暴力性を喚起する」（Elias and Dunning 1986=1995：332）。「文明化の過程」によって閉じ込められたはずの身体が他の身体に攻撃を加えるという要素が、スポーツには明らかに存在する。だが、それは「文明化の過程」のなかである枠内に制御されている。たとえば身体を傷つけるような暴力を禁止するルールによって、また「スタジアム」という空間や「九〇分」という時間といった「飛び地（enclave）」だけに制限されることによって。

古代ギリシャの「パンクラシオン」は、ふたりの男が組み合って片方が降参するまで時間制限なく続き、噛みつくことと目をえぐること以外あらゆることが許された。だから選手は重傷を負ったり殺されたりすることがあった。これに対し「スポーツ」としてのレスリングは一ラウンドの時間が決められ、パンチやキックや頭突きが禁止されるルールが定められ、レフェリーがこれを監視する。ボクシングではグラブの詰め物を多くしてパンチの衝撃力を減じており、エリアスがいうように「スポーツはまず、競技者に重傷を負わせるような暴力行為をできるだけ排除する人間の競争的努力であった」（ibid.: 33）。こうした暴力を規則によって制御する「スポーツ化」は、多くの競技にかんして一八〜一九世紀のイギリスで進行したとエリアス＝ダニングは指摘するが、これは次項で少し触れる。

だが、スポーツから競争性、攻撃性、暴力性をすべて排除してしまったら、おそらくゲームは退屈なものになるだろう。エリアス＝ダニングは「文明化」と「スポーツ」のもうひとつの関係をこう述べる。「文明化」が進んだ社会は「興奮なき社会」である。人生を通じて感情を自己抑制するとき、人間の内部に強い緊張が生まれ、これを弛緩させる必要が生じる。「興奮なき社会における興奮の探求」（一九六七年の共著論文のタイトル）、これが文明化された社会で「スポーツ」に求められることなのだ。もちろんその興奮は、文明化された世界に危険をもたらさないよう、規則によって制御され、境界づけられた「飛び地」から溢れ出さないものでなくてはならない。しかしスポーツがもたらす競争や攻撃や暴力の「興奮」への要求は、「文明化」が自己抑制の高度化を進めるときより強くなっていく。

ここには「感情抑制のコントロールされた脱コントロール化（a controlled decontrolling of restraints on emotions）」（ibid.: 138）がある。文明化で抑制されたものを脱コントロールしなければならない。だが、その脱コントロールは文明化を危険に晒さないコントロールされた仕方でされなければならない。一方で、身体的暴力の行使可能性をゼロにするとき、スポーツは文明化された世界での魅力を失うだろう。他方、暴力を制御できず溢れ出させるときそれは「スポーツ」ではなくなって、この世界での存在を許されなくなるだろう。

フットボールにおける暴力

こうしたスポーツと暴力の関係を、フットボールを例に見てみよう。ダニングとケネス・シャドは一九七九年の『野蛮人、紳士、プレイヤー（*Barbarians, Gentlemen and Players: A Sociological Study of the Development of Rugby Football*）』で、スポーツ化以前の民衆＝「野蛮人（barbarians）」の暴力的なフットボールが、パブリック・スクールの「紳士（gentlemen）」たちによって制御され、「スポーツ化」された歴史を辿っている。

イギリスで一四世紀以降記録が見られる民衆のフットボールは、きわめて暴力的な「本物の喧嘩に近いもの」で、一七世紀までに三〇回以上もの禁令が出されている。祭日などに行われたこのゲームは選手の人数も一定せず、ボールをゴールに運ぶのを阻止するために倒し合い、殴り合い、骨折や脱臼、寿命を縮めるような重傷はつきものだった。

しかし、一九世紀を通じて、このゲームは土地所有階層の支持を失い、警察隊が禁止を実効できる力を備えるようになったことなどから消滅する。他方、これを改良した「野蛮な面をなくし」「紳士のゲームとして適切なフットボール」がパブリック・スクールで成立する。ブルジョワ層が多く入学する新興校のラグビー校では、一八三〇年ごろ「紳士」として下層階層と区別されるふるまいを教育するためこれが導入され、一八四五年にはルールが成文化されて「暴力」は厳しく排除された。他の学校でもフットボールのルールが成文化されたが、伝統校のイートン校では「人間の身体の最高の器官」である手の使用を禁ずるルールによって「より高度な自制心」を示すルールが制定された。

ラグビー式とイートン式のフットボールはその後どのような「暴力」を認めるかについて対立するが、一八六三年に手の使用とともにハッキング（相手の脛を蹴ること）を禁止する統一ルールが制定され、これを支持する人々が「フットボール協会（FA）」を創設する（Association Football、すなわちSoccer の成立）。ラグビー式の支持者たちはハッキングを禁止するとフットボールが骨抜きになると主張したが、一八七一年には彼らもこれを禁止したルールを制定し、「ラグビー・フットボール・ユニオン（RFU）」が結成される。いずれの側も、どのように「暴力」を統制・排除するかを焦点として、普遍的ルール、それを運営する組織、審判を備えた「スポーツ化」を進めるのである（Dunning and Sheard 1979=1983）。

こうして「野蛮人」のゲームから「紳士」のスポーツへと「文明化」され、暴力を統制したはずのフットボールは、しかしその後これとは別の種類の暴力を生むことになる。ダニングは「ゲームにおける暴力が現在事実上増えている」とし、それは「現在ゲームが置かれているより高いレベルの文明化のなかでの増加である」と述べる（ibid.: 324）。

ダニングによれば、フットボールは社会の「文明化」が進むなかその魅力によって多くの層に普及していった。労働者階級への普及はめざましくそのプレイレベルはパブリック・スクールを超えるようになり、入場料を払って見ようという人々も出てきて、「プロフェッショナル化」が進んでいく（FAによるプロ化の承認は一八八五年）。カップ戦やリーグ戦が導入されるなか、選手は自分の楽しみのためにプレイする「紳士」から、金銭と地域の名誉のためにプレイする「選手（players）」に変化し、フットボールはそれまでよりずっと真剣なものになっていく（ibid.: 167-79）。ゲームの「真剣さ」は観客によりいっそうの「興奮」をもたらしてファンは増え、人気による収入の増加でプレイヤーはより強い金銭や名誉の圧力のもとでさらに真剣になる。そしてこれは、成文化された世界共通のルールと世界的に統合された競技団体が成立する「スポーツ化」の世界化によりワールドカップやオリンピックなどが発展することによっても昂進する（Elias and Dunning : 1986=1995 : 322-3）。

このとき、この「真剣なプレイヤーたち」は暴力をふるう。第一に、より重視されるようになった勝利へのぎりぎりの「手段」として、見破られない範囲で、また罰則を得ても勝利に資すると計算して。第二に、それまでよりはるかに真剣にトレーニングしプレイするがゆえに、フラストレーションが爆発し、「感情的」になって（ibid.: 350）。この暴力は、スポーツ化される以前のフットボールにおける「野蛮人」の暴力とは異なる。「文明化」され暴力を統制されたゲームのなかで、「真剣」だから生まれる新しい暴力なのである。

フーリガニズムの社会発生

ダニングは、レスター大学の共同研究者らとともに一九八八年『フットボール・フーリガニズムの起源（*The Roots of Football Hooliganism: An Historical and Sociological Study*）』を刊行する。多くの論者が一九六〇年代にはじめて大規模に起こったと指摘するサッカーの観客の暴力＝フーリガニズムについて、ダニングたちの主張に二点だけ触れよう。

第一に、サッカーの観客の暴力が「フーリガン」として問題にされるようになったのは一九六〇年代以降のことだが、ダニングたちによれば観客による暴力行為はそれ以前から見られた。サッカーのプロ化から第一次世界大戦までの期間、新聞の報道やＦＡの記録で、観客のグラウンドへの乱入、審判や相手選手への攻撃、器物破壊、ファン同士の乱闘、グラウンド外での暴動が報告されている。ただしそれはセンセーショナルな報道ではなく、これはこの時期に「労働者の群衆」が「乱暴で無秩序な行動」をしたとしても一般に予想されるありふれたこととしてしか扱われなかったからだとダニングたちは推測する（Dunning et al. 1988 : 76-8）。これに続く第一次世界大戦から第二次世界大戦までの時期は、観客の暴力はずっと低い水準にあった。以前暴力の担い手だった「乱暴な労働者階級（rougher working class）」の観客が「文明化」へと同化され、「秩序と抑制」を身につけてきたというのだ。

ところが、第二次世界大戦後、とくに一九五〇年代半ば以降この状況は劇的に変化する。労働者が「秩序と抑制」を身につける、つまり「文明化」が進むと、社会は暴力への「感受性（sensitivity）」を高め、暴力の存在に（第一次世界大戦以前よりも減少しているのに）強く反応してしまうのだ。以前はありふれたものとして問題にならなかった暴力が、過剰に深刻なものと受け止められ、メディアはセンセーショナルに報道する。これによってサッカー場は「危険な場所」のように見え、暴力を嫌悪する人々はサッカー場に足を運ばなくなる。逆に暴力に魅力を感じる人々がサッカー場に集まるようになり、じっさいそこは「危険な場所」になる（ibid.: 133-5）。暴力がありふれているときそれは問題にならないが、それが減少したとき暴力への感受性が高まって、敏感に認知され問題化されるようになる。

第二に、この変化が暴力に「意味」を与え、自己実現や存在証明という新しい性格を帯びさせる。

一九六六年のイギリスでのワールドカップ開催のさい、フーリガンが不品行をしでかせば「文明化されたイギリスらしさ（civilized "Englishness"）」が傷つくとして、サッカー暴力への関心はいっそう高まった。それを書くと「売れる」ので、新聞は多くの記者を配置し、よりセンセーショナルな記事を仕立てる（『サン』の見出し「サッカーは戦争に突入！」（一九六五年）、「次はなんだ、ナパームか？」（一九六七年）など）。一九七四年には『デイリー・ミラー』が「暴力リーグ」と題してどのチームのファンが暴力的かについての番付を発表するが、これは「メディアに表彰される名誉のために」暴れる若者たちを引き寄せる。テレビ中継も同じ効果を生む。フーリガンたちは中継で必ず映るゴール裏の「テラス」に集中するようになり、そこで暴れるとサッカー場全体が「暴力の場所」のように見えて他の観客が来なくなり、中継に映り込むという「自己実現」のために若者たちは暴力を先鋭化させることになるのだ（ibid.: 148–54）。認知され問題化されることは暴力に「意味」を充填する。

以上、エリアス＝ダニングによるスポーツ・暴力・文明化をめぐる基本的な構図、ダニング＝シャドによるフットボールと暴力の関係の変遷、とくに「プレイヤー」の現代的な暴力、そしてダニングたちによるフーリガニズムという観客の暴力の発生についての議論を見た。このなかにすでに、「体罰」という暴力を問うためのヒントがいくつかあると思われるが、いまはここまででとどめて次節を経由するのを待とう。

これまで述べたのは、たとえばサッカー・スタジアムというスポーツ空間＝「飛び地」での暴力であった。では、スポーツを教え／学ぶもうひとつのスポーツ空間ではどうなのか。その空間はスタジアムのような公開された表舞台ではなく舞台裏としての「飛び地」であり、冒頭で述べたようにそこでは「スポーツする身体」が「教える身体／学ぶ身体」として対峙するという二重性を帯びる。次節では「スポーツ」を少し離れて、「教える／学ぶ」ということと暴力について、ある事例を参照しながら考えてみることにしたい。

3　「教える／学ぶ身体」と暴力――ベイトソンの問題系

「教える／学ぶ」というコミュニケーション

「教える／学ぶ」とはどういうことか。『教師と学生のコミュニケーション』でピエール・ブルデューがシンプルにいうように、教育的コミュニケーションとは「知っている者とまだ知らない者の間に成立する」コミュニケーションである（Bourdieu et al. 1965=1999：15）。そしてこのコミュニケーションは、ある奇妙さを孕んでいる(3)。

ブルデューは教育的コミュニケーションの特徴をこう述べる。教師が発信した情報量に対して学生が受容した情報量を最大にする「効率的なコミュニケーション」を基準にすると、教育では許容しがたいほど巨大な情報が浪費されている。教師は学生が教師のメッセージのコードを知っているという前提で語るが、学生はそのコードを知らず、「理解不全」と「理解不全は存在しないという幻想」が共存する（ibid.: 11, 15-7, 31）。のちの『再生産』でも、教育を伝達の効率から「単なるコミュニケーション関係として」見ると「情報の消耗のおびただしさ」が暴露されるという（Bourdieu and Passeron 1970=1991：137）。確かに教育のコミュニケーションが「もっとも効率的なコミュニケーション」から著しく遠い、ということは間違いないだろう。だが、それはどうしてなのか。

教育社会学者ヒュー・メーハンの『授業を学ぶ（*Learning Lessons*）』は、「知っている人」と「知らない人」のコミュニケーションとして「教える／学ぶ」を理解するためのヒントを与えてくれる。彼は、サンディエゴ近郊の小学校で授業をビデオ撮影して分析し、教室での教師と生徒のコミュニケーションを次のように特徴づけている。例を示そう。

例1　A：いま何時ですか?　B：二時三〇分です。　A：ありがとう。
例2　C：いま何時ですか?　D：二時三〇分です。　C：はい正解です。
例3　E（Fに対して）：この時計がさしているのは二時三〇分です。

例1は、現在の時刻を知らない人Aが知っている人Bに質問し、知っている人Bが答えるという会話である。当然、知らない人が質問し、知っている人が答えている。これに対し例2では、時刻を知っている人Cが知らない人Dに質問をしている。ある教室で教師Cが生徒Dに時計の読み方を教えている場面を考えればよいだろう。だがこれは例1と立場が正反対で、教室の外で行うと（駅でこう質問して、「はい正解です」と答えることを想像すれば）明らかに奇妙な質問である。しかし、この質問と答えが教室という場では必要で、Dが「三時三〇分です」と誤った答えをしたら、そこからCによる説明が始まり、Dは時計の読み方をより確かに学ぶことができる。例3のように、知っているE（教師）が知らないF（生徒）に正しい読み方を効率的に伝えるだけだとしたら、Fは時計の読み方を十分には習得できないだろう。

こうした例からメーハンは、授業が「教師の主導（teacher initiation）」―「生徒の応答（student reply）」―「教師の評価（teacher evaluation）」の「I―R―E」の三項が単位となり（教室以外では二項が単位)、この単位が組み合わされて展開されると指摘する。教師が主導して生徒の応答を誘い出し、正解に達して教師が評価を与えること(これを、主導と応答の「対称性が達成される」とメーハンは呼ぶ)でこの単位は終結する。教室でのコミュニケーションでは、だれの応答を誘うか、どこで評価するか、次にどの主導に展開するかなど順番の割り振りはほぼ一貫して教師が主導権を握っており、順番取りを対等に達成する二項単位の会話と異なるとメーハンは指摘するのだ(Mehan 1979：191)。

知っている人が知らない人に問いかけ、答えさせ、評価する。知っている人はすでに知っていることについて質問するのだから、情報量がまったく増えないじつに非効率なこのコミュニケーションは、しかし「教える／学ぶ」場面ではありふれた、また必要不可欠なコミュニケーションだろう。例1では「知らない人」は自分がなにを知りたいか知っている(時刻を知りたい)。ところが例2では、「知らない人」は自分がなにを知ればいいのかを知らず、だから質問することもできない。「さあ地図を見て。サンディエゴはどこかわかる?」(ibid.: 54)という質問は、「地図」や「サンディエゴ」を知っている人だけが立てることができる問いだ。ブルデューがプラトンの『エウテュデモス』から引用するように、「お前の知っていることは学ぶ必要はない。お前の知らないことは学ぶわけにはいかない。お前は何を学ぶべきかわからないのだから」(Bourdieu and Passeron 1970=1991：41)。

「知っている人」が「知らない人」と向き合う非対称な関係のなかで、「知らない人」を「知っている人」に変えようとするコミュニケーションには、「知っている人が知らない人に質問する」という奇妙な働きかけが必要なようだ。それに始まる「I―R―E」のシークエンスとはどのようなものか。これについて、ひとつの事例を参照しよう。その例から、「知っている人」「教える人」が「知らない人」「学ぶ人」にふるう暴力について考えてみたい。

吉田文五郎の芸談

それは、文楽の吉田文五郎の芸談である。吉田文五郎は大正期から戦前に人気を博した人形遣いで、一九四九年に芸術院会員に推され、一九六二年に九二歳で亡くなった名人である。

文楽では、頭と右手を遣う「主遣い」、左手だけ遣う「左遣い」、足だけ遣う「足遣い」の三人がひとつの人形を動かす。修業は足遣いから始め、年季を積むと左遣い、それができて主遣いになるが、だから足遣いを師匠から一対一で稽古をつけてもらうことは不可能で、「人形遣いばかりは、師匠あってなしで、初手から教えられもせず、習われもせず」（吉田 1943：242）という。一五歳で吉田玉助に弟子入りした文五郎は、師匠の世話や茶汲みなど雑用をしながら太夫の語りを聞き覚え、「間」や「拍子」を覚えて鏡の前で人形を遣う稽古を積む。こつが飲み込め足を遣わせてもらうまでに三～四年、左遣いに出世するまで五～一〇年、一人前になるには二〇～三〇年の修業が必要で、長い時間をかけて弟子は芸の共同体のなかで「知っている人」に近づいていく。これは、レイヴ＝ウェンガーがさまざまな徒弟制から抽出した「正統的周辺参加」に似ているだろう（Lave and Wenger 1991＝1993）。

しかし、ここでは次のエピソードを紹介したい。文五郎によれば、じっさいに主遣いの師匠と共演するとき、足を遣っていて力の入れ方・拍子の取り方が悪いと師匠から叱言（「カス」と呼ばれる）が飛び、下駄で蹴られたりこづかれたりすることがあるという。これは「教える人」による「学ぶ人」への暴力（つまり「体罰」）といって間違いないものだろう。

文五郎が玉助に弟子入りして三～四年目のころ、『戻り駕』の治郎作という役の足を遣ったが、ある場面を師匠が気に入らず毎日同じ箇所でカスを食わされ下駄で蹴られる。ついに一〇日目、彼は腹立ちまぎれに、きょう蹴られたら「舞台で師匠の足をひっくら返して、芝居をわやにして逃げ出したろ」と決意する。舞台に出ると師匠の「威」にちぢこまりそうになりながら、「血ばしった眼、ぶるぶる震える手で、治郎作の足を力いっぱいつかみながら……トン、トン、トーンと床も割れよと踏みしめて、最後の極まりのところで、思いざまぎゅっと力を入れて、トーンとぶっつけました」。そして、師匠の下駄をつかんで引っくり返そうとすると、「これはまた思いきや、『うまいっ』と師匠が底力のある小さい声で、私を褒めてくれました」（吉田 1943：262-3）。

この箇所を引用する松岡心平は、これは、師匠に同調する範囲でしか芸ができなかった文五郎が、それまでの共演の感覚を打ち破って「足を極めた」瞬間だったという。師匠を引っくり返す決意で、師匠に拮抗する形で文五郎は足に力を与えた。これに師匠は「うまいっ」と言葉をかける（松岡 1995：170-1）。文五郎は「夢に夢見る心地で、ぼーっと」なりながら、こう悟る。「やはり今日までのは、自分の力が足りなかったのだ、死に身にならなかったのだ、型ばかりで、魂が入っていなかったのだ、師匠が人形にそそぐ懸命の気分が、私の拙い足から脱けていたのだ、叱られたのは無理はない。わかった、わかった」。そして、楽屋に帰って泣く。これが師匠のおかげで見つけた「芸道の入口」であり、それから六〇年近く脇目もふらず人形の道を歩いて来た、と彼は述懐する（吉田 1943：263-4）。

これは、メーハンのいう「I（主導）―R（応答）―E（評価）」と同じ構造をもつ。弟子に対してカスを食らわせ、「師匠を引っくり返す」決意をさせるほど追い詰める（I）。そこで弟子が示した模倣を超えた芸（R）に、「うまいっ」と「底力のある声で」評価する（E）。だが、もちろんメーハンの観察したサンディエゴの小学校とは大きく異なるコミュニケーションであるだろう。

認知心理学者・生田久美子の『「わざ」から知る』によれば、伝統芸能の修業は次のような共通の特徴をもつ。弟子は師匠の「形」を模倣し、師匠はそれを評価するが、その評価は「ダメだ」「そうじゃない」、または（本人は従来と同じと思っているのに）「それでいいのだ」という、鋭利だが根拠が見えない「非透明性」をもつ、というのだ（生田 1987→2007：13-8）。

たとえば三味線の鶴沢寛治は、ある曲を弾いてみて師匠に「ウンもいかん、スウもいかん」と叱られ、「ほなどっちしたらええちゅうわけで、『まともにやったらええ』しか教えてくれない」と回想する。なにが評価され、なにが評価されないかわからないまま叱られる。そのうち鶴沢が、本に書かれた手ではない手を「これ弾いたらどう言わはるやろと思うて」弾いてみると師匠は黙っている。「それでもええのやったということで」今度は別の手を弾いてみると、師匠は「どういう心でそれを弾いてんのや」と叱る。この非透明な評価に対し、弟子はただ模倣するのではなく、違った手を弾くことで「師匠の示す『形』のどの部分が必然」で「どの部分が偶然」か知るようになる。こうして、ひとつひとつの「形」を模倣する段階から、それを師匠の目で眺めてなにがこの芸で必然的かという「型」を習得し、「形」の模倣から離れうる段階へと移行する（ibid.: 7, 59-60, 63, 69）。

ここには言語による指示もあるが、ここがこの理由でよくないからこうしろという理論的なものではなく、簡潔で独特な比喩的表現でなされ、「わざ言語」と呼ばれる。歌舞伎の中村歌右衛門（五世）が団十郎（九世）から台詞回しの教えを受けたとき、団十郎に「口でいわずに腹でいうのだ」といわれ、どうしたらいいかと考えた末に見物客に聞こえるようにいっていた台詞を相手役だけにいうよう改めたところ、それでいいといわれたという。尾上菊五郎（六世）が蛍を追う振りの踊りに苦労していたとき、「指先を目玉にしたら」という助言をもらい、そうしたところはっきり感じを出せたという。このような比喩はときに弟子を「師匠はなぜこの表現を使ったか」と当惑させる。しかしこの疑問から、言葉のイメージと身体の形との類似を探る試みが始まる、と生田はいう（ibid.: 95-9）。

ここには師匠による「主導」があり、弟子の「応答」があり、それを師匠が「評価」する。だが、サンディエゴの小学校と異なり主導も評価も透明ではない。よいか悪いかはっきりいわれるが、根拠はわからない。指示もされるが比喩的な表現で、弟子はその意味を考えねばならない。しかし、だからこそ弟子は自分で探究を始める。なにも指示されずカスを食わされていた文五郎は、師匠の模倣を超えた足遣いをし「うまいっ」と評価された。もしこれが透明な主導と評価だったら、あるいは例3でEがFに時計の読み方を伝えたような効率的なコミュニケーションだったら、彼はどのような芸を「学ぶ」ことができただろうか。

「学習Ⅲ」とダブル・バインド

グレゴリー・ベイトソンは『精神の生態学』に収録した「学習とコミュニケーションの階型論」で、「学習」、つまり知らないなにかを学んで変化するということを、「学習Ⅰ／学習Ⅱ／学習Ⅲ」の三つに分類している。「学習Ⅰ」はメッセージの学習をさす。「〇〇は××である」ということ、時計がここを指すと二時三〇分だ、時計とはこう読むのだ、ということを学ぶ学習であり、メーハン流にいうと、「I―R―E」のシークエンスにおいて「はい正解です」と評価しうることがらを学ぶことをさすだろう。学校の授業は、こうしたメッセージをコンテクストから切り離し、一般化された形で呈示する場合が多い。

これに対して「学習Ⅱ」は、個々のメッセージが置かれたコンテクストを学ぶことをさす。「いまは二時三〇分です」というメッセージがじっさいの仕事の場でなにを意味するかという文脈を知ること、その文脈を知るためにだれに尋ねればいいかを知ること、「どう学べばいいかを学ぶ」ことであり、学校の教室よりもたとえば文五郎が所属した芸の共同体のような「実践共同体」（レイヴ＝ウェンガーが「状況に埋め込まれた学習」がなされる場とした）において学ばれるものだろう。ベイトソンは、過去の「学習Ⅱ」によってある人の習慣や性格が形成され、自動的に固められていくとし、「〝私〟とは、学習Ⅱの産物の寄せ集め」であると指摘する（Bateson 1972＝2000：413）。

ところがベイトソンは、「学習Ⅱ」によって「〝身にしみついた〟前提」が、問い直され変革を迫られるような学習があるといい、これを「学習Ⅲ」と呼ぶ。これまで馴染んできたコンテクストから別のコンテクストがありうるというコンテクストに飛び移る学習、これまでの性格や習慣から離脱するという学習が、「学習Ⅲ」である。

彼はこの学習が生じる例として「治療的ダブル・バインド」をあげる。周知のように「ダブル・バインド」とは、ふたつの矛盾するメッセージが矛盾を解きえない形で呈示され（言語によるメッセージと非言語的、なかでも身体によるメッセージが矛盾する場合が典型）、そこから逃げ出すことが禁止される状況で、これが反復されるときそれに晒された「犠牲者」は精神の病理を発症する、とされたものだが、この同じコミュニケーション・パタンによって「学習Ⅲ」が生成されるというのだ。

たとえば、患者が「学習Ⅱ」によりある前提に囚われて苦しんでいるとする。治療者は患者の前提と衝突を図り、別の行動へ導いて、元の前提がいかに馬鹿げたものかを誇張やカリカチュアの形で見せる。ここで患者はダブル・バインドに置かれる。治療者は苦痛の少ないダブル・バインドを仕掛け、この矛盾を逸する経路を塞いで違う反応を強いるのだ。これはつねに成功するわけではなく、「Ⅲのレベルへのジャンプは、試みるだけで危険をともなうものである」とベイトソンはいうが、ここではじめて、患者は「学習Ⅱ」＝習慣の束である自己から解放され、自己の根本的な組み変えを迫られることになる（ibid.: 411-5）。

吉田文五郎や鶴沢寛治が経験したのは、この「学習Ⅲ」と類似している。ここには、まず「知らない人」が芸の共同体のコンテクストを共有し、「知っている人」になっていく「学習Ⅱ」があった。しかし、模倣するだけの芸では師匠は気に入らず、カスを食らわせ、「ウンもいかん、スウもいかん」と叱り、追い詰める。弟子は、それまで自分の芸を置いていた文脈内のAの手もBの手も評価されず、一度もやったことのないコンテクストに飛び移る。彼がまったく別の手を打ち、それが師匠に評価されるとき、弟子は新しいコンテクストがあること、それまで知っていた文脈と新しい文脈を包括する芸の「型」という文脈があることを学ぶ。これはベイトソンのいう「治療的ダブル・バインド」と近いものであり（「創造的ダブル・バインド」と呼んでもいいかもしれない）、弟子は「跳躍」ともいえる変化を経験する。それは、文五郎が「わかった、わかった」と涙したようなゲームの規則が変わってしまう経験であり、「学習Ⅲ」と呼べるものだろう。弟子は、この跳躍によってようやく「知っている人」の共同体」に入り込む。

この「教える／学ぶ」は師匠と弟子の非対称性を重要な要素とする。対等であれば非透明なメッセージの主導や評価に応答する必要はなく、わからないから説明してくれというか、わからないから従わないか、すればよい。また逃げ出すことを禁止する第三の命令がなければ、このわからない空間から立ち去ってしまえばよい。しかしここでは、非対称で非透明なコミュニケーションが「知っている人」と「知らない人」を教えと学びが拮抗する（ときに学ぶが教えを超える）形で結びつけ、「知らない人」を変化させてしまう。

4 「スポーツを教える身体」と暴力——いくつかの問題提起

「学習Ⅲ」と暴力

吉田文五郎の事例から「スポーツと体罰」というテーマへと戻るには、慎重にいくつもの留保をつけながらでなければならない。これはスポーツの空間とは違う芸能の空間、しかも近代日本における「伝統芸能」の伝承というじつに特殊な一事例である。そして、文五郎にふるわれた師匠からの暴力が彼を跳躍させたのだとしても、それが暴力を肯定することにつながってはならない。この事例から、「教える／学ぶ」空間において人を最初とは違った存在に変えてしまう荒々しい力（比喩的だが）が働くことは認識できただろう。だが、そうした力が働くこととそれが暴力という形態をとることは別のことであり、その力がどのような構成によるかを仕分けして、それがどこで暴力を生む可能性をもつかを把握する作業が必要なのである（もうひとつ重要な留保があるが、それは最後に述べる）。

第2節で述べた「スポーツする身体」に立ち返るまえに、第3節で述べた「教える／学ぶ身体」と暴力について、視点をずらして考えてみたい。文五郎や寛治という「学ぶ身体」の側から見た「教える／学ぶ」コミュニケーションを、構図を逆転して、吉田玉助のような師匠＝「教える身体」の側からとらえ直してみようと思うのだ。

おそらく「学習Ⅰ」「学習Ⅱ」のレベルでも、教える身体から学ぶ身体に暴力（体罰）がふるわれることはあるだろう。いつまでたっても「一二時三〇分」が読めない生徒に対して罰を与える、宿題をやってくる、遅刻をしないといった学ぶ習慣を身につけられない生徒に罰を与える、といったように

（ベイトソンは「学習Ⅰ」について「報酬または懲罰をともなう〝道具的〟コンテクストで起こる学習」をあげている（Bateson 1972=2000：392））。しかしこれについてはここでは考えない。私の考えでは、このような暴力はシンプルに否定されるべきものであり、他のより優れた方法に代替可能だと思われるからだ。(4)

ここでは「学習Ⅲ」が求められる状況を想定したい。これまで身につけてきた「学習Ⅱ」がうまくいかなくなり、そこから離脱して新しい習慣へと跳躍するよう求められる状況である。このとき、玉助が文五郎にカスを食らわせ下駄で蹴ったように、教える人が学ぶ人を追い詰める荒々しい力が必要になり、それが暴力を誘発する可能性があるだろう。そしておそらく、この「学習Ⅲ」を経験することで学ぶ人（弟子、生徒、選手）が成長し、教える人（師匠、教師、指導者）も成長すること、あるパフォーマンスの水準を超えるにはこの跳躍の契機が必要なことは、芸能でもスポーツでも（学問や仕事でも）共通しており、この隘路を経た「わざ（art）」に接するとき私たちは芸術やスポーツが共有する魅力を感受するのであろう。

構図を逆転させて、この状況を「知っている人」「教える人」から見たとき、彼もまた困惑しており、ほとんど「知らない人」になっていることだろう。「学ぶ人」が「学習Ⅱ」を習得しこれまではうまくいっていたが、壁につきあたってしまった。「教える人」はAという手を打ち、あるいはBという手を打つがそれでも「学ぶ人」は突破できない。教える人自身がどうしたらいいかわからなくなっていて、これまでの教えるコンテクストから離脱せざるをえず、彼のほうもダブル・バインドに晒されている、といえるのかもしれない。

「治療的（あるいは創造的）ダブル・バインド」を仕掛けることは、仕掛ける側にとってもダブル・バインドに自分を陥れることになるだろう。学ぶ人を矛盾に追い込み、矛盾を逸する経路を閉ざして、これまで身につけた文脈とは異なる文脈に跳躍させようとすることは、ベイトソンによれば「Ⅲのレベルへのジャンプは、試みるだけで危険をともなうもの」であり、成功するとはかぎらない「賭け」である。それは、ベイトソンが、それに晒された「犠牲者」を不安にして精神の病理を発生させると考えたのと同じ構成の空間をつくることであって、跳躍を帰結すると同様に病理を帰結することもありうる。

この空間のなかで、文五郎は「師匠をひっくら返して、逃げ出したろ」と考えた。肌が馴染むように「学習Ⅱ」を積み、「知っている人の共同体」に入るとき、こうした思いは生じないだろう。「学習Ⅲ」を求めることは、「教える／学ぶ」コミュニケーションの接続自体を学ぶ人が切断し、この空間から離脱する危険性を孕んでいる。「学習Ⅱ」を続けるかぎり、病理を生むリスクも学ぶ人が離脱するリスクもそう大きくはないだろう。「学習Ⅲ」を求めるとき、このリスクを教える人は背負う。しかしこれまでの「学習Ⅱ」を続けるなら、学ぶ人は成長を止めてしまう。このダブル・バインドに多くの「教える身体」は直面する。

このとき「教える身体」はどうすればよいのか。吉田玉助のように、暴力を行使することでダブル・バインドに弟子を追い込む、ということはしばしば生じることのように思われる。だが暴力という手段を用いずに、矛盾を生み、それを逸する経路を塞ぐ方法は、さまざまに想定されうるのだろう。また、こうした病理や離脱のリスクをできるだけ排除した合理的・科学的な方法で、理論的な言語による指示をして「学習Ⅲ」を生むことも可能かもしれない。ただ、「学習Ⅲ」を経てどんな文脈に飛び移るかという着地先は、「学ぶ人」はもとより「教える人」も知らない場合が多いのではないだろうか。跳躍するまえにわかっていて合理的に教えることができる着地先は、すでに「知られている」

文脈である。またそれは、教える人に「教えられた」文脈である。「知らない人」は、教える人もまだ知らない文脈、「学び」が「教える」を超えるような文脈に、自分だけで飛び移ることがあるだろう。このような「学び」を「教える身体」はどのようにして生起させうるのだろうか。

「スポーツする身体」のダブル・バインド

吉田文五郎の事例とベイトソンが提起した問題系を経たあと、エリアスの問題系が描いた「スポーツする身体」を見直すと、次のことがわかる。すなわち、「スポーツを教える／学ぶ」空間で身につけることがめざされる「スポーツする身体」そのものが、ダブル・バインドのなかに（矛盾するふたつのメッセージのあいだに）位置している、ということだ。

第一に、この身体は「競争的であれ、攻撃的であれ」というメッセージのもとにあり、「感情」と「興奮」を抑制から解放しなくてはならない。同時にこの身体は「感情と興奮を制御せよ」というメッセージを受けており、規則によって競争性・攻撃性・暴力性を制限されている。エリアスがいう「感情抑制のコントロールされた脱コントロール」は、文明化によって可能となった均衡ととらえることもできるが、ふたつの矛盾したメッセージのもとの不安定な状態ともいえるだろう。ダニング＝シャドの表現を流用するならば、「スポーツする身体」には「野蛮人であれ」と「紳士であれ」というメッセージが同時に投げかけられ、「野蛮な紳士」「紳士的野蛮人」という矛盾を模索しなければならない。「スポーツを教える／学ぶ」こととは、「暴力的であれ／暴力的であるな」という矛盾する命令に応じる身体をつくることである。

第二に、この身体は「勝利せよ」というメッセージを投げかけられており、そのために「真剣であれ」「勝利のためなら（場合によっては）規則を破れ」と命ぜられている。同時に、「規則を守れ」「フェアであれ」とのメッセージも受ける。勝負を第一に考える「真剣なプレイヤーであれ」、同時に規則を守る自制心をもった「紳士であれ」。おそらく規則すれすれの暴力を行使して勝利したとき「汚い手を使った」と非難され、規則を遵守して敗北したとき「もっと狡猾でなければ」と批判される。勝利に「真剣すぎる」ことも、規則に「従順すぎる」こともしてはならない。では、勝利に「真剣すぎず」、規則に「従順すぎない」均衡点はどこにあるのか。「スポーツする身体」は、この矛盾にも晒される。

おそらく多くのスポーツ指導者にとって、これらのダブル・バインドはありふれた自明のことなのだろう。それを、ある場合は無視したりやり過ごしたりし、ある場合は試行錯誤の末にここしかないという均衡点を見つけ、ある場合は懊悩ののちに新しい解に跳躍する。しかしある場合はこれに気づかずに選手を直接矛盾に晒したり、解が見つけられず指導が破綻したり、暴力という手段でこれを解決しようとしたりする。スポーツ指導者は、前項で述べた選手をいかに「学習Ⅲ」に跳躍させるかという局面において暴力に接近する可能性があるとともに、「スポーツする身体」が構造的に位置づけられるこのふたつのダブル・バインドを前にして暴力を行使することがあるのだろう。もちろん、優秀で老練な指導者は、「学習Ⅲ」への跳躍もこのダブル・バインドも、それを切り抜けたり飼い馴らしたりする「わざ」を身につけて、むしろそれこそを歓びや楽しみとするのだろうが。(5)

補足的に、「スポーツを教える／学ぶ空間」が直面するもうひとつのダブル・バインドに触れておこう。ダニングたちのフーリガン研究は、観客の暴力がありふれていたときは問題にならなかったが、それが減少し暴力への感受性が高まった局面で認知・問題化されたことを示唆している。私は学校運動部における体罰件数の推移といったデータをもっていないが、体罰がありふれていたときは問題にならず、それが減少しているとき（≒社会の暴力への感受性が高度化しているとき）敏感に発見される、ということはないだろうか（端的にいって、いま体罰は増加しているのか、減少しているのか?:）。その状況で社会はさらに鋭敏に、「治療的（創造的）ダブル・バインド」のような指導者が選手を追い詰める力をすべて「暴力的なもの」として発見し、批判することになるかもしれない。

このとき、この空間には「外部に開放的であれ」（閉鎖的であるな）、「選手と指導者は対等であれ」（非対称であるな）とのメッセージが投げかけられるだろう。このふたつは、暴力（ないし暴力的なもの）を抑止するのにおそらく有効だからである。これは（吉田文五郎の事例やベイトソンの理論を見てきたかぎりでは）、「非対称であれ」「矛盾を逸する経路を塞げ」という「学習Ⅲ」への跳躍を促す条件と矛盾する（この事例と理論を越えて、こうした条件とは別の「学習Ⅲ」を導く条件がありうるのかもしれないが）。ここで指導者は、「開放せよ／閉鎖せよ」「対等であれ／非対称であれ」という矛盾に晒される。

すでに述べたように、「知っている人」と「知らない人」のあいだには非対称性があり、それを繋ぐには奇妙なコミュニケーションが必要なのだった。これを対等に近づけることはできるだろうが、おそらく完全に対等なコミュニケーションと「教える／学ぶ」を両立させることは困難だと思われる。たとえば実績を積んだ指導者が「対等な」（に見える）コミュニケーションで選手を「学習Ⅲ」に導くこともありうるだろうが、それは内田樹の表現でいえば「先生はえらい」という「美しい誤解」（内田2005：19）、通常の表現でいえば絶対的な信頼（または絶対的なフィクション）が確固として存在することを条件にするだろう（逆にこの信頼・フィクションが不確かなとき、指導者は権威的にふるまい、「えらそう」になることが多い）。そして、この空間を開放しても「治療的（創造的）ダブル・バインド」が失効しないのは、逃げ道を外から塞がれなくても選手が自らダブル・バインドに留まり続けるすべを身につけている場合だろう。エリアスが文明化を「外的強制」が「自己抑制」に移行する過程ととらえ、これによって「人間対人間の戦い」から「戦場が人間のこころのなかに移される」（Elias 1939=1978：349）と表現したように。

「スポーツを教える身体」は、知らない人を知っている人に変えるための「学習Ⅲ」にともなういくつかのダブル・バインドに直面する。また、彼がまだ知らない人を導こうとする「スポーツする身体」自体が晒される暴力をめぐるふたつのダブル・バインドに直面する。これを彼らはどう解いてきたのだろうか。それにどのように失敗し、その失敗はどんな場合に「学ぶ身体への暴力」という形態をとることになるのだろうか。

敗者の文化

吉田文五郎の事例についてのもうひとつの重要な留保に触れることで、本章を結びたい。それは、彼の芸談が「勝者の物語」であったということだ。

彼は一〇日目の芸を師匠に「うまいっ」と評価され、「学習Ⅲ」に飛び移って名人になった人である。だがすでに述べたように、「学習Ⅲ」への跳躍は試みるだけでも危険なもので、つねに成功するわけではない。多くの弟子たちが文五郎になりそこねているだろう。ある者はそれまでの「学習Ⅱ」から脱することができず、ある者は「学習Ⅲ」にジャンプしようとして着地できず、ある者はジャンプを師匠に評価されずに道を見失う。こうした数多くの「敗者たち」が生まれることは、芸術でもスポーツでも同じだろう。「敗者たち」から見たとき、この「教える／学ぶ」はどのように見えるのだろうか。

そしてスポーツは、截然と「勝者」と「敗者」を分ける。舞台裏のトレーニングの空間だけでなく、公開されたゲームの空間で記録をとり、順位をつけ、勝敗を決める。井上俊がオモー・グルーペ『文化としてのスポーツ』から引用するように、「勝利と敗北、成功と失敗、失望と幸福」を「日常生活ではまず経験できないような形で」経験することによって（そのために闘争する身体のパフォーマンスと、背後にある膨大な努力に接することで）、私たちは「伝統的な意味の〈芸術〉ではないけれども」それと同じような「美」を感じ、魅了されるのだろう（井上 2000：22）。文明化された日常世界が、エリアスのいうように、味方でありながら敵、敵でありながら味方との「決定的勝利も決定的敗北もない」（だから他者に感情を投げ出し「外的強制」で調整するのではなく、感情を「自己抑制」する）世界だとするならば（Elias 1939=1978：254-6）、スポーツはよりいっそう輝きを増すだろう。そしてそれは、ひとりの勝者をつくるために膨大な敗者を生産するシステムでもある。

おそらくスポーツ空間は、敗者を遇する文化をこれまで蓄積してきたのだろう。たとえば「よき敗者（good loser）」を称える、といった。しかしこれもまたダブル・バインドである。あるところまでは「勝者たれ」と煽り立てられ、敗北すると「よき敗者だった」と鎮められる。「よき敗者たれ」はタテマエであって、「勝者たれ」がホンネなのではないか。そしてまた、この文化が薄く脆い場合もあるだろう。「敗者」ないし「失敗者」は放置されるか、罰せられるか、退場を迫られる。前項で「スポーツする身体」をめぐる第二のダブル・バインドの要素とした「勝利のための真剣さ」は、現代の「体罰」にかんするかぎりもっとも重視すべき要因なのかもしれない(6)。そしてそれは、スポーツ空間だけでなく、それを取り囲む社会がどれだけ「敗者の文化」を育んできたかというより大きな問題へとつながっていくだろう（たとえば、長谷正人がいう「敗者が敗者であるがままに肯定され、光輝くような社会空間の可能性」（長谷 2012：231）とはどんなものだろうか）。

しかしながら、吉田文五郎も九日目までは敗者だった。師匠の主導に対する彼のいかなる応答もずっと評価されないままだった。この「一時的な敗者」（temporary loser とも呼べようか）は跳躍して勝者になるかもしれないし、跳躍することができないかもしれない。敗者のままで輝くことができるかもしれないし、敗者としてこの世界から去っていくかもしれない。この「一時的な敗者」を遇するのに、暴力以外のさまざまな方法があるのは間違いないだろう。それをゆたかに備えた文化を、私たちはつくらなければならない。

注

（1）本章は、日本体育学会第六四回大会体育社会学専門領域シンポジウム「学校運動部における『体罰』――問題の所在とその批判的検討」（二〇一三年八月二九日、立命館大学）での報告を改稿したものである。コーディネーターの松尾哲矢氏・清水諭氏をはじめ同シンポジウム関係者に深く感謝する。

（2）本節は奥村（2001）第4章をもとにしている。

（3）本節は奥村（2009）、奥村（2013）第10章をもとにしている。

（4）シンポジウムの場で杉本厚夫氏は、学校運動部では学習Ⅰ・Ⅱの水準の暴力が多く見られ、それは指導者と選手のあいだに「知っている／知らない」という関係をアプリオリに前提できないからではないかとコメントした。文五郎の事例のように師匠が名人である場合とは異なって、指導者が自分が「教える人」であること自体を証明し、非対称な空間をつくるために暴力を行使する、という事態は十分に想定しうる。

（5）こうした指導者の経験を蓄積・共有することが、暴力なき指導への具体的な実践課題のひとつだろう。

ただし、それをすると自分（たち）のチームや学校のアドバンテージがなくなる可能性があり、共有の実践そのものが別のダブル・バインドを孕んでいる。

（6）　シンポジウムの場で川西正志氏は、ロジェ・カイヨワを引きながら、スポーツの「文化としての堕落」と、社会システムのなかでスポーツには「勝つことがミッション」になっていることをコメントした。ヨハン・ホイジンガは、文化は遊びの形式のなかに成立し本来遊ばれるものだが、一九世紀の最終四半世紀以降スポーツは「遊びの領域から去って」いき、「本来の文化過程」から逸れてしまったという（Huizinga 1938=1973：110, 399）。スポーツは資本主義とナショナリズムという他の社会システムの「ミッション」と結びつくことで発展し、だからこそ「遊び」や「文化」から離脱してきたとも思われる。私にとってスポーツの原型は子ども時代の原っぱの「三角ベース」だが、それはなんのミッションもない「遊び」であり、そこにはただ「ミッションからの自由」だけがあった。

第9章　共同体の外に立つ
――「日本の社会学理論」と「普遍」についての試論

1　日本の社会学を英語で伝える――三つのエピソードから

Where is Japan?

この「社会学と言語・メディア」と題するシンポジウム[1]において私に課せられた役割は、「非英語圏の社会学者が英語で書く」というテーマについて問題提起することである。しかしじつは、私は英語で論文を書いたことも報告したことも、二〇年ほど前にそれぞれ一回だけしかない[2]。それなのにこのテーマについて報告をしようとしている。なぜこのシンポジウムに登壇し、報告をしようと思ったのか。それには理由がある。

私が英語でアカデミックなコミュニケーションをしたさほど多くない経験に、二〇一二年九月二七日から一〇月八日までの期間、故ロバート・N・ベラーを立教大学に招聘した忘れがたい機会がある。当時八五歳のベラーとのメールでの交渉、滞日時の講演・シンポジウムの内容、合間での会話などいずれも印象深いものだったが、帰国後岩波書店から講演原稿を集めた単行本を出すことになり、そのためのやりとりを続けることになった。序文を依頼したところ、二〇一三年七月一九日に、「I hope I have not been too provocative, but I thought some provocation would make the book more interesting.（刺激的すぎなければよいのだけれど、でもちょっと刺激的なほうがおもしろい本になると思ってね）」と記されたメールに添付されて、簡潔な序文が届いた。その冒頭にはこう記されていた。

I would like to devote this brief foreword to only one question, a question that appears at several points in the following papers, talks and discussions, but that I want to highlight here: Where is Japan?

More specifically, why is Japan so largely absent on the global stage?

「日本はどこにいるのか?」――このあとベラーは、おもにグローバルな政治における日本のリーダーシップの不在を環境問題や米中関係にかんして指摘するのだが、さらに彼はこう述べている。「政治家と同様、知識人（優れた教育を受け、それを社会的・文化的問題を省察するために用いることができる人々と定義できる）もまたこれらの問題を提起し続けなければならない。こうした知識人の活動は、表現の自由をめぐる条件の差異を超えて中国でもアメリカでも見られることであり、日本でも明らかになされているのだろうが、その言葉が海外に発信されることはほとんどない」。彼は、「私は世界という舞台での日本の不在をきわめて憂慮する」と述べ、それは日本にとっても世界にとっても不幸であり、「身を隠した日本は、日本にとっても世界にとっても無用である」と論じている（ベラーほか編

2014：ix-xi）。

約一〇日後の七月三〇日、ベラーは心臓手術後の容態の急変により、八六歳で亡くなった。私はこの強烈なメッセージを受け取った直後にこの訃報に接して激しく動揺した。翌年五月にベラー・島薗進との共編著『宗教とグローバル市民社会――ロバート・ベラーとの対話』を上梓することはできたが、彼のこの「遺言」は胸に突き刺さったままである。

Where is Munesuke Mita?

ベラーとの出会いを第一のエピソードだとするならば、彼が離日して一カ月半後に、私にとって重要な第二のエピソードがあった。二〇一二年一一月二四日に千葉大学で日本社会学理論学会によるワークショップが開かれ、Routledge 社からの片桐雅隆、澤井敦、アンソニー・エリオット編 *Companion to Contemporary Japanese Social Theory: From Individualization to Globalization in Japan Today* の刊行を記念して、同書をめぐる討議がなされたのだ。

出口剛司、ダニエル・シャフィー、アンソニー・エリオットという日豪からの発表者の周到に準備された報告を聴きながら、私は英語で日本の社会理論を紹介する画期的といって間違いないこの本について、いささか provocative な（ベラーに倣えば!?）発言をしたくなってしまった。英語で話すことで可能になる率直さもあって、三名の報告が終わったあと、私は以下のような発言をしてみた（ここでは日本語で記す）。

この本を最初に手にしたとき、これは日本の社会学理論にとって間違いなく画期的な本であると思いながら、他方で私はある違和感を覚えました。奇妙な想定なのですが、日本の社会学者からMVPならぬMVJST（Most Valuable Japanese Sociological Theorist）を選ぶとしてみましょう。その候補者にはだれがノミネートされるでしょうか。

私なら、まず見田宗介（一九三七年〜）をノミネートします。いま一四巻の著作集が刊行されているこの社会学者の「まなざしの地獄」（一九七三年）や『時間の比較社会学』（一九八一年）は疑いなくオリジナルな日本社会学の成果です。次いで、吉田民人（一九三一〜二〇〇九年）です。機能主義から出発しながら情報と所有をめぐるシステム理論を発展させた彼の理論枠組みは高い価値をもつものです。第三に作田啓一（一九二二年〜）を候補とします。社会と意識の深層構造をとらえようとした彼の仕事、『個人主義の運命』（一九八一年）や『生成の社会学をめざして』（一九九三年）は独自の達成だと思います。

日本の参加者のみなさんは、他にも創造的な日本の社会学者の名前を付け加えることでしょう。しかし、私は次のことを問いたいと思います。どうしてこの本は見田、吉田、作田を主題として扱っていないのでしょうか。見田宗介は「理想／夢／虚構」の時代区分がポストモダンを扱った澤井敦執筆の章に登場するが、それ以上は論じられません。吉田民人と作田啓一には触れられていません。このいわば「集合的忘却」は、なぜ生じたのでしょうか。

もちろんこれは、本書が主に一九九〇年代とそれ以降を扱っており、英語圏をマーケットとすることによる編集方針などさまざまな要因によるのでしょう。ですが、この現象は私には、日本の社会学自体のひとつの症状にように思えます。この「No-Mita」現象は、「日本社会学の知識社会学」の興味深いテーマだといえるかもしれません。

日本からの参加者のみなさんには、私のこの素朴な疑問への手掛かりを提供いただければたいへんありがたいと思います。オーストラリアからのみなさんには、このラフな問題提起がなんらかの刺激になればうれしいです。

ベラーの Where is Japan? をもじるならば、Where is Munesuke Mita? という問いである。英語で日本の社会学を伝えようとするとき、見田は、吉田は、作田は、どこにいるのか。

しかしこれらの日本独自の社会学を展開しようとした社会学者たちの「不在」は、英語による「世界という舞台」への発信についてだけ見られるものではない。私たちは膨大なマルクス研究やヴェーバー研究を、ブルデュー研究やルーマン研究を、さらに（それよりはずっと少ないだろうが）ベック研究やバウマン研究をもっている。多くの「社会学史」や「社会学理論」を研究する日本の社会学者たちが彼らについての論文や著作を生産し、学会や研究会で報告を行ってきただろう。だが、私たちは「見田宗介研究」「吉田民人研究」「作田啓一研究」をもっているか。そうした研究をこれまでもっていないとすれば、それを英語で発信することはそもそも無理なことだろう。ではなぜそれを行ってこなかったのか。

ワークショップでの乱暴な発言と同様に、日本の社会学者を研究することの「不在」は「日本社会学の知識社会学」のテーマとなる現象にも思われる。しかしここでは単純に、以前の世代の社会学の成果がきちんと検証されないまま、現在に継承されていないのではないかということを指摘しておきたい。カール・マンハイムがいうように、私たちは「自分が属している集団の言葉で話す」のであり、「その集団が思考する流儀に従って思考する」。「厳密な言い方をすると、単独の個人が思考する、というのは誤りである。正しくは、個人は彼以前に他人が考えてきている思考に加わる、といったほうがよい」（Mannheim 1929=1979：99）。私たちは自分がどのような思考に加わっているかを理解しているのだろうか。

社会学の二重焦点性

第三のエピソードとして、シンポジウムの主題から少し離れることに言及したい。

私は二〇一三年七月から二〇一四年九月まで、日本学術会議社会学委員会の分野別質保証参照基準検討分科会で、社会学分野の参照基準策定の仕事にかかわってきたが、これはじつに学びの多い機会だった。(3) 大学の社会学教育によってなにが得られるかを文書化しようとするこの作業において、ひとつの指針となったのが、イギリスの The Quality Assurance Agency for Higher Education が策定した冊子 Subject Benchmark "Sociology 2007" だった。その "1. Defining principles" には、端的にこう記されている。

1.2　Sociology is both theoretical and evidence-based.

「社会学は理論的でありかつエビデンスに根拠づけられている」。この簡潔な定義は、「理論的か実証的か（either A or B）」ではなく、「理論的かつ実証的（both A and B）」であると主張する。理論はエビデンスによって検証されねばならず、実証は理論的知見に根ざさなければならない。社会学が理論と実証の「あいだ」を往復する運動であり、理論と実証のいわば「二重焦点性」（double focal）をもつというこのきわめて当然の指摘は、専門化が進むにつれて理論か実証かという「単焦点」を求め、むしろ「あいだ」を消去しようとする磁場が広がる現状において、強いインパクトをもつように思う。

社会学はさらにこれとは別の種類の「二重焦点性」をもち、ふたつの焦点のあいだを不安定に行き来するからこそ生産的でありうるだろう。たとえば「距離化」（観察）と「参加」（実践）の二重焦点性。社会から距離をとって観察できるからこそ社会学は固有の認識を生み出しうるが、社会学は社会の一員であって社会のなかで社会とかかわるからこそそうした認識が可能になる（現実と格闘していない観察など無意味だし、存在しえない）。

ただ、この検討分科会の議論でとりわけ印象的だったのは、落合恵美子による「科学」と「物語」という二重焦点性についての指摘である。近代経済学がめざしたように、自然科学（とくに物理学）に近づけば近づくほどよいとする方向性が社会学の一方にあり、それは人間と社会を自然と同様に外部から観察し、数量化し、法則を発見しようとするだろう。しかし社会学は自然科学をモデルとする「科学」へのベクトルとともに、社会のなかで生きる人々が「物語」を紡ぎ出していること、その物語なしには人間も社会も存立できないことにつねに着目している。私たちは自己の物語を生きるとともに、他者の物語の一部であり、それらの物語がときに織り合わされ、ときに葛藤し争い合って社会が成立する。おそらく文学はこうした物語を描こうとするものだが、自然科学的なベクトルはもたない。社会学は、「科学」へのベクトルと「物語」へのベクトルの双方をもっており、「科学か物語か」ではなく「科学も物語も」という二重焦点を往復するとき豊穣なものとなる(4)。

ナイーヴな想定だが、「科学」（自然科学）と「物語」（文学）を比較すると、後者のほうが前者よりも言語依存性、文脈依存性が高いだろう。スポーツや音楽などでは互いの言語的な理解度が低くてもコミュニケーションができ、言語能力から比較的自由に協働や相互評価が可能になるのに対し、自然科学では一定の共通言語を共有すればコミュニケーションが可能であり、統計学などに依拠する度合いが強い「科学」の性格を強くもつ社会科学もそれに近いことが想像される。そして、「物語」を扱うことをめざす社会科学はそれよりは言語依存性・文脈依存性の壁が高く、端的にいって相互翻訳が困難になるだろう。

これは傍証にすぎないが、ルイス・コーザー『亡命知識人とアメリカ』によれば、一九三〇年代にヨーロッパの全体主義を逃れてアメリカに渡った知識人のうち、特定言語に縛られないエンジニアや物理学者などの自然科学者、数理経済学や科学哲学、記号論理学などの研究者は受け入れられる可能性が高く、ドイツの歴史学派の経済学者や現象学派の哲学者はアメリカの通常の大学に席を見出すことは困難だったという（Coser 1984=1988：5–10）。「科学」は特定言語に縛られず、「物語」は言語拘束性がきわめて高い。社会学は、このふたつの異なる言語依存性・言語拘束性の水準を往復する。

「日本の社会学を英語で伝える」ことを考えるとき、「科学」に近づくベクトルをもつ社会学はそれほど大きな困難をもたないだろう。重要なのは、社会と人間を構成する必須要素としての「物語」を扱うもうひとつの焦点に引き寄せられる社会学を、いかに英語で伝えるか、ということである。たとえば、見田宗介や作田啓一の社会学は日本社会固有の「物語」を描こうとしたものだろう。ある社会を成り立たせる「物語」を「理論化」しようとする志向をもった社会学が彼らの仕事の重要な一部であり、それが日本社会学固有の成果であることは間違いない。そして、それはもしかしたら他の言語に翻訳することが相対的に困難な社会学であるようにも思う。

このあたりで、長くなりすぎた三つのエピソードからの問題提起を終えることにしよう。この問題提起から出発してなにを考えればいいいか。以下ふたつのことを論じることにする。

2　物差しをつくり直す——ジラールと作田のあいだ

物差しとしての「理論」

それにしても社会学において「理論」とはなんなのだろうか。わざと、いま触れた日本学術会議社会学委員会の『報告　大学教育の分野別質保証のための教育課程編成上の参照基準　社会学分野』という堅苦しい（はずの）文書から引用してみよう。

社会学における理論は、経験的にとらえられた事実をもとに、それを理解する考え方の枠組みやモデルを、できるかぎり厳密に定義された概念を用い、論理整合的に構築したものであり、社会的現実を理解する補助線として役立つ。つまり、その整合的なモデルが道具として手元にあることで、現実のある部分が論理的に理解できるものとなり、同時に他の部分がそのモデルでは理解不能なものとして残る。その残余を理解可能なものにするために、新たに論理整合的なものへとモデルを修正していく作業が繰り返され、理論は更新されていく。このように、社会学における理論とは、それなしには理解不可能な社会的現実を論理整合的に理解するための道具であって、いかなる実証的調査にも必須なものである。また、それは現実とは異なり論理的に構築されたものであるから、既存の社会とは別の社会を想像・構想することを可能にするものであり、所属する社会から距離をとり、対象化・相対化する「足場」を確保する道具ともなる。

　この定義は、多くの人にマックス・ヴェーバーの「理念型（Idealtypus）」を想起させるだろう。一九〇四年の論文「社会科学と社会政策にかかわる認識の『客観性』」でヴェーバーは、実在はきわめて複雑であり、特定の一面的観点から「ひとつの思想像」を構成し、それを物差しにすることでのみ測定できると主張する。この構成物、つまり「純然たる理想上の極限概念」である「理念型」は、「考えられる連関の、それ自体として矛盾のない宇宙」となり「ユートピアの性格」を帯びるが（Weber 1904=1998：111-3, 119）、「経験的実在から遠ざか」る（ibid.: 136）からこそ実在の分析に寄与する。『社会学の根本概念』でも、「理念型」は現実世界に存在するものではなく、むしろ矛盾なく「正確明白に構成」され「非現実になればなるほど」分類にも発見にも役立つ、とされる（Weber 1922＝1972：34）。

　純然たる矛盾なき理想的・理論的なユートピアをつくり、それを物差しとして経験的実在を分析する。その理論的ユートピアは経験的実在を批判する拠点ともなり、同時に現実が「他でもありうる可能性」を想像するスプリングボード（まさにユートピア）ともなる。

　この考え方にはさまざまな淵源があるのだろうが、木田元が『反哲学史』で、西欧に生まれた「哲学」という思考様式の特徴とするものをその根にもつものだろう。木田によれば、西欧の「哲学」とは、神が世界を「制作」する「つくる原理」を解明しようとしたものであり、ヘーゲルの「絶対精神」をその到達点とする。ソクラテス、プラトン、アリストテレスによって、自然は世界をつくる材料（ヒュレー）であって、それが超自然的原理により構造化されるととらえる「哲学」がはじめて形成されたのであり、これは「自然に包まれそのなかで生きているいかなる自然民族にも生まれなかったような不自然な思考様式」だった。「イデア」「形相（エイドス）」「神」「理性」「精神」などと呼ばれる「形而上学的思考様式」（制作する形相）と「物質的自然観」（材料としての自然）というセットが西洋独自の文化としての「哲学」である（木田 1995→2000：112-5）。木田によれば、ソクラテス以前の思想家はほとんどが「自然（フュシス）について」論じており、これを「人為的に制作する」ものではなく「おのずから成る・生成する」ものととらえていた（ibid.: 92-7）。ヘーゲルの「絶対精神」を批判したマルクスは、一八四一年の博士論文「デモクリトスの自然哲学とエピクロスの自然哲学との差異」でソクラテス以前の「自然」哲学を扱う。こうしてマルクスは「哲学」から「自然主義」へと離陸することになる（ibid.: 199-202）。

この理想的・理念的・理性的・理論的ユートピアは、人為的に制作された物差し（イデア、エイドス）であって、経験的・自然的なリアリティ（フュシス、ヒュレー）から「遠ざかる」からこそそれを測定できる。おそらく社会学の理論研究というものは、だれかほかの人が人為的に制作した物差しの出来をさまざまな基準で検査したり、それでなんらかの自然的リアリティを測定してみてその精度を検証したり、いくつかの物差しを比較してどちらが有用な物差しかを検討したり、あるリアリティを測定するのに最適なものにするためにいままでの物差しを鍛え直したり、自分自身で新しい物差しをつくったりする、という作業なのだろう。ではこの作業を「日本の社会学」はどのように行ってきたのだろうか。

二〇一二年一一月の千葉大学ワークショップをきっかけにして、私は日本の社会学を再検討する「S／M研究会」（作田啓一・見田宗介をまず検討対象にするという主旨の研究会）を主宰するようになった。この会での印象的な報告に、片上平二郎「〝真木悠介とはだれか？〟序――初期「真木悠介」を考える」がある。この報告で片上は見田が本名とは別名義の「真木悠介」で書くことの意味を考えようとし、初期「真木」の作品『人間解放の理論のために』（発表は一九六九～七一年）、『現代社会の存立構造』（同じく一九七三～七四年）を直接の検討対象とする。片上によれば、この二作品はサルトル、マルクスという「『輸入された西欧諸説』を詳細に検討する作業の要素」が強く、私なりに述べれば、見田が自ら直面する現実を測定する「物差し」として、また現実が他でもありうる可能性を想像する「ユートピア」として、サルトルとマルクスを鍛え直そうとしたものといえるだろう。

だが、ここではその内容には触れず、次の点だけ指摘しておこう。真木名義の作品で（いや見田宗介が書いたもの全体でも）一九七六年初出の『気流の鳴る音』以降、こうした「西欧諸説」の検討作業、あるいは「理論的」に見える仕事の要素は弱くなっていく。片上はこれを「仮設足場としての『マルクス主義』と、それなしで立てるという自信の下の足場撤去」と述べるが、インド・メキシコ滞在を経た見田が別の「経験的実在」、リアリティ、身体感覚を基準にして、自分がそのなかにいる「近代・日本」という「経験的実在」を測定する「比較社会学」という方法を手に入れたことによって、西欧諸説の検討に基づく「理論」という物差しを不要とするようになったといえるのかもしれない。「自然」を「理念」によって制作するのではなく、「自然」を別の「自然」で相対化する、ともいえるだろうか。

しかしここでは、これまでS／M研究会で検討してきたもうひとりの社会学者・作田啓一により詳しく触れよう。彼がどのように「理論」という物差しをつくったかの一例を見たいと思う。

他人の物差しで測定する

作田啓一は、数多くの「西欧諸説」を検討して、「理論」という物差しを獲得しようとした社会学者である。『価値の社会学』（一九七二年）ではパーソンズ（だけではないが）、『ジャン＝ジャック・ルソー』（一九八〇年）ではフロイト、『生の欲動』（二〇〇三年）ではラカン、といったように、彼は異なる西欧の思想家がつくった物差しを持ち替えて自分の問いに接近する。そして、彼は自分の問いに適当なものへと物差しをつくり直す。

このありさまを、一九八一年の『個人主義の運命――近代小説と社会学』を例に見てみよう。この著作は、ルネ・ジラールの「三角形的欲望」の図式をもとに、「行為の主体と行為の客体とを媒介する第三者のパラダイムの作成」（作田 1981：8）をめざし、「ドストエフスキーなどの諸作品をジラールが解釈した結果を学び、そこから社会関係の一理論を構想し、この理論をもって逆に一見この理論とは無縁の諸作品を解釈する、という探求」（ibid.: 11）である。その一見無縁の諸作品とは「日本の文芸小説」である。つまり、作田はこの本で、ジラールがつくった「理論」「形相」を物差しにして、日本の文芸小説という「素材」「自然」を測定しようとする。

ジラールが『ロマンティークの虚偽とロマネスクの真実』（邦訳『欲望の現象学』）で精錬した物差しは、『個人主義の運命』第一章を参照しつつ私なりにまとめると、次の諸命題からなる。

①人がなにかを欲望することについて、「人間はどんな媒介者とも無関係に自律的に客体に働きかけることができるはずであり、またそうであることが望ましい」とする「S（主体）―O（客体）」の二項図式があり、これを「ロマンティークの虚偽」と呼ぶ（ibid.: 18）。

②セルバンテス、スタンダール、プルースト、ドストエフスキーなどの小説家は、人間は「他者＝媒介者」と無関係に欲望するのではなく、だれか「他者＝媒介者」が欲するからそれを欲するというこ

とを明らかにした。この「S（主体）―M（媒介者）―O（客体）」の図式を「三角形的欲望」と呼び、これを明らかにする作品が「ロマネスクな作品」である（Girard 1961=1971：18）。

③媒介者は、「外的媒介」と「内的媒介」に分類できる。外的媒介とは、媒介者と主体の欲望可能圏が触れ合うことのないほど離れている場合であり、「モデル」としてだけ機能する。内的媒介とは、媒介者と主体の距離が縮小して欲望可能圏が重なり合う場合であり、「モデル」でありかつ「ライバル」として機能する（ibid.: 9）。

④人間は三角形的欲望を生きながら、他者が模倣するのをあげつらい、自分が模倣していることを認められない。この「ロマネスクの真実」を隠蔽するのが「ロマンティークな自尊心」である。三角形的欲望を隠蔽する「虚偽」によってこの「自尊心」は生き続けることができ、同時に隠蔽された「三角形的欲望」もこの虚偽により維持されることになる（ibid.: 42, 65）。

⑤この「三角形的欲望」と「ロマンティークな自尊心」の矛盾を生きる人間がどちらも諦められないとき、その帰結は自己の断片化、崩壊、死である（ibid.: 309）。これに対して、「自尊心の抵抗」を排して自己が媒介者に拘束されていることを認識するとき、人は自尊心からも三角形的欲望からも自由になるのであって、この「自尊心の死」こそが「救い」である（ibid.: 325-6）。

もちろんより複雑な議論をジラールが展開している箇所もあるのだが（とくにドストエフスキーの作品を扱う場合に）、③について「ジラールの媒介の類型論は素朴ではあるが、じつに応用範囲が広い」（作田 1981：19）と作田がいうように、『欲望の現象学』における彼の物差しはこうしたシンプルなものである。『個人主義の運命』第一章でこれを検討した作田は、第三章「日本の小説にあらわれた三者関係」冒頭でこう述べる。「以下では日本近代の小説を四つ選び、第一章で述べた三角形の欲望の理論を用いて分析を試みましょう」(ibid.: 132)。彼はじつに素直に、「西欧産の理論が、近代の個人の自己意識に関する限り、文化的伝統を異にした日本の小説にも適用できることを示したい」とも記す(ibid.: 133)。「西欧産の理論」という物差しで、「日本の小説」という素材を測定する。彼が扱うのは夏目漱石『こころ』(一九一四年)、三島由紀夫『仮面の告白』(一九四九年)、武田泰淳『「愛」のかたち』(一九四八年)、太宰治『人間失格』(一九四八年)だが、まず『こころ』の作田による分析を要約しよう。

①「先生」(S)は若いころ下宿の「お嬢さん」(O)を好きになるが、母親である女主人が押しつけようとした策略ではないかという疑いが消えない。そこで、彼は尊敬する友人「K」に同じ下宿に入ってもらう。彼にとってKは「モデル」(つまりM)であり、Kがお嬢さんを好ましく思えば、お嬢さんの価値が証明されたことになる。

②案の定Kはお嬢さんを好きになり、モデルKがお嬢さんにお墨付きを与えたことになる。しかしこのとき、媒介者Kは「ライバル」ともなるのであって、先生はKへの嫉妬にかられ、お嬢さんへの愛は燃え上がる(「三角形的欲望」)。

③Kは、自分がお嬢さんを愛していることを先生に告白する。だが、先生はお母さんに申し出て、お嬢さんとの婚約をお母さんに同意させ、おそらく卑劣というべきやり方でお嬢さんを獲得する。この事実を知ったKは自殺する(先生はライバルを打倒した)。

④このことは同時に、Kというモデルを永遠に失ったことを意味する。先生はお嬢さんという欲望

の客体を得たが、その欲望を生み出していたモデルとしてのKを失い、お嬢さんへの愛情も冷めたものになる。その後の先生は、「死人のような生活」を送ることになる（ibid.: 137–40）。

⑤そして、明治天皇の死去のさいに殉死した乃木希典を模倣して（天皇を模倣した将軍を模倣して）、彼は自殺する道を選ぶ（ibid.: 144–5）。

この鮮やかな分析を通して、作田は漱石が、近代的知識人である「先生」でさえ個人主義や自律を貫くことが困難だったのを示そうとしたと主張する。そして、この作品を媒介者の存在を暴くことに成功したロマネスクな作品と評価しながら、主人公自身は「ロマネスクの真実」を自覚できず、ロマンティークのなかにいて救いを得られなかったと論じる（ibid.: 146）。

物差しをつくり直す

以上は、「西欧産」の物差しで「日本産」の素材を測定した見事な成果といえるだろう。作田はこのあと三つの小説を同様に分析していく。しかし、それを詳しく見てみると、この測定作業は、『こころ』を対象としたそれとは少しずつあるいは大きくずれていく。端的にいって、作田は測定しようとする作品に対応して、ジラールがつくった物差しを、自分で勝手につくり直してしまうのだ。このようすを、『人間失格』の分析から抽出しよう。

太宰治のこの作品は二七歳の廃人同様の男の手記という形式をとるが、主人公の大庭葉蔵は、いつもだれかから監視されているという「不安と恐怖」におののいている。この「監視者―主体」の関係は「言うまでもなく媒介者と主体との関係であって、客体と主体の関係ではありません」と作田はいう（ibid.: 171）。しかしここから、作田はジラールの「素朴な媒介の類型論」とは違った議論（おそらく「複雑な」類型論！）を展開していく。

①まず、作田は『人間失格』に登場する媒介者にふたつのタイプがある、という。ひとつは主体の客体に対する行為あるいは意図を「とがめる媒介者」、もうひとつはその行為あるいは意図を「許す媒介者」である。そして、とがめる媒介者はすべて男（父、長兄、竹一、堀木、ヒラメ、検事）、許す媒介者はすべて女（ツネ子、シヅ子、スタンド・バアのマダム、薬局の女主人）だとされる（ibid.: 171）。

②「とがめる媒介者」の代表である堀木は主人公と同じアウトサイダーだが、彼は「世間」の道徳に従っており、「世間」の中に生きている英雄として媒介者である。堀木は主人公と似ているが、「世間」の道徳で武装しているために主人公より優位に立ち、主人公にとって憎み軽蔑している分身であるとともに、愛し尊敬している分身でもある。堀木が主人公を非難して「世間が、ゆるさない」というのに対して、主人公は「世間とは媒介者である他者」であることに気づき、もう一歩進めば「世間とはその他者を内在化した自己の部分でもある」ことに気づいただろう。この部分が自己の他の部分を「許さない」（ibid.: 173-4）。

③しかし、『人間失格』の主人公は、自己を絶対に許さなかった『こころ』の先生とは異なり、ある程度自分自身を許している。これは太宰自身がそうだったからだが、主人公は「許す自己」の協力者を外部に求める。この協力者が、媒介者としての女性である（ibid.: 174）。

④この許しは、彼が罪人であったことを認めなかったわけでも、悔い改めたから生まれたものでもない。それは、自分の罪を「欲望を抱く生活者の犯した罪」ではなく、「生活者になれなかったため

に生じた罪」であると確信していたからだ、と作田はいう。「生活者」とは客体に対する直接的な欲求をもち、その欲求を満たすために虚言と策略を用いることを恥じない人間類型で、「S—O」の関係を生きている。これに対して、裕福な家庭に育った主人公は直接的な「S—O」の欲求を抱くことができず、媒介者が考えるものを欲するふりをして、媒介者に気に入られようとする「S—M」の関係を生きる。これは「生活者・対・芸術家」の図式とも名づけられ、太宰の作品ではしばしば、「生活者＝女性」に「芸術家＝男性」（主人公）が見られて（見下されて）おり、後者が前者に敗北することが描かれる（ibid.: 175-82）。

⑤『人間失格』に登場するほとんどの女性は多少とも神性を帯びており、主人公の罪を許す。太宰は主人公を「罪人」の位置に、女性を「神」の位置におくが、ここでの罪人は「神の定めた掟に背いた人間」という西欧的・キリスト教的な罪人ではなく、特定の所属集団（たとえば家族）の規範に背いて仲間に迷惑をかけたとか、特定の他者（たとえばツネ子）の信頼にこたえられず自分だけが生き残ったといった、「特定の人間関係の調和を破壊したという罪」を犯した者である。そして対極にある神もユダヤ—キリスト教的な「自分が設けた掟に背いた者に罰を加える神」ではなく、「仏教的な超越者」に近い（ibid.: 182-3）。「主人公は神によって許されている」。この「神の許しへの希求」は、『ヴィヨンの妻』では「この世のいろいろの規範に背こうと、何をしようと、人はすべて許されている、罰する神はどこにもいない、という思想」の形をとった、と作田はいう（ibid.: 184-5）。

⑥作田によれば、太宰の仕事の総決算といえる『人間失格』でも媒介者の意識化はある水準を超えられなかった。「とがめる媒介者」は自己の外にあるとみなされ、「きみたち千人、私はひとり」という位置づけにおかれた。これに対し「許す媒介者」は性を異にする女性のイメージに結びつき、自己

と異質な依存の相手の水準に留まって、「救い主は結局のところ外部にしかいなかった」(ibid.: 185)。『人間失格』は媒介者である生活者への愛と憎しみのアンビヴァレンスが描かれている点で初期や中期の作品より優れているが、媒介者の意識化の程度は飛躍的には深まっておらず、ロマンチスムの限界を超えかけているものの、ロマンチックな作品とみなすべきである (ibid.: 186)。

以上の作田の分析はどうだろうか。ここで「西欧産」の媒介者の理論は、ジラールの「素朴な分類」たる「外的媒介／内的媒介」とは異なる方向にエラボレートされ、ジラール作成の物差しをもとにしながら、それでは決して測れないものを測っているように見える。

すなわち、媒介は「とがめる媒介／許す媒介」という別の分類がされ、これが男性と女性に配置される。その媒介は、「神」を想定した「外的媒介」とモデル＝ライバルたる個別の他者である「内的媒介」ではなく、「世間」や「世間を内在化した自己」とされる。

また、ジラールにとって「ロマンティークな自尊心」が「三角形的欲望」を隠蔽するという虚偽が、自己を断片化し崩壊を導くいわば「罪」だったが、ここでは罪は、自分が「S—M」関係を生き媒介者に気に入られようとする「芸術家」であって、「S—O」関係を生きている「生活者」ではないというコンプレックスにある。また、「神の定めた掟に背いた」という西欧的な罪ではもちろんなく、罪は特定の集団＝「世間」の調和を乱したことにある。

そして、第一の「媒介」の構図、第二の「罪」の構図とともに、「救い」や「許し」にかんする構図が大きく異なる。ジラールの図式では、「救い」は「ロマンティークな自尊心」を排して自らの媒介者を認める「自尊心の死」にあった。ここで人は自尊心からも三角形的欲望からも自由になる。この「回心」について、ジラールはこう述べている。「人間の媒体を放棄すること、偏流した超越性を放擲することは、小説家がキリスト教徒であろうとなかろうと、必然的に、垂直的超越性の種々な象徴を招き寄せる」(Girard 1961=1971：346)。「人間の顔を持った神である媒体」＝「偏流した超越性」(つまり「内的媒介」)を放棄して、「垂直的超越性」(つまり「外的媒介」)が回帰する。要するに、「回心」して「神」が回帰するとき、「救い」が可能になるのだ。

これに対して作田が分析する『人間失格』では、人間はすでにつねに(幾分か)許されている。自分で自分を許し、その許しに協力する「許す媒介」としての女性に許される。「世間」にとがめられるとしても、「人はすべて許されている、罰する神はどこにもいない」。ここには「回心」は生まれず、あるいはその必要はなく、人は許される。

もちろん、こうした相違は、同じ「三角形的欲望」という物差しをヨーロッパと日本という素材に当てたときに測定されたものが異なった、ととらえられなくはないだろう。しかし、ジラールの物差しとそれをもとにした作田の物差しは、「理念型」としてすでに異なっているように思う。逆に、「とがめる媒介／許す媒介」という物差しを西欧という素材に当ててみるとなにが測定できるかを想像したらどうだろう。あるいは、「S—O＝生活者」対「S—M＝芸術家」という物差しを欧米の近代小説に当てたらどうなるか。これは、作田が日本社会を測定するなかで、ジラールから得た物差しを鋳直して新しくつくった固有の物差し＝「理論」ととらえることができるのではないか(5)。もし「日本の社会学を英語で伝える」としたら、日本固有の経験的事例(素材、自然)だけではなく、こうした日本固有の「理論」(物差し、イデア)をそうすることが重要なのではないだろうか。

3　共同体の外に立つ——普遍を書き換える普遍／普遍を突き破る普遍

ふたつの「普遍主義」

千葉大学でのワークショップ、S／M研究会での検討を経て、私は二〇一四年七月のISA（国際社会学会議）横浜大会のRC16（Sociological Theory）でDiscovering and Locating the Legacies of Japanese Sociological Theoriesというセッションを組織することになった。[(6)] この申請を考えている時期に、参照基準検討分科会でISAについて話題になったことがある。そこで私は、ISAの各RC（リサーチ・コミッティー）がつくったセッションに日本から参加するのだと、土俵自体（文脈や枠組み）は向こうが用意しており、そこに「日本固有」の「個別の事例」を提供するという役割になる、そうではなくて土俵そのもの（つまりセッション）を日本が用意しなくてはならないのではないか、と話してみた。そうしないと日本の社会学は用意された文脈や枠組みに位置づけられるものは取り上げられるけれど、それに位置づけられないもの（つまり、もっとも固有な社会学）は発信できなくなってしまうのではないか、と。

これに対して、落合恵美子から、作田や見田の社会学を紹介することの意義はわかるがそれでは「方法論的ナショナリズム」に陥るのではないか、現代において「方法論的ナショナリズム」の立場をとることは考えられず、「方法論的コスモポリタニズム」の立場をとるべきである、という明快な反応があった。落合の懸念はたいへんよく理解できる。

だが、その「方法論的コスモポリタニズム」にこれまで日本ははいっていたのだろうか。すでに欧米や英語圏の社会学者が占有している「コスモポリタン共同体」（?）にあとから入るとき、これまで形成されてきた「コスモポリタニズム」の文脈や枠組みを変えることはできるのだろうか。とくに「理論社会学」においてはこれまで土俵が欧米によってつくられ、日本はそれを受容するか、その物差しで測られる素材でしかなかったのではないか。

このことは、「普遍」をめぐるいくつかの議論を想起させる。「普遍」という物差しで、「個別」の素材を測定する、この「普遍」とはどのようなものなのか、という議論である。

たとえばイマニュエル・ウォーラーステインは『ヨーロッパ的普遍主義』（Wallerstein 2006=2008）で、汎ヨーロッパ世界、とりわけアメリカとイギリスの指導者、主流派のメディア、体制側の知識人が自分たちの政策（とくに非ヨーロッパ世界、相対的に貧しい「発展途上」の諸国民に対する政策）について語るとき、それを「普遍的な価値や真理」を反映したものとする「普遍主義に訴えるレトリック」を用いる、と指摘する（ibid.: 12）。たとえば「人権」や「民主主義」、普遍的価値・真理に基礎づけられているがゆえの西洋文明の優越性、「市場」への服従の不可避性、などなどである。ウォーラーステインはこれを近代世界システムの支配者層の利益を守り、汎ヨーロッパ世界の指導者・知識人によって唱導されてきた「歪められた普遍主義」であるとし、「ヨーロッパ的普遍主義」と呼ぶ。彼はこれに対して「ほんとうの普遍主義」、あるいは「普遍的普遍主義」の構築を主張する。このふたつの普遍主義は現代のイデオロギー闘争の中心であるが、彼は「超個別主義的立場」（あらゆる個別主義に平等な立場を求める立場）に撤退することはしてはならず、この立場はヨーロッパ的普遍主義に対する隠れた降伏である、とする（ibid.: 14-5）。

ウォーラーステインによれば、「既知のすべての史的システムは、普遍的価値に基礎づけられているという主張をともなっている」(ibid.: 85)。その普遍的価値によって、それに疑問を付す稀な人々を「許されざる逸脱者として攻撃」するが、この「普遍主義の主張」ほどエスノセントリックで個別主義的な主張はない(ibid.: 86)。「普遍主義／個別主義」の二項対立は、資本主義的な近代世界システムが機能し続けるために利用してきた「固有の認識論」である(ibid.: 102)。そのひとつの様式は、個別の(つまりヨーロッパの)「人文主義」を普遍の本質ととらえる「個別主義的本質の永遠不変性」に基づくものであった。周知のようにエドワード・サイードが「オリエンタリズム」という名称を与えたものがそれであり、これはいまや「主観的なものとして拒絶され、疑義にひらかれる」にいたっている、といえるだろう(ibid.: 105-7)。

興味深いことに、ウォーラーステインは一九四五年以降もうひとつの普遍主義の様式がヨーロッパ的普遍主義の最強の形態になった、という。それは「科学的普遍主義」である。人文学的個別主義に確実性を求める普遍主義は挑戦に晒されたが、あらゆる時点であらゆる現象を支配する客観的法則の存在を主張する「科学的普遍主義」がこれにとってかわり、これに対抗できる立場はないも同然となる(ibid.: 106-7)。この普遍主義は、資本主義的な世界経済という史的システムを維持させるものであり、ヨーロッパ・アメリカの優位を存続させる。そして、「科学者と称する学者集団」は「人文主義的哲学者」を激しく攻撃するようになり、勝利を収める(ibid.: 122)。

この「二つの文化」(C・P・スノウ)の闘いは、「社会科学」をこのあいだのどの位置に立つかという「認識論的問題」に直面させ、社会科学はこの問題をめぐって「深く分割されて」きた。社会科学のうちのあるものは「科学の陣営の一部」たらんとし、他のものは「人文学の一部」であることを強く主張する。ウォーラーステインは、「概していえば」と断りながら、「経済学、政治学、社会学は、科学の陣営に属し（もちろん、それに同意しない個々の研究者はいるが）、歴史学、人類学、東洋学は、一般に、人文学の陣営に属している」という（ibid.: 128）。しかしこの分割は、近代世界システムが構造的危機に入り始めたと彼が考える「一九六八年」以降、厳しい疑問に晒され、第二次世界大戦直後に繁栄し自信に満ちていた社会科学を「ばらばらに砕け散って、あたりはばからぬ自己懐疑の嘆き声」をあげる状態にいたらしめた（ibid.: 129）。

このウォーラーステインの指摘は、第1節で述べた、社会学が「物語」（人文学）と「科学」（自然科学）のあいだで引き裂かれるという事態をより広い文脈に位置づけるものだろう。この二重焦点の「あいだ」を往復したり結びつけたりするのではなく、「物語」か「科学」かを単焦点的に選ぶように迫られる背景に、このふたつの「普遍主義」のヘゲモニー闘争があるとも思われる。そして、「科学的普遍主義」が勝利を収めたとすれば、社会学のなかの「科学」が「物語」を抑えつけることも容易に理解できる。「物語」を扱う社会学など「主観的」なものではないか？　「科学」的社会学こそ、「普遍的」なものなのだ！　第1節では特定言語に縛られるかどうかを条件として強調したが、英語で「科学としての社会学」をコミュニケートすることは、英語で「物語としての社会学」を伝えようとすることよりも容易に「ヨーロッパ的普遍主義」に非ヨーロッパ人が参加することを可能にする。

そしてこのとき、「人文学的」なヨーロッパ的個別主義を基盤にした「普遍主義」は（すでに「科学的普遍主義」の背景に身を隠している）、そのまま攻撃されることなく「普遍」であり続けることができるだろう。非ヨーロッパからこの様式の「ヨーロッパ的普遍主義」を問い直すことは、どのようにしたら可能なのだろうか。ウォーラーステインは、「今日、われわれの前にある問題は、いかにしてヨーロッパ的普遍主義——既存の世界秩序を正当化しようとする、道理に反した言説の極致——を乗り越え、もっとずっと達成が困難なもの、すなわち普遍的普遍主義を目指すかということである」(ibid.: 154) と述べる。確かにそうだろう。しかしそんなことは可能なのか。同書の末尾で彼は、「ヨーロッパ的普遍主義にかわるもの」として、「普遍主義の多元性」、「普遍的普遍主義のネットワークのようなもの」をあげる (ibid.: 163)。しかし具体的にそれはなにか。そしてその可能性に、「日本の社会学を伝える」ことはどう位置づけられるのだろうか。

「普遍」と「文化翻訳」

これに対する対照的に見える態度をふたつ記しておこう。

ジュディス・バトラーは、エルネスト・ラクラウ、スラヴォイ・ジジェクとの共著『偶発性・ヘゲモニー・普遍性――左翼についての現代的対話』(Butler et al. 2000=2002) で、「『普遍』をどのように分節化するか」という問いに挑んでいる。彼女はヘーゲル『エンチュクロペディー』の「小論理学」を引きながら、「普遍的」を「抽象的」と同義とする見方に対して、ヘーゲルは「抽象的な形態になった普遍」は「人が他人と分かち持っている性質」「それが認識しようとつとめる世界」から切り離されてしまう、ととらえており、思考は「物質にどっぷり浸かっている」べきであるとしたという (ibid.: 29-31)。認識主体は「すでに与えられている世界に既製のカテゴリーを押しつける者」ではなく、「世界を利用可能にするためのカテゴリーは、それらのカテゴリーが流通する世界と出会うことによって、継続的に作り直されるべきである」。「認識主体も世界も、認識するという行為によって解体され、再編されていく」(ibid.: 34)。

だから「普遍」は、個別的な仕事のなかでしか生まれないものであり、「普遍を文化の規範を超越するものと位置づけるあらゆる試みは不可能だと思われる」とバトラーはいう。単一の統一体として「普遍」があるのではなく、「普遍概念は、文化翻訳という仕事を通じて練り上げられるものにならなければならない」。この「文化翻訳」とは、ある文化の普遍概念が他の文化の普遍概念に翻訳できるというような、普遍という「同一性（アイデンティティ）」を構築するものではない（ibid.: 35）。同一性をもった普遍は「間違った普遍」である（ibid.: 36）。ヘーゲルによれば、ある党派が自らを普遍とみなすとき、それが示すとされる「総体的意志」は「その代表機能から排除された個々の『意志』に憑きまとわれる」。「普遍」はなにかを抹殺することで存立するものであって、「それ自身の基盤である否定と切り離すことができない」（ibid.: 37-9）。

「普遍のどんな主張も、文化規範から離れてなされるわけではなく、また互いに競い合う多数の規範が国際的な場を構成しているかぎり、どんな普遍の主張も、同時に文化翻訳を必要とする」。どんな「普遍」も個別的である。「翻訳なしに境界を横断しうる普遍の主張があるとすれば、それが取りうる唯一の道は、植民地主義的で拡張主義的な論法である」（ibid.: 55）。自らが個別であることを忘却した「普遍」は暴力的である。バトラーは、真にすべてを包括する普遍概念ではなく（「ハーバーマス派の人々」がそう考えたように！）、「普遍は終わりのないヘゲモニー闘争に属するものである」とする（ibid.: 59）。「普遍」は、「ある種の内容を普遍から排除する」ことで、「空虚な形式」として生産されていく（ibid.: 185）。

バトラーは、ラクラウの「社会が達成できる唯一の普遍とはヘゲモニーの普遍性——個別性に汚染された普遍性である」という文章に賛同しながら、次のように議論を展開する。どの普遍も「個別的」なものであるのだから、「問題は、個別的なものを普遍的なものの代表にすることではなくて、相競合する複数の普遍概念のなかで裁定を下すことである」（ibid.: 220）。このプロセスを、彼女は、他の「普遍」（じつは個別）の見慣れぬ語彙を自らの「普遍」（じつは個別）の辞書のなかに組み入れようとするとき、自らの「普遍」＝文化規範が変化しなければならないものである、と比喩的に述べている。「普遍という言葉を、その競合する意味作用や、それが描いている多様な生の形態のなかにバラバラに分けて行き、そして次にはこういった競合する語を縫い合わせて、巨大な一つの運動にする」、「政治的に必要とされる翻訳は、競合し重なり合う複数の普遍主義を裁定して、一つの運動に作り上げるための、翻訳の政治として理解されなければならないとわたしは信じている」（ibid.: 227）。「複数の普遍」が出会い、それぞれが他の「普遍」に開かれ、自らが「個別」であると認識し、自らの「普遍」を書き換えていく。こうした「未定性（open-endedness）」に開かれているとき（ibid.: 218）、普遍は「同一性」を帯びるのではなく、つねに他の普遍との抗争のなかで「普遍化」するプロセス（あるいは運動）としてとらえ直される（ibid.: 222）。

以上の明らかに不十分な紹介からは、単数の「普遍」ではなく、「複数の普遍の出会い」による不断の「普遍の書き換え」のプロセス自体を「普遍」ととらえるという見方が抽出できるだろう。この書き換えを行う人は、自分がそのなかにいる「普遍」の同一性のなかにとどまることはできない。あるいはその「普遍」を共有する同一性の「共同体」に安住することはできない。他の「普遍」と出会い、それを翻訳する仕事をすることで、共同体の同一性を支えている「普遍」を書き換えてしまい、その「普遍」をオープン・エンデッドなものにしてしまい、場合によってはその「普遍」や「文化規範」によって成立している共同体の内部に亀裂を生むことになるだろう。彼らは自分たちの「個別」を「普遍」と呼んでいる人々に対して、それは「個別」であると突きつけ、他の「普遍」がありうることとともに、自分たちが共有している「普遍」がどのような具体的な内容を排除して「普遍」という「空虚な形式」を確保しているかを気づかせる。ここでいう「文化翻訳」とは、こうした動的なプロセスのなかで、なお「普遍」を（解体するのではなく）構築する作業なのだろう。[7]

この複数の普遍が出会う場所をどうつくり出し、そこでどうふるまえばいいのか。だがもうひとつ、まったく異なりながら、私には重なるように思われる態度に触れておきたい。

共同体の外に立つ

この章の冒頭に触れたロバート・ベラーは、カリフォルニアでの高校生時代から左翼であった。高校上級でマルクス主義文献を読み始め、ハーバード大学ではアメリカ共産党の学生部支部のメンバーだった。だが、戦後のレッドパージのさい仲間たちが「味方のなかに魔女を探し始めた醜態」を見て、マルクス主義の幻想から醒める。その後、師パーソンズからヴェーバーやデュルケームを教えられ、彼は「幻想を捨てた鍛えられたリベラリズム」を手に入れたというが、マッカーシズムが大学に押し寄せて、政治上の仲間の名前を証言するようＦＢＩに迫られたとき、ベラーはそれを拒んで一九五五年からカナダ・マギル大学のイスラーム研究所で助手を務めることになる。マッカーシーの死によりマッカーシズムが終焉した一九五七年に彼はハーバードに戻るが、この「祖国から亡命し、希望が見出せる場所がない」（Bellah 1970：xv）二年間の経験は、彼にとって大きな意味をもった。

この経験をしたベラーにとって「普遍」とはなにか。一九六七年の論文「アメリカの市民宗教（Civil Religion in America)」（この論文の成功によって彼は日本研究からアメリカ研究へと「誘拐」されたという）で、ベラーは大統領就任演説などを引きながらアメリカ社会を統合する価値理念と祝祭的な儀礼を描き出すのだが、一九七〇年に論文集『信仰を超えて』にこの論文を収録するさいに、苛立たしげにこう注記している。この文章は「アメリカ国民の偶像崇拝を支持するとの非難」を受けている。だが本文を読めば「アメリカの市民宗教の伝統とは、国民の自己崇拝などではなく、それを超越し自らを審判する倫理的原理に従属すること」であるのは明らかであり、「その批判的原理によって、国民の自己偶像化の危険を抑止することがより責任ある態度である」(ibid.: 168)。自らが抱く普遍的原理によって自らを批判する。このとき人は、共同体が奉ずる「普遍」によって、その共同体の外にはみ出てしまうことになるだろう。あるいは、共同体のただなかにいながらまるで「亡命者」であるかのように生きることになる。そして、これはベラーの一貫した態度だった。

ベトナム戦争と公民権運動を背景に書かれたこの論文で彼は、執筆時点の状況を独立戦争、南北戦争に続くアメリカの「第三の試練」ととらえ、こう述べる。「アメリカ国民がより高度な審判のもとにあることを自覚しなければ、市民宗教の伝統はきわめて危険なものとなる」(ibid.: 185)。「アメリカの市民宗教は、アメリカ国民の自己崇拝ではなく、アメリカの経験を究極的で普遍的なリアリティを基準として理解することなのだから、現在の新しい状況がなんらかの再組織化を引き起こしたとしてもアメリカの市民宗教はその連続性を破壊されはしない」(ibid.: 186)。アメリカが生み出した普遍によって、アメリカを理解し、アメリカを批判する。この姿勢は、「試練の時代におけるアメリカの市民宗教」と副題がついた一九七五年の『破られた契約』でも同じである。序文で「一時期、私は、自分の社会を、ほぼ全面的に否定し続けた」(Bellah 1975=1983 : 13) と記すベラーは、先住民と黒人を虐げてきたアメリカの歴史を「アメリカにおけるほど、人類に対する普遍的な考え方と、過酷で残忍な排斥活動とが共存した国は他にない」と述べ (ibid.: 168)、ベトナム戦争を続けていた当時のアメリカに「今日、アメリカの市民宗教は、中が空っぽのこわれた貝殻のようなものである」（ibid.: 255）と直言する。[8]

バトラーは複数の普遍が出会う場所としての「共同体の外」を構想する。「共同体の外」にはなんの足場もないけれども、複数の普遍と普遍とが対話する運動がそこにある。ベラーは共同体が生んだ普遍によってその共同体そのものを批判することで、「共同体の外」に立つ。この「共同体の外」にも足場はないが、ある共同体の「個別」から生まれた理念を「普遍」として（物差しとして、ユートピアとして）それを生んだ共同体そのものの現実を批判し続けることで、その外に立つことができ、外に立たざるをえなくなる。このふたつの「共同体の外」は同じなのだろうか、違うのだろうか。そこに、「日本の社会学を（とくにそれがつくった「物差し」を）英語で伝える」作業は（いわば「文化翻訳」の作業は）、どう参加することができるのだろうか。

もちろんベラーは「理念」という物差しによってアメリカ社会の「普遍を名乗る個別」を批判しただけではない。若き日に「日本文化の美的強烈さ」に出会って日本研究を志し、一九五七年に博士論文『徳川時代の宗教』を刊行した彼は、複数の社会の経験的実在、素材・自然、身体感覚を比較して測定する「比較社会学」の方法を身につけた人でもあった。彼が死の直前に送ってくれた序文の末尾には、次のように記されている。

> 私は、日本がポスト・ナショナリズム国家の連合体を構築する意志をもって世界政治に登場するならば、それは日本にも世界にも大きく資するものとなると思う。この連合体だけが、われわれを悲劇から救いうる唯一のグローバルな協働作業であるからだ。現代日本は多くの意味で世界

のモデルなのである。日本は世界平和の要因のために貢献でき、エコロジー上の前進に貢献できる他にはない優れた位置にいる。われわれは、今日の全地球を襲う増大するさまざまな危険に対処するために、日本が開かれた積極的な存在としてリーダーシップをとることを必要としている。身を隠した日本は、日本にとっても世界にとっても無用である。

その出発点として、二〇世紀の偉大な知識人であり、中国の専門家である竹内好が「近代の超克」を批判したさいの言葉を引用しよう。「西欧的な優れた文化価値を、より大規模に実現するために、西洋をもう一度東洋によって包み直す、逆に西洋自身をこちらから変革する、この文化的な巻返し、あるいは価値の上の巻返しによって普遍性をつくり出す。東洋の力が西洋の生み出した普遍的な価値をより高めるために西洋を変革する。これが東対西の今も問題点になっている。これは政治上の問題であると同時に文化上の問題である。」(「方法としてのアジア」、一九六一年、『竹内好全集　第五巻』、筑摩書房、一一四-一一五頁) この竹内の言葉は、執筆された当時よりも、いまこそより切実な響きをもって私たちに迫ってくるのではないだろうか？(ベラーほか編 2014：xi)

「日本の社会学理論」はこうした「巻返し」を試みてきたのだろうか。試みてきたとすればそれがどのような試みだったかをあらためて知り、自分たちがいかなる思考に加わっているかを理解し、複数の「普遍」の対話にどう参加すればいいかを考える必要があるだろう。してこなかったとすれば、私たちがそれをすればよい。そして、私たちが立つべき「普遍」を、他の「普遍」に拠って立つ人々とともに、構築するプロセスを続ければよい。それがどんな足場なのか私にはまだわからないが、「共同体の外」にあることは確かなのだろう。

注

（1）二〇一四年度日本社会学史学会大会シンポジウム「社会学と言語・メディア」（二〇一四年六月二九日、尚絅学院大学）。荻野昌弘氏、小谷敏氏の司会のもと、石田佐恵子氏、森元孝氏、奥村が報告、三谷武司氏、茨木正治氏がコメントを行った。シンポジウム関係者に深く感謝する。

（2）一九九五年一〇月三〇日・一一月一日にハンガリー・ラキテレクで開催されたシンポジウム "Central Europe and Japan: A Common Challenge" での報告、および同報告を一九九六年に論文化した "A 'Warming-up' Culture and a 'Cooling-out' Culture: Notes on the Social Consciousness in Contemporary Japan"（『千葉大学人文研究』二五号、一一一-一三三頁）。

（3）この策定作業は同検討分科会と日本社会学会社会学教育委員会の連携によって進められた。これにかかわった両委員会の委員の方々、とくに笹谷春美委員長に深く感謝する。

（4）この二重焦点性への認識は、井上俊氏と若手社会学者三名とのセッション「社会学と文学のあいだ」（第八六回日本社会学会大会若手フォーラム、二〇一三年一〇月一二日、慶應義塾大学三田キャンパス）でコーディネータをしたさいにも教えられた。井上は「物語としての人生」で、私たちは自分のドラマで主役でありながら他者のドラマでは脇役を演じるのだから「各々のドラマは他のドラマを束縛する」とするA・マッキンタイアの言葉を引きながら、私たちの物語にとって「他人の作った物語」がきわめて重要であって、他者の物語は「彼らとの相互作用とコミュニケーションの過程で、私たち自身の物語とからみあい、相互に影響しあう」と指摘している（井上 2000：161-2）。また、本書第4章冒頭で引用したH・G・ウェルズによる「いわゆる科学」と「物語」として社会学をとらえ、後者を重視する見方も参照されたい。

（5）『価値の社会学』に収められた「恥と羞恥」で作田は、「内面的な罪の文化」対「外面的な恥の文化」という対照図式によって西欧と日本を特徴づけるルース・ベネディクトの「物差し」を、所属集団と準拠集団のふたつの基準設定者を区別し、このふたつの基準が矛盾する場合に「羞恥」が発生するとして、「恥—

羞恥―罪」という図式につくり直している。このさい彼が参照するのは「日本の近代文学の中で、羞恥を発想の源泉とする作品」を生んだ嘉村礒多と太宰治であり（作田 1972：316）、『人間失格』などを引用しながら「太宰の羞恥はいわば羞恥の理念型である」と述べている（ibid.：323）。

（6）日本社会学史学会のシンポジウムの約半月後、二〇一四年七月一四日にパシフィコ横浜にて開催された。報告者は鈴木洋仁、寺田征也、出口剛司、片上平二郎、鳥越信吾の各氏。

（7）このイメージは、本書第7章に収録した「もしも世界がみんな構築主義者だったら」の第3節で検討した、ガーゲンやバフチンに由来する「多声性」、あるいは「コミュニティとコミュニティのあいだ」に開かれる空間のイメージと重なるだろう。

（8）ベラーの態度についての詳細は、奥村（2014a）を参照されたい。

あとがき

社会はどこにあるか。

社会学は、社会のなかにあって、社会に問いを立てる。それはつねに、社会に働きかけられながら、社会に働きかける。あるいは社会に呼びかけられながら、社会に呼びかける。このダイナミズムと緊張関係を喪失したとき、社会学は力を失うことだろう。

そうした往復運動は、社会がここにある、という認識を出発点とするだろう。問題としての社会、謎としての社会が確かにここにある、ざらざらとした違和感や手応えをもって存在する。それはだれかある人が社会学をはじめるときもそうであるし、社会学が学としてはじまったときもそうでしかありえなかった。それぞれの人が社会のある場所にいながら、そのような認識や感覚を出発点に、社会に問いを立て、探求と格闘を進めていく。

だが、この感覚が希薄になっていくときがある。そうした時代があるのかもしれないし、ある人にとってそうした時期が訪れることがあるのかもしれない。それはそのときの社会のありさまや、その人の置かれた位置、それらの条件のもとで培われた社会への想像力のかたちによって違っているのだろう。いま、そうした感覚や想像力が痩せているかもしれない。社会はどこにあるか。このじつに素朴な問いから出発すること、社会が立ち現れ、社会学がはじまる場所を改めて新たに想像することが、求められているのかもしれない。

＊

本書『社会はどこにあるか――根源性の社会学』は、私が二〇〇二年以降に発表した論考から九本を選んで編んだ論文集である。私にとっては『他者といる技法――コミュニケーションの社会学』（日本評論社、一九九八年）以来の第二論文集となる。初出時のタイトル、掲載誌などは以下のとおりである。本書収録にさいして、程度の違いはあるがすべての論文に加筆・修正を施した。

〈I　社会が姿をあらわすとき〉

第1章「社会を剥ぎ取られた地点――『無媒介性の夢』をめぐるノート」、『社会学評論』（日本社会学会）第五二巻第四号、四-二一頁、二〇〇二年。

第2章「没頭を喪失した社会――『社会学』の位置をめぐって」、『応用社会学研究』（立教大学社会学部）第四六号、三三-五六頁、二〇〇四年。

第3章「社会という不条理／社会という無根拠」、『応用社会学研究』第四九号、一〇三-一一六頁、二〇〇七年。

〈II　社会学がはじまる場所〉

第4章「『社会の科学』と『社会の理想』――あるいは、ふたりのデュルケーム」、『応用社会学研究』第五三号、六一-八八頁、二〇一一年。

第5章「距離のユートピア――ジンメルにおける悲劇と遊戯」、『応用社会学研究』第五四号、一一九-一四一頁、二〇一二年。

第6章　「亡命者たちの社会学——ラザースフェルドのアメリカ／アドルノのアメリカ」、『応用社会学研究』第五五号、五九-七八頁、二〇一三年。

〈Ⅲ　いくつもの声が響き合う〉

第7章　「もしも世界がみんな構築主義者だったら——構築主義社会における構築主義社会学」、『三田社会学』（三田社会学会）第一三号、六〇-七八頁、二〇〇八年。

第8章　「『スポーツをする身体』と『教える／学ぶ身体』が交わるところ——学校運動部における『体罰』をめぐって」、『スポーツ社会学研究』（日本スポーツ社会学会）第二二巻第一号、三五-五〇頁、二〇一四年。

第9章　「共同体の外に立つ——『日本の社会学を英語で伝える』ことをめぐる試論」、『社会学史研究』（日本社会学史学会）第三七号、三-二五頁、二〇一五年。

本書は三章ずつのまとまりからなる。〈Ⅰ　社会が姿をあらわすとき〉に集めた論考は、私が二〇〇三年四月に千葉大学から立教大学に異動した前後の数年間に書かれたものである。前著『反コミュニケーション』（弘文堂、二〇一三年）のあとがきにも記したように、この時期の私はまとまったものを書くことができなくなっていた。おそらく、私のなかで先に述べた社会への想像力の確かな手応えが薄れており、仮設的に、社会を剥ぎ取られた地点、没頭を喪失した社会、社会という不条理／無根拠といった出発点を設定することで、なんとか「社会が姿をあらわす」ことに近づきうる道を模索していたのだと思う。いま読み返すと、張りつめた息苦しさのようなものを感じる。

〈II　社会学がはじまる場所〉の三つの章は、二〇一〇年度の研究休暇からはじめた『社会学の歴史I——社会という謎の系譜』（有斐閣、二〇一四年）を執筆する過程で生まれた論考を集めた。社会学の通史をひとりで書くというこの仕事は、私を根本的に鍛え直してくれた（まだ『II』の仕事が半ばだが）。この三章ではデュルケーム、ジンメル、ラザースフェルドとアドルノを取り上げたが、それぞれの社会学者が社会のなかのどこに生き、どのような謎について問いを立て、なにを考えたかを再構成する作業を繰り返すことによって、社会が姿をあらわし、社会学がはじまる場所をめぐって、それまでとはずいぶん違うリアリティをとらえることができるようになってきたと感じている。

〈III　いくつもの声が響き合う〉に収めた文章は、求められて行ったシンポジウムでの報告やコメントを論文化したものである。第7章は構築主義を主題にした二〇〇七年のシンポジウムでのコメントをもとにしており、冒頭三章の論考と時期も内容も重なる。第8章第9章はスポーツにおける体罰、英語で社会学を伝える、といったテーマのシンポジウムでの報告だが、与えられたテーマをいくらか通り越して「社会」と「社会学」についてわりあい自由に考えられているように思う。こうした機会すべてが社会学が新たにはじまる場所であるとも思い、いずれもシンポジウムの「声が響き合う」ライブ感が伝わるような文章にしてみた。

このように、本書は一貫したコンセプトやプランによるものではない。『社会はどこにあるか』というタイトルは、九つの章を通して読み直したとき頭に浮かんだものである。社会が生成し、社会学がはじまる根源を指さすこのナイーヴな疑問文を全体のタイトルとすることで、この期間の仕事に共通するものを表現することができるのではないかと考えた。

ここに集めた九章のうち、第1章以外は、立教大学社会学部に勤務しながら書かれたものである。これまで一三年間在籍してきた職場の同僚の教職員のみなさんに、心からの感謝の言葉を記したい。とくに、研究者としてだけでなく、大学人として、人間としてどう生きればよいかを教えてくださった庄司洋子先生、木下康仁先生、大島雅子さん、森田智子さんに、深く感謝申し上げます。私の研究室がある池袋キャンパス一二号館の一階玄関には、『神曲』煉獄篇の「汝の道を進み、而して人々の語るに任せよ」という言葉が刻まれているが、政変でフィレンツェを追放され各地を流浪しながら『神曲』を書いたダンテのこの言葉の上でこれまで仕事を続けられたことを、私は誇りに思う。

個々のお名前は記さないが、この間、何人かの大切な友人に支えられてきたことはほんとうに幸せなことだと思う。どうもありがとうございました。私が学問をする礎をつくってくれた父・故奥村勝、母・和子にも改めて感謝したい。妻・良子、娘・藍は、論文を書きはじめると途端に暗くなる私を、いつも明るく支えてくれた。ほんとうにありがとう。

ミネルヴァ書房編集部・涌井格さんには、出版のお誘いをいただいてからずいぶん長くお待たせしてしまった。待っていただけるということがどれほど貴重かを強く感じている。また、「根源性の社会学」という副題も涌井さんの発案である。お詫びとともに、心よりお礼を申し上げたい。

二〇一六年三月一一日　これまでを振り返る日に

奥村　隆

《著者紹介》
奥村　隆（おくむら・たかし）

1961年　徳島県生まれ
1990年　東京大学大学院社会学研究科博士課程単位取得退学，博士（社会学）
　　　　千葉大学文学部講師・助教授，立教大学社会学部教授を経て，
現　在　関西学院大学社会学部教授
著　書　『社会学になにができるか』（編著）八千代出版，1997年。
　　　　『他者といる技法——コミュニケーションの社会学』日本評論社，1998年。
　　　　『エリアス・暴力への問い』勁草書房，2001年。
　　　　『コミュニケーションの社会学』（共編著）有斐閣，2009年。
　　　　『反コミュニケーション』弘文堂，2013年。
　　　　『宗教とグローバル市民社会——ロバート・ベラーとの対話』（共編著）岩波書店，2014年。
　　　　『社会学の歴史Ⅰ——社会という謎の系譜』有斐閣，2014年。
　　　　『作田啓一 vs. 見田宗介』（編著）弘文堂，2016年。

社会はどこにあるか
——根源性の社会学——

2017年5月20日　初版第1刷発行　〈検印省略〉

定価はカバーに
表示しています

著　者　奥　村　　隆
発行者　杉　田　啓　三
印刷者　中　村　勝　弘

発行所　株式会社　ミネルヴァ書房
607-8494　京都市山科区日ノ岡堤谷町1
電話代表　(075)581-5191番
振替口座　01020-0-8076番

中村印刷・新生製本

ISBN978-4-623-08020-5
Printed in Japan

人名索引

あ 行

か 行

さ　行

た　行

な　行

は　行

ま　行

や　行

ら　行

わ　行

事項索引

あ　行

か　行

た　行

な　行

は　行

ま　行

や　行

ら　行

わ　行

参考文献

Adorno, T. W., 1956, *Dissonanzen, Misik in der verwalteten Welt,* Verlanges Vandenhoeck und Ruprecht.（＝1998, 三光長治・高辻知義訳『不協和音――管理社会における音楽』平凡社。）

Adorno, T. W., 1964, *Moments musicaux,* Suhrkamp Verlag.（＝1969, 三光長治・川村二郎訳『楽興の時』白水社。）

Adorno, T. W., 1969, "Scientific Experiences of a European Scholar in America," in D. Fleming and B. Bailyn eds., *The Intellectual Migration: Europe and America, 1930-1960,* Harvard University Press.（＝1973, 山口節郎訳「アメリカにおけるヨーロッパ系学者の学問的経験」『亡命の現代史4 社会科学者・心理学者』みすず書房, 25-76。）

Adorno, T. W., E. Frenkel-Brunswick, D. J. Levinson and N. Sanford, 1950, *The Authoritarian Personality,* Harper and Brothers.（＝1980, 田中義久・矢沢修次郎・小林修一訳『権威主義的パーソナリティ』青木書店。）

Arendt, H., 1943, "We Refugees", *The Menorah Review,* Vol. 31, 69-77.（＝1989, 寺島俊穂・藤原隆裕宜訳「われら亡命者」『パーリアとしてのユダヤ人』未来社, 9-31。）

Arendt, H., 1951, *The Origins of Totalitarianism,* Harcourt, Brace & World.（＝1972, 大島道義・大島かおり訳『全体主義の起原2 帝国主義』みすず書房。）

Arendt, H., 1958, *The Human Condition,* University of Chicago Press.（＝1994, 志水速雄訳『人間の条件』筑摩書房。）

Arendt, H., 1963, *On Revolution,* Allen Lane.（＝1995, 志水速雄訳『革命について』筑摩書房。）

Arendt, H., 1972, *Crises of the Republic,* Harcourt Brace Jovanovich.（＝2000, 山田正行訳『暴力について』みすず書房。）

Aron, R., 1967, *Main Currents in Sociological Thought II,* Basic Books.（＝1984, 北川隆吉・宮島喬・川崎嘉元・帯刀治訳『社会学的思考の流れII デュルケム, パレート, ウェーバー』法政大学出版局。）

浅野智彦，1997，「自我論になにができるか——関係・パラドクス・再帰性」奥村隆編『社会学になにができるか』八千代出版，39-75。
馬場靖雄，2001，『ルーマンの社会理論』勁草書房。
Bakhtin（Бахтин），M. M, 1963, Проблемы поэтики Достоевского, Изл.（＝1995，望月哲男・鈴木淳一訳『ドストエフスキーの詩学』筑摩書房。）
Bateson, G., 1972, *Steps to an Ecology of Mind,* University of Chicago Press.（＝2000，佐藤良明訳『精神の生態学』新思索社。）
Bauman, Z., 2000, *Liquid Modernity,* Polity Press.（＝2001，森田典正訳『リキッド・モダニティ——液状化する社会』大月書店。）
Bellah, R. N., 1970, *Beyond Belief: Essays on Religion in a Post-Traditionalist World,* University of California Press.
Bellah, R. N., 1975, *The Broken Covenant: American Civil Religion in Time of Trial,* Seabury Press.（＝1983，松本滋・中川徹子訳『破られた契約——アメリカ宗教思想の伝統と試練』未来社。）
ロバート・N・ベラー，島薗進，奥村隆編，2014，『宗教とグローバル市民社会——ロバート・ベラーとの対話』岩波書店。
Beck, U., 1986, *Risikogesellschaft: Auf dem Weg in eine andere Moderne,* Suhrkamp.（＝1998，東廉・伊藤美登里訳『危険社会——新しい近代への道』法政大学出版局。）
Beck, U., A. Giddens, and S. Lash, 1994, *Reflexive Modernization: Politics, Tradition and Aesthetics in the Modern Social Order,* Polity.（＝1997，松尾精文・小幡正敏・叶堂隆三訳『再帰的近代化——近現代における政治，伝統，美的原理』而立書房。）
Becker, H. S., 1963, *Outsiders: Studies in the Sociology of Deviance,* Free Press.（＝1978，村上直之訳『アウトサイダーズ——ラベリング理論とはなにか』新泉社。）
Bergson, H. 1900, *Le rire.*（＝2001，鈴木力衛・仲沢紀雄訳『笑い　ベルグソン全集 3』白水社。）
Blankenburg, W., 1971, *Der Verlust der natürlichen Selbstverständlichkeit: Ein Beitrag zur Psychopathologie symptomarmer Schizophrenien,* Ferdinand Enke Verlag.（＝1978，木村敏・岡本進・島弘嗣訳『自明性の喪失——分裂病の現象学』みすず書房。）
Bloom, A., 1987, *The Closing of the American Mind,* Simon & Schuster.（＝1988,

菅野盾樹訳『アメリカン・マインドの終焉』みすず書房。)

Bourdieu, P. and J.-C. Passeron, 1970, *La reproduction: éléments pour une théorie du system d'enseignement,* Éditions de Minuit.（＝1991，宮島喬訳『再生産——教育・社会・文化』藤原書店。)

Bourdieu, P., J.-C. Passeron and M. de Saint Martin, 1965, *Rapport pédagogique et communication,* Mouton & Co.（＝1999，安田尚訳『教師と学生のコミュニケーション』藤原書店。)

Burr, V., 1995, *An Introduction to Social Constructionism,* Routledge.（＝1997，田中一彦訳『社会的構築主義への招待』川島書店。)

Butler, J., E. Laclau and S. Žižek, 2000, *Contingency, Hegemony, Universality: Contemporary Dialogues on the Left,* Verso.（＝2002，竹村和子・村山敏勝訳『偶発性・ヘゲモニー・普遍性——新しい対抗政治への対話』青土社。)

Cantril, H., 1940, *The Invasion from Mars: A Study in the Psychology of Panic,* Princeton University Press.（＝1971，斎藤耕二・菊池章夫訳『火星からの侵入——パニックの社会心理学』川島書店。)

Collins, R., 1985, *Four Sociological Traditions,* Oxford University Press.（＝1997，友枝敏雄ほか訳『ランドル・コリンズが語る社会学の歴史』有斐閣。)

Comte, A., 1822, *Plan des travaux scientifiques necessaries pour réorganiser la société.*（＝1980，霧生和夫訳「社会再組織に必要な科学的作業のプラン」清水幾太郎責任編集『世界の名著46　コント・スペンサー』中央公論社，47-139。)

Comte, A., 1844, *Discours sur l'esprit positif.*（＝1980，霧生和夫訳「実証精神論」清水幾太郎責任編集『世界の名著46　コント・スペンサー』141-233。)

Coser, L. A., 1984, *Refugee Scholars in America: Their Impact and Experiences,* Yale University Press.（＝1988，荒川幾男訳『亡命知識人とアメリカ——その影響とその経験』岩波書店。)

出口剛司，2002，『エーリッヒ・フロム——希望なき時代の希望』新曜社。

Dunning, E., P. Murphy and J. Williams, 1988, *The Roots of Football Hooliganism: An Historical and Sociological Study,* Routledge & Kegan Paul.

Dunning, E. and K. Sheard, 1979, *Barbarians, Gentlemen and Players: A Sociological Study of the Development of Rugby Football,* Martin Robertson & Company.（＝1983，大西鉄之祐・大沼賢治訳『ラグビーとイギリス人——ラグビーフットボール発達の社会学的研究』ベースボール・マガジン社。)

Durkheim, É., 1887, "Cours de science sociale: Leçon d'ouverture", *Revue international de l'enseiguement,* XV.（＝1975，小関藤一郎・川喜多喬訳「社会学講義――開講の言葉」『モンテスキューとルソー――社会学の先駆者たち』法政大学出版局，155-94。）

Durkheim, É., 1892, "Quid Secundatus politicæ scientiæ instituendæ contulerit" →1953（Cuvillier, A. tr.）, *Montesquieu et Rousseau: précurseurs de la sociologie.*（＝1975，小関藤一郎・川喜多喬訳「モンテスキューの社会科学の成立に対する貢献」『モンテスキューとルソー――社会学の先駆者たち』法政大学出版局，3-75。）

Durkheim, É., 1893, *De la division du travail social,* P. U. F.（＝1971，田原音和訳『社会分業論』青木書店。）

Durkheim, É., 1895, *Les règles de la méthode sociologique,* P. U. F.（＝1978，宮島喬訳『社会学的方法の規準』岩波書店。）

Durkheim, É., 1897, *Le suicide: ètude de sociologie,* Félix Alcan.（＝1985，宮島喬訳『自殺論』中央公論社。）

Durkheim, É., 1912, *Les formes élémentaires de la vie religieuse: le système totémique en Australie,* Félix Alcan.（＝1941・42，古野清人訳『宗教生活の原初形態』（上・下）岩波書店。）

Durkheim, É., 1918, "Le "contrat social" de Rousseau", *Revue de métaphysique et morale,* XXV. →1953（Cuvillier, A. tr.）, *Montesquieu et Rousseau: précurseurs de la sociologie.*（＝1975，小関藤一郎・川喜多喬訳「ルソーの『社会契約論』」『モンテスキューとルソー――社会学の先駆者たち』法政大学出版局，77-152。）

Durkheim, É., 1925, *L' éducation morale,* Félix Alcan.（＝2010，麻生誠・山村健訳『道徳教育論』講談社。）

Durkheim, É., 1928,（Mauss, M. ed.）*Le socialisme: sa définition, ses débuts, la doctrine sant-simonienne,* Félix Alcan.（＝1977，森博訳『社会主義およびサン-シモン』恒星社厚生閣）。

Elias, N., 1939, *Über den Prozeß der Zivilisation: Soziogenetische und psychologenetische Untersuchungen,* Haus zum Falken.（＝1977・78，赤井慧爾ほか訳『文明化の過程』（上・下）法政大学出版局。）

Elias, N., 1970, *Was Ist Soziologie?,* Juventa.（＝1994，徳安彰訳『社会学とは何か――関係構造・ネットワーク形成・権力』法政大学出版局。）

Elias, N., 1984, "On the Sociogenesis of Sociology", *Amsterdam Sociologisch Tijdschrift,* 11(1):14-52.

Elias, N., 1984→2009, "On the Sociogenesis of Sociology", *The Collected Works of Norbert Elias, Volume 16: EssaysIII On Sociology and the Humanities,* University of College Dublin Press, 43-69.

Elias, N. 1987 (translated in part by Jephcott, E.), *Involvement and Detachment,* Basil Blackwell.（＝1991，波田節夫・道籏泰三訳『参加と距離化――知識社会学論考』法政大学出版局。）

Elias, N. and E. Dunning, 1986, *Quest for Excitement: Sport and Leisure in the Civilising Process,* Basil Blackwell.（＝1995，大平章訳『スポーツと文明化――興奮の探求』法政大学出版局。）

Fermi, L., 1968, *Illustrious Immigrants: The Intellectual Migration from Europe 1930-41,* The University of Chicago Press.（＝1972，掛川トミ子・野水瑞穂訳『亡命の現代史１　二十世紀の民族移動１』『亡命の現代史２　二十世紀の民族移動２』みすず書房。）

Fromm, E., 1941, *Escape from Freedom,* Farrar & Straus.（＝1951，日高六郎訳『自由からの逃走』東京創元社。）

Gergen, K., 1999, *An Invitation to Social Construction,* Sage.（＝2004，東村知子訳『あなたへの社会構成主義』ナカニシヤ出版。）

Giddens, A., 1990, *The Consequences of Modernity,* Polity.（＝1993，松尾精文・小幡正敏訳『近代とはいかなる時代か？――モダニティの帰結』而立書房。）

Giddens, A., 1991, *Modernity and Self-Identity: Self and Society in Late Modern Age,* Stanford University Press.

Giddens, A., 1992, *The Transformation of Intimacy: Sexuality, Love and Eroticism in Modern Societies,* Polity.（＝1995，松尾精文・松川昭子訳『親密性の変容――近代社会におけるセクシャリティ，愛情，エロティシズム』而立書房。）

Giddens, A., 1994=1997「ポスト伝統社会に生きること」，U. Beck et al.,『再帰的近代化――近現代における政治，伝統，美的原理』而立書房，105-204。

Girard, R., 1961, *Mensonge romantique et vérité romanesque,* Bernard Grasset.（＝1971，古田幸男訳『欲望の現象学――ロマンティークの虚偽とロマネスクの真実』法政大学出版局。）

Goffman, E., 1959, *The Presentation of Self in Everyday Life,* Doubleday &

Company.（＝1974，石黒毅訳『行為と演技――日常生活における自己呈示』誠信書房。）
Goffman, E., 1961, *Asylums: Essays on the Social Situation of Mental Patients and Other Inmates,* Doubleday & Company.（＝1984，石黒毅訳『アサイラム――施設被収容者の日常世界』誠信書房。）
Goffman, E., 1967, *Interaction Ritual: Essays on Face-to-Face Behaviour,* Doubleday & Company.（＝1986，広瀬英彦・安江孝司訳『儀礼としての相互行為――対面行動の社会学』法政大学出版局。）
長谷正人，2012，『敗者たちの想像力――脚本家 山田太一』岩波書店。
Hochschild, A. R., 1983, *The Managed Heart: Commercialization of Human Feelings,* University of California Press.（＝2000，石川准・室伏亜希訳『管理される心――感情が商品になるとき』世界思想社。）
Horkheimer, M. and T. W. Adorno, 1947, *Dialektik der Aufklärung: Philosophische Fragmente,* Querido Verlag.（＝1990，徳永恂訳『啓蒙の弁証法』岩波書店。）
Hughes, S., 1958, *Consciousness and Society: The Reconstruction of European Social Thought 1890-1930,* Alfred A. Knopf.（＝1965，生松敬三・荒川幾男訳『意識と社会――ヨーロッパ社会思想 1890-1930』みすず書房。）
Hughes, H. S., 1975, *The Sea Change: The Migration of Social Thought 1930-1965,* Harper and Row.（＝1978，荒川幾男・生松敬三訳『大変貌――社会思想の大移動 1930-1965』みすず書房。）
Huizinga, J., 1938, *Homo Ludens.*（＝1973，高橋英夫訳『ホモ・ルーデンス』中央公論社。）
生田久美子，1987→2007，『「わざ」から知る』東京大学出版会。
今村仁司，1994，『貨幣とは何だろうか』筑摩書房。
今野奈緒，2003，「『私』を考えることの現在――歌う若者の姿をフィルターとして」立教大学社会学部社会学科2003年度卒業論文。
井上俊，2000，『スポーツと芸術の社会学』世界思想社。
Jay, M., 1973, *The Dialectical Imagination: A History of the Frankfurt School and the Institute of Social Research 1923-1950,* Little Brawn and Company.（＝1975，荒川幾男訳『弁証法的想像力――フランクフルト学派と社会研究所の歴史 1923-1950』みすず書房。）
Jay, M., 1984, *Adorno,* Harper Collins Publishers.（＝1992，木田元・村岡晋一訳

『アドルノ』岩波書店。）
Jay, M., 1986, *Permanent Exiles: Essays on the Intellectual Migration from Germany to America,* Columbia University Press.（＝1989, 今村仁司ほか訳『永遠の亡命者たち——知識人の移住と思想の運命』新曜社。）
梶田孝道, 2001,「編集後記」『社会学評論』205：177。
葛山泰央, 2000,『友愛の歴史社会学——近代への視角』岩波書店。
Katz, E. and P. F. Lazarsfeld, 1955, *Personal Influence: The Part Played by People in the Flow of Mass Communications,* Free Press.（＝1965, 竹内郁郎訳『パーソナル・インフルエンス——オピニオン・リーダーと人びとの意思決定』培風館。）
木田元, 1995→2000,『反哲学史』講談社。
北田暁大, 2002,『広告都市・東京——その誕生と死』廣済堂出版。
Kitsuse, J. I. and M. B. Spector, 1977, *Constructing Social Problems,* Cumming Publishing Company.（＝1990, 村上直之ほか訳『社会問題の構築——ラベリング理論をこえて』マルジュ社。）
Lave, J. and E. Wenger, 1991, *Situated Learning: Legitimate Peripheral Participation,* Cambridge University Press.（＝1993, 佐伯胖訳『状況に埋め込まれた学習——正統的周辺参加』産業図書。）
Lazarsfeld, P. F., 1969, "An Episode in the History of Social Research: A Memoir", D. Fleming and B. Bailyn eds., *The Intellectual Migration: Europe and America, 1930-1960,* Harvard University Press.（＝1973, 今防人訳「社会調査史におけるひとつのエピソード——メモワール」『亡命の現代史 4 社会科学者・心理学者』みすず書房, 181-282。）
Lazarsfeld, P. F., B. Berelson and H. Gaudet, 1944, *The People's Choice: How the Voter Makes His Mind in a Presidential Campaign,* Columbia University Press.（＝1987, 有吉広介監訳『ピープルズ・チョイス——アメリカ人と大統領選挙』芦書房。）
Lepenies, W., 1985, *Die drei Kulturen: Soziologie zwischen Literatur und Wissenschaft,* Carl Hanser Verlag.（＝2002, 松家治朗・吉村健一・森良文訳『三つの文化——仏・英・独の比較文化学』法政大学出版局。）
Luhmann, N., 1984, *Soziale Systeme: Grundriß einer allgemeinen Theorie,* Suhrkamp Verlag.（＝1993, 佐藤勉監訳『社会システム論』（上）恒星社厚生閣。）

Luhmann, N., 1992, *Beobachtungen der Moderne,* Westdeutscher Verlag.（＝2003, 馬場靖雄訳『近代の観察』法政大学出版局。）
Lupton, D., 1999, *Risk,* Routledge.
MacKenzie, N. and J. MacKenzie, 1973, *The Time Traveller: The Life of H. G. Wells,* Littlehampton Book Services.（＝1978, 村松仙太郎訳『時の旅人――H・G・ウエルズの生涯』早川書房。）
真木悠介, 1977,『気流の鳴る音――交響するコミューン』筑摩書房。
Mannheim, K., 1929, *Ideologie und Utopie.*（＝1979, 高橋徹・徳永恂訳「イデオロギーとユートピア」『世界の名著68　マンハイム・オルテガ』中央公論社。）
松岡心平, 1995,「芸の伝承――想像力の共同体」佐伯胖・藤田英典・佐藤学編『シリーズ学びと文化５　表現者として育つ』東京大学出版会。
Mehan, H., 1979, *Learning Lessons: Social Organization in the Classroom,* Harvard University Press.
三浦雅士, 2001,『青春の終焉』講談社。
野口裕二, 2005,『ナラティヴの臨床社会学』勁草書房。
岡部信弘, 2003,「社会言説と自己コントロール――現代日本の睡眠に関するメディア言説の分析を通じて」立教大学社会学部社会学科2003年度卒業論文。
岡原正幸, 1998,『ホモ・アフェクトス――感情社会学的に自己表現する』世界思想社。
岡原正幸・山田昌弘・安川一・石川准, 1997,『感情の社会学――エモーション・コンシャスな時代』世界思想社。
奥村隆, 1997,「社会学になにができるか――なめらかさからの距離」奥村隆編『社会学になにができるか』八千代出版, １-38。
奥村隆, 1998,『他者といる技法――コミュニケーションの社会学』日本評論社。
奥村隆, 2000a,「『存在証明』の臨床社会学」大村英昭・野口裕二編『臨床社会学のすすめ』有斐閣, 37-62。
奥村隆, 2000b,「ふたつの『支配の社会学』――ノルベルト・エリアスとマックス・ヴェーバー」『現代社会理論研究』10：37-50。
奥村隆, 2001,『エリアス・暴力への問い』勁草書房。
奥村隆, 2005,「『純粋な自己』という病――近代と自己をめぐるラフ・スケッチ」『社会学研究科年報』12：９-24。
奥村隆, 2008,「ジンメルのアンビヴァレンツ」『応用社会学研究』50：19-35。

奥村隆，2009，「教育というコミュニケーション」長谷正人・奥村隆編『コミュニケーションの社会学』有斐閣，231-50。

奥村隆，2010，「行為とコミュニケーション――ふたつの社会性についての試論」『応用社会学研究』52：37-52。

奥村隆，2013，『反コミュニケーション』弘文堂。

奥村隆，2014a，「ベラー vs. ベラー――宗教をめぐるふたつの視点」ロバート・N・ベラー，島薗進，奥村隆編『宗教とグローバル市民社会――ロバート・ベラーとの対話』岩波書店，70-91。

奥村隆，2014b，『社会学の歴史Ⅰ――社会という謎の系譜』有斐閣。

奥村隆編，1997，『社会学になにができるか』八千代出版。

大村英昭・野口裕二編，2000，『臨床社会学のすすめ』有斐閣。

太田省一，2002，『社会は笑う――ボケとツッコミの人間関係』青弓社。

Parsons, T., 1937, *The Structure of Social Action: A Study in Social Theory with Special Reference to a Group of Recent European Writers,* McGraw Hill.（＝1982，稲上毅・厚東洋輔訳『社会的行為の構造3　デュルケーム論』木鐸社。）

Rousseau, J.- J., 1755, *Discours sur l'origine de l'inégalité parmi les hommes.*（＝1972，本田喜代治・平岡昇訳『人間不平等起原論』岩波書店。）

Rousseau, J.- J., 1762a, *Du contrat social.*（＝1954，桑原武夫・前川貞次郎訳『社会契約論』岩波書店。）

Rousseau, J.- J., 1762b, *Émile ou de l'Éducation.*（＝1986，樋口謹一訳『エミール［中］　ルソー選集9』白水社。）

作田啓一，1972，『価値の社会学』岩波書店。

作田啓一，1980a，『ジャン-ジャック・ルソー――市民と個人』人文書院。

作田啓一，1980b，「ロマン主義を超えて――社会学の三つの問題」『叢書文化の現在11　歓ばしき学問』岩波書店，35-57。

作田啓一，1981，『個人主義の運命――近代小説と社会学』岩波書店。

作田啓一，1983，『人類の知的遺産57　デュルケーム』講談社。

Sennett, R., 1974, *The Fall of Public Man,* Alfred A. Knopf.（＝1991，北山克彦・高階悟訳『公共性の喪失』晶文社。）

清水幾太郎，1978，『オーギュスト・コント――社会学とは何か』岩波書店。

塩原良和，2005，『ネオ・リベラリズムの時代の多文化主義――オーストラリアン・マルチカルチュラリズムの変容』三元社。

Simmel, G., 1900, *Philosophie des Geldes,* Duncker & Humblot.（=1999, 居安正訳『貨幣の哲学』白水社。）

Simmel, G., 1903, "Die Großstädte und das Geistenleben," *Jahrbuch der Gehestiftung* IX.（=1976, 居安正訳「大都市と精神生活」『ジンメル著作集12』白水社, 269-85。）

Simmel, G., 1908, *Soziologie: Untersuchungen über die Formen der Vergesellschaftung,* Duncker & Humblot.（=1994, 居安正訳『社会学』（上・下）白水社。）

Simmel, G., 1917, *Grundfragen der Soziologie: Individuum und Gesellschaft,* Walter de Gruyter.（=1979, 清水幾太郎訳『社会学の根本問題』岩波書店。）

Starobinski, J., 1957, *Jean-Jacques Rousseau: La transparence et l'obstacle,* Librairie Plon.（=1973, 山路昭訳『ルソー　透明と障害』みすず書房。）

杉浦浩美, 2009,『働く女性とマタニティ・ハラスメント――「労働する身体」と「産む身体」を生きる』大月書店。

鈴木智之, 2002,「訳者あとがき」, Frank, A. W., 1995, *The Wounded Storyteller: Body, Illness, and Ethics,* The University of Chicago Press.（=2002, 鈴木智之訳『傷ついた物語の語り手』ゆみる書房, 265-87。）

竹沢尚一郎, 2006,「『聖なるもの』の系譜学――デュルケーム学派からエリアーデへ」竹沢尚一郎編『宗教とモダニティ』世界思想社。

Taylor, C., 1991, *The Ethics of Authenticity,* Harvard University Press.（=2004, 田中智彦訳『〈ほんもの〉という倫理――近代とその不安』産業図書。）

内田樹, 2005,『先生はえらい』筑摩書房。

上野千鶴子編, 2005,『脱アイデンティティ』勁草書房。

Wallerstein, I., 2006, *European Universalism: The Rhetoric of Power,* New Press.（=2008, 山下範久訳『ヨーロッパ的普遍主義――近代世界システムにおける構造的暴力と権力の修辞学』明石書店。）

Weber, M., 1895, *Der Nationalstaat und die Volkswirtschaftspolitik,* C. B. Mohr.（=1973, 田中真晴訳「国民国家と経済政策」『新装版・世界の大思想３　ウェーバー　政治・経済論集』河出書房新社, ３-37。）

Weber, M., 1904, "Die "Objektivität" sozialwissenschaftlicher und sozialpolitischer Erkenntnis", *Archiv für Sozialwissenschaft und Sozialpolitik,* 19:22-87.（=1998, 富永祐治・立野保男訳, 折原浩補訳『社会科学と社会政策にかかわる認識の「客観性」』岩波書店。）

Weber, M., 1904-05, *Die protestantische Ethik und der ≫Geist≪ des Kapitalismus.*（＝1989, 大塚久雄訳『プロテスタンティズムの倫理と資本主義の精神』岩波書店。）

Weber, M., 1921, "Soziologie der Herrschaft", *Wirtschaft und Gesellschaft,* J. C. B. Mohr.（＝1962, 世良晃志郎訳『支配の社会学』Ⅱ, 創文社。）

Weber, M., 1922, "Soziologische Grundbegriffe", *Wirtschaft und Gesellschaft,* J. C. B. Mohr.（＝1972, 清水幾太郎訳『社会学の根本概念』岩波書店。）

Wells, H. G., 1895, *The Time Machine: An Invention,* Heinemann.（＝1978, 宇野利泰訳「タイム・マシン」『H・G・ウエルズ傑作集２　タイム・マシン』早川書房, 179-297。）

Wells, H. G., 1898, *The War of the Worlds,* Heinemann.（＝2005, 小田麻紀訳『宇宙戦争』角川書店。）

Wells, H. G., 1907→1914, "The So-called Science of Sociology", *An Englishman Looks at the World: Being a Series of Unrestrained Remarks upon Contemporary Matters,* Cassell and Company, 192-206.

Wells, H. G., 1914, *The World Set Free,* Macmillan.（＝1997, 浜野輝訳『解放された世界』岩波書店。）

Winkin, Y., 1988, *Les Moments et Leurs Hommes,* Seuil Minuit.（＝1999, 石黒毅訳『アーヴィング・ゴッフマン』せりか書房。）

山田昌弘, 1997,「感情による社会的コントロール――感情という権力」岡原昌幸・山田昌弘・安川一・石川准『感情の社会学――エモーション・コンシャスな時代』世界思想社, 69-90。

吉田文五郎, 1943→1978,「文五郎芸談」矢野輝夫ほか監修, 1978,『日本の芸談３　能 狂言 文楽』九藝出版。

Young-Bruehl, E., 1982, *Hannah Arendt: For Love of the World,* Yale University Press.（＝1999, 荒川幾男・原一子・本間直子・宮内寿子訳『ハンナ・アーレント伝』晶文社。）